Inhaltsverzeichnis

Blüten gelb

Blüten grünlich, bräunlich oder unscheinbar

Erklärung der Abkürzungen

Pfl.	Pflanze	(Die Abkürzungen werden auch in zusammengesetzten Wörtern
B.	Blatt	verwendet, z. B. b.los = blattlos, B.chen = Blättchen, Bl.b. =
Bl.	Blüte	Blütenblatt oder -blätter, Nebenb. = Nebenblatt oder -blätter,
St.	Stengel	St.b. = Stengelblatt oder -blätter, Bl.traube = Blütentraube.)
lg.	lang	
br.	breit	
✳ 6–8		bedeutet Blütezeit, die Ziffern die Monate, hier z. B. Juni–August
△		Verbreitung und Vorkommen der Pflanze
GefGr.		Gefährdungsgrad der Pflanze (siehe S. 8)

Lebensraumsymbole

 Äcker, Schutt- und Kiesplätze, Wege

 Trockenrasen, Magerrasen, steinige Hänge, Mauern

 Fettwiesen und -weiden

 Gewässer, Moore, Sümpfe

 Wälder, Waldränder, Gebüsche, Auen

Einleitung

Das Interesse an der heimischen Pflanzenwelt steigt in zunehmendem Maße an, gleichsam als Reaktion auf eine zunehmende Gefährdung und Bedrohung unserer Pflanzen und ihrer Lebensräume. Mancher Naturfreund, von der Formenfülle der heimischen Pflanzenwelt überwältigt, ist zunächst überfordert, eine Pflanze, deren Namen er wissen möchte, anhand von wissenschaftlichen Bestimmungsmerkmalen zu identifizieren. Um dem Anfänger einen Einstieg in das Pflanzenreich zu vermitteln, wurde in diesem Buch eine Auswahl heimischer Blütenpflanzen getroffen und nach dem auffälligsten Merkmal, der Blütenfarbe, geordnet. Als zweites Ordnungsprinzip wurde der Lebensraum gewählt, beispielsweise Äcker, Trockenrasen oder Gewässer – also der Standort, an dem man die Pflanze antrifft. Dabei wurde versucht, die charakteristischen Vertreter verschiedener Standorte zu erfassen. Der Benützer dieses Buches findet beispielsweise die rotblühenden Arten der der Äcker, dann alle rotblühenden Pflanzen der Trockenrasen usw. auf engem Raum nebeneinander abgebildet und kann durch Vergleich von Bild und Text eine Pflanze relativ leicht ausfindig machen. Er muß allerdings dabei berücksichtigen, daß es Grenzfälle gibt, wo eine eindeutige Zuordnung zur einen oder anderen Farbe nicht ohne weiteres möglich ist. In Zweifelsfällen muß sich der Benützer also die Mühe machen, die Pflanze bei verschiedenen Farbtönen zu suchen. Z. T. wurden unter den Beschreibungen für einige Pflanzen auch Textverweise gemacht. Freilich führt diese Art der Pflanzenbestimmung bei schwierigen Pflanzengattungen nicht immer zum Erfolg. Der Anfänger gewinnt aber dennoch einen Einblick in die Formenfülle der heimischen Pflanzenwelt. Gleichzeitig prägen sich Gemeinsamkeiten und Verschiedenheiten der Arten innerhalb der einzelnen Familien und Gattungen ein, da die Arten innerhalb gleicher Blütenfarben und Lebensräume nach Pflanzenfamilien geordnet sind. Angaben über Häufigkeit sind recht grob abgefaßt und gelten nur innerhalb Deutschlands.
Mitteleuropa war einst ein weitgehend geschlossenes Waldland. Sicherlich war es nicht mit einem einheitlichen, dichten, durchgehenden Waldteppich bedeckt wie es beispielsweise bei unseren geschlossenen Forsten der Fall ist. Blitzschlag und Brand, Windwurf, Zusammenbruch von Beständen durch Überalterung oder Krankheiten haben auch damals vorübergehend offene Stellen geschaffen, doch blieben die mehr oder weniger ständigen Freiflächen auf Moor- und Sumpfgebiete, Küstenstrecken, Felswände, extreme, lokal auftretende Trockeninseln (wie Stellen im Kaiserstuhl), in denen bei extremen Trocken- und Dürrejahren die spärlich wachsende Baum- und Strauchschicht immer wieder zurückdörrte, ferner auf die Region über der Waldgrenze der Gebirge beschränkt. Die Freiflächen wurden durch Weidebetrieb, Ackerbau, Grünlandwirtschaft und natürlich durch Siedlungen wesentlich erweitert. Die gesamte Vegetationsfläche in Mitteleuropa ist allerdings heute sehr zusammengeschrumpft. Aus der Urlandschaft wurde eine Kulturlandschaft und nahezu nirgends finden wir Lebensräume, deren Vegetation nicht vom Menschen überprägt oder verändert ist, vielleicht mit Ausnahme einiger Felsspaltengesellschaften in der alpinen Zone und einiger Restflächen unberührter Moore. Die übrigen Flächen sind in die »Nutzbarmachung« durch den Menschen in irgendeiner Weise miteinbezogen, seien es die Gewässer als Energielieferant, Transportweg oder Deponie für Abwässer oder die Trocken- und Steppenrasen und die Halbtrockenrasen, die früher durch Beweidung geprägt, heute zum Öd- und Unland deklariert als Truppenübungsplätze oder Baugelände für Siedlungen, Industrie- oder Freizeitanlagen vergeben werden, oder seien es die Wälder, die oft mehr lebenden Holzfabriken gleichen. Kurzum, unser Vegetationsbild der einzelnen Lebensräume

ist nirgends mehr ursprünglich oder natürlich, sondern bestenfalls naturnah. Am stärksten vom Menschen geprägt, bedingt und stark gefördert ist der weit umfassende Lebensraum Acker, Wegrand, Schutt und offener Kies, wenngleich heute dort das einst reiche Arteninventar stark bedroht ist. Der nächste, artenmäßig viel bescheidenere, vom Menschen geschaffene Lebensraum sind die Fettwiesen und -weiden, also das Wirtschaftsgrünland. Der Lebensraum Trocken- und Magerrasen, früher durch eine extensive Wirtschaftsweise wie Mahd (alle Jahre oder alle zwei Jahre einmal) oder Beweidung stark gefördert, ist heute auf wenige Reliktflächen zurückgedrängt und stark bedroht. Selbst für die Auenwälder, die früher die breiten Täler ausfüllten, wurde erst seit Beginn des Ackerbaues die Grundlage geschaffen, nämlich der mächtige Auenboden, der größtenteils von den Äckern abgeschwemmt, vom Fluß transportiert und bei Hochwasser vom ausufernden Fluß abgelagert wurde. Damit sind wir beim Lebensraum Wälder angelangt, der von wenig beeinflußten, urwaldartigen, vielschichtigen und artenreichen Waldresten bis zu gleichaltrigen Fichtenmonokulturen, von schattigen, feuchten Schlucht- und Auenwäldern zu sonnigen, trockenen Wald- und Gebüschsäumen reicht und somit durch Übergänge mit dem Biotop der Trockenrasen oder dem nächsten Lebensraum, dem der Gewässer, Moore und Sümpfe verbunden ist. Dieser vielgestaltige Lebensraum birgt ebenfalls Reste natürlicher oder naturnaher Standorte wie einige wenige belassene Hoch- und Niedermoore, Gebirgsbäche und vielleicht noch einige Seen, aber der größte Teil der Standorte ist stark beeinflußt oder erst vom Menschen geschaffen wie Gräben, Teiche und Speicherseen.

Tagtäglich werden in der Bundesrepublik Deutschland über 100 ha Flächen überbaut, wovon die Neuanlagen von Verkehrswegen etwa die Hälfte an Land verschlukken.

Um so mehr scheint es notwendig, den Artenschutz durch den Biotopschutz, den Schutz der Standorte der seltener werdenden Pflanzen zu garantieren. Nur eine verhältnismäßig kleine Anzahl von Pflanzen, meist farbenprächtige oder sonstwie begehrte Blumen, stehen nach der Bundesartenschutzverordnung vom 19. 12. 1986 unter gesetzlichem Schutz (hier gekennzeichnet durch: Geschützt!), d. h. Sammel- und Pflückverbot dieser Arten. Doch sollen auch die anderen seltenen nicht oder noch nicht geschützten Arten geschont und deren Standorte gesichert werden.

Einen Hinweis für Schutzwürdigkeit gibt der Gefährdungsgrad (GefGr.) einer Art. Diese Arten sind in der „Roten Liste der gefährdeten Tiere und Pflanzen in der BRD" (herausgegeben von Blab, Nowak, Trautmann, Sukopp; Kilda Verlag, Greven, 4. Aufl. 1984) aufgeführt. Dabei bedeuten: GefGr. 0! Ausgestorben oder verschollen. GefGr. 1! Vom Aussterben bedroht. GefGr. 2! Stark gefährdet. GefGr. 3! Gefährdet. GefGr. 4! Potentiell gefährdet.

Auch in anderen Ländern (z. B. Österreich und Schweiz) gibt es Rote Listen und gesetzlich geschützte Arten; dabei sind die jeweils unterschiedlichsten Gegebenheiten (z. B. natürliche Verbreitung) in den einzelnen Ländern berücksichtigt.

Angaben über Häufigkeit sind recht grob abgefaßt und gelten nur innerhalb Deutschlands; selbst da sind die Unterschiede zwischen Norden und Süden groß.

Erklärung der Fachausdrücke

Bildungen der Oberfläche der Pflanze

Stacheln   harte, stechende Auswüchse der Oberhaut an B. und Stengeln (1).

Im Gegensatz dazu sind **Dornen** zu harten, verholzten, stechenden Gebilden umgewandelte B., Kurz- oder Seitensprosse (2).

Haare   1zellige oder mehrzellige, einfache oder verzweigte, gerade oder gekrümmte Vorstülpungen der Oberhaut der Pflanze z. B.

Borsthaare   steif, stechend.

Drüsenhaare   Haare mit einem Drüsenköpfchen an der Spitze (3).

Kraushaare   steif, gekrümmt, lang.

Seidenhaare   dicht, anliegend, glänzend.

Sternhaare   sternförmig verzweigt (4).

Wollhaare   weich, dicht, lang.

Reif   abwischbarer, weißer oder bläulicher Überzug an B. oder Stengel.

Das Blatt

Man unterscheidet folgende B.:

Laubb.   gewöhnliches, meist grünes B., das der Assimilation dient.

Hochb.   B. im Bereich der Bl. oder des Bl.standes, meist von den übrigen Laubb. stark abweichend.

Hüllb.   schuppiges oder b.artiges Hochb., eine Bl. oder Bl.stand umgebend (5).

Niederb.   schuppenförmiges B. am Grund des Stengels und an unterirdischen Teilen.

Tragb.   krautige oder schuppenförmige B., aus deren Achseln die Bl. entspringen (6).

Spreub.   kleine, schuppenartige B. zwischen den Einzelbl. mancher Korbblütler (7).

Vorb.   kleine, schuppenförmige, oft häutige Hochb., dem Bl.stiel ansitzend (8).

B.anheftung

durchwachsen   Die ungeteilte B.spreite umgibt den Stengel vollkommen (9).

gestielt   mit deutlichem B.stiel.

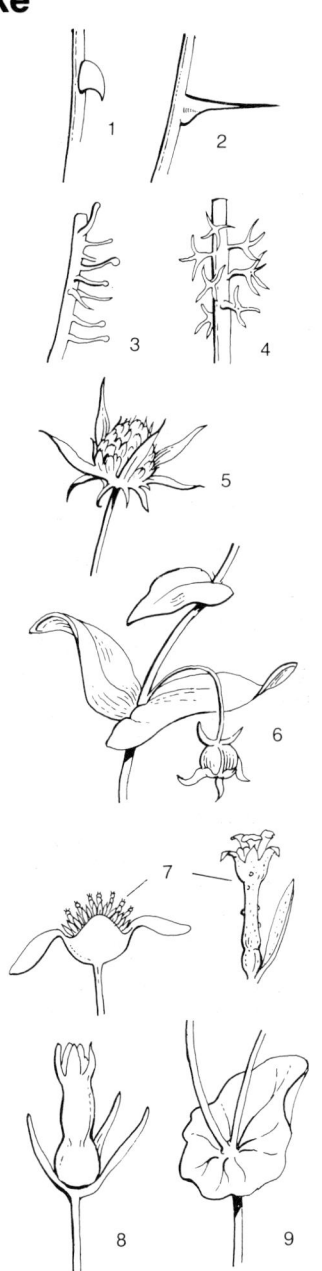

herablaufend Die B.spreite zieht sich teilweise am Stengel herab (10).

sitzend ohne B.stiel.

stengelumfassend oder **halbstengelumfassend** Das B. umgibt den Stengel mit seinem Grund ganz oder zum Teil (11).

B.formen

eiförmig (12)
elliptisch (13)
herzförmig (14)
keilförmig (15)
lanzettlich (16)
linealisch (17)
nierenförmig (18)
pfeilförmig (19)
schildförmig (20)
spatelförmig (21)
verkehrt-eiförmig (22)
verkehrt-herzförmig (23)

B.nervatur

fiedernervig (24)
netznervig (25)
parallelnervig (26)

B.stellung

gegenständig 2 B. stehen sich an jedem Knoten des Stengels gegenüber (27).

grundständig B. stehen am Grund des Stengels, zu mehreren bilden sie eine Rosette (28).

kreuzgegenständig (dekussiert) Das folgende B.paar steht im rechten Winkel zum vorherigen (29).

quirlständig an jedem Knoten mehr als 2 B. stehend (30).

wechselständig an jedem Knoten mit 1 B. und nach verschiedenen Richtungen zeigend (31).

B.rand

gekerbt (32)
gewimpert (33)
gelappt mit vergrößertem Endlappen (34).
eingeschnitten (35)
3zählig (36)

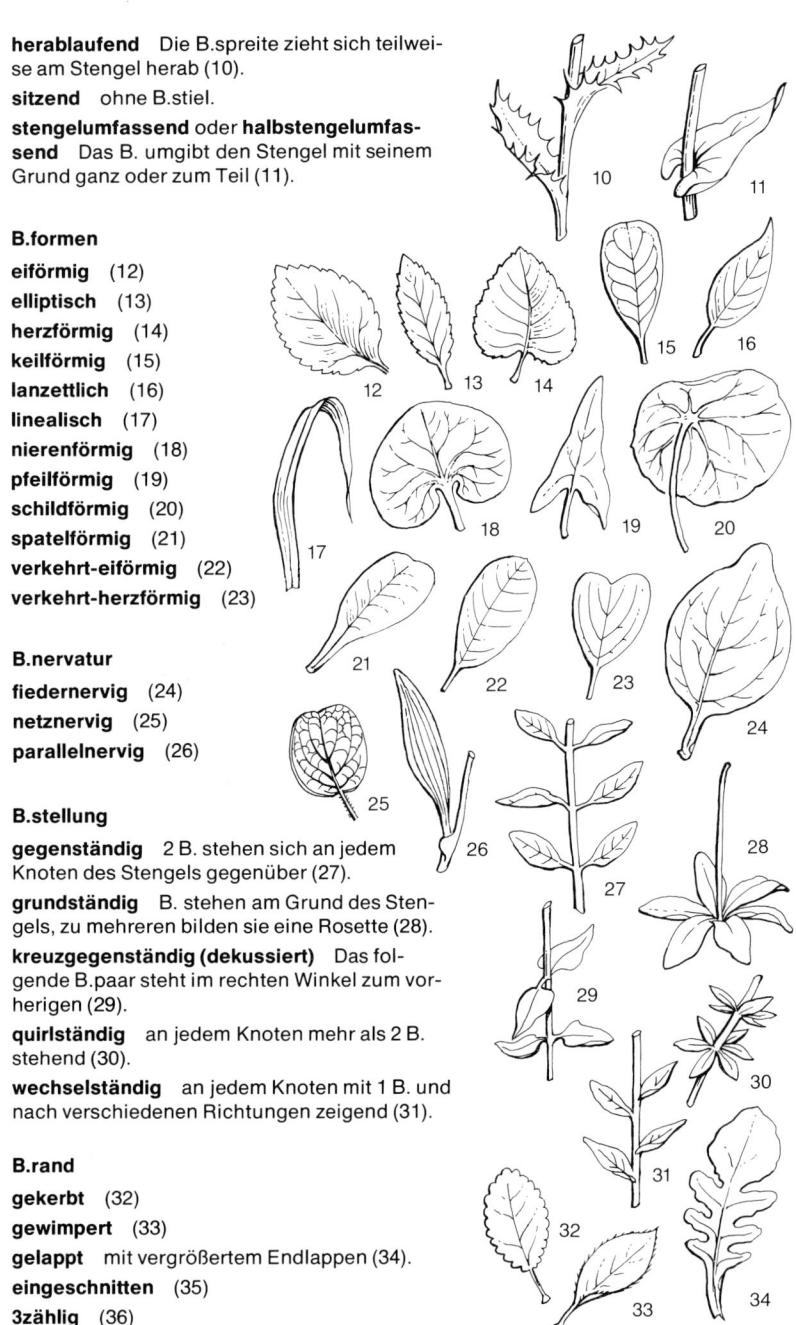

handförmig gefiedert (gefingert) (37)
paarig gefiedert (38)
unpaarig gefiedert (39)
2fach und mehrfach gefiedert (40)

B.teile

B.achsel Winkel zwischen B. und Stengel.

B.fieder Teil eines zusammengesetzten B. (41a)

B.häutchen kleiner Fortsatz am Übergang der B.scheide in die Spreite (z. B. bei Gräsern) (42a).

B.öhrchen kleine, lappenförmige Anhängsel am B.grund (42b).

B.ranke zartes, oft spiralig gedrehtes Organ zum Festhalten, aus einem B. oder B.abschnitt gebildet (41b).

B.scheide verbreiteter, unterer Teil des B., den Stengel röhrig oder bauchig umschließend (42c).

B.spreite meist flach ausgebreiteter Teil des B. (43a).

B.stiel Träger der B.spreite (43b) (manchmal sind die B.stiele b. artig zu sogenannten **Phyllodien** verbreitert).

Nebenb. schuppen- oder b.artiges, meist paariges Anhängsel am Grund des B.stieles (41c).

Die Blüte

Bl.formen

strahlig, radial symmetrisch oder **radiär** Bl.b. sind gleich, die Bl. läßt sich durch viele Längsschnitte in gleiche Teile teilen (44).

dorsiventral oder **unsymmetrisch** Ober- und Unterteil der Bl. ist verschieden, die Bl. läßt sich nur durch 1 Längsschnitt in 2 gleiche Teile teilen, z. B.

Lippenbl. entweder **1lippig,** nur mit ausgebildeter **Unterlippe** (45) oder **2lippig,** auch mit ausgebildeter **Oberlippe** (46).

Rachenbl. bei Braunwurzgewächsen (47).

Schmetterlingsbl. (48) Dabei nennt man das obere Kronb.

Fahne (48a) das untere, gekielte **Schiffchen** (48b) und die beiden seitlichen **Flügel** (48c).

Zungenbl. bei Korbblütlern; Saum der Bl.krone ist flach ausgebreitet (49).

Grasbl. s. Ährchen

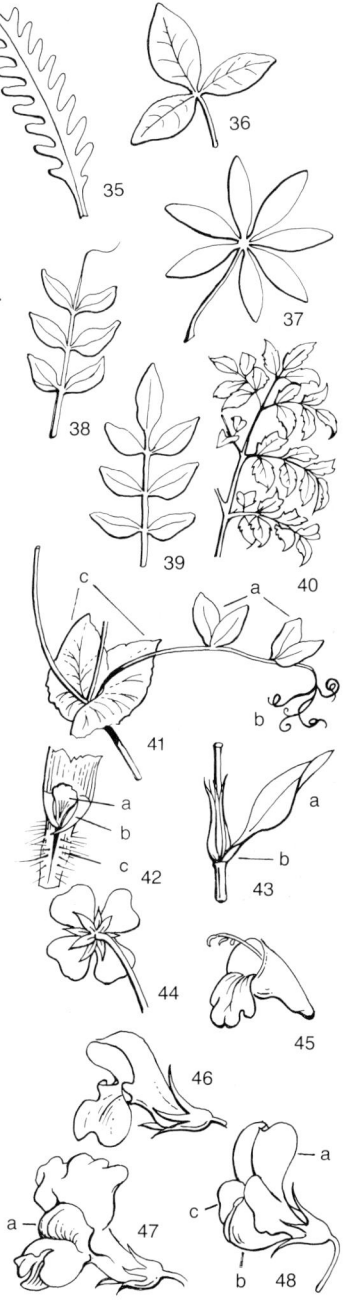

Bl.stand

Ähre verlängerter Bl.stand mit sitzenden Bl. (50).

Ährchen (51) Bl.stand bei Gräsern; die 2ge-schlechtigen Bl. sind einzeln oder zu mehreren in einem Ährchen vereinigt; jedes Ährchen be-steht aus einer äußeren (51a), einer inneren Hüllspelze (51b) und den Bl.; jede Bl. besteht aus einer (oft begrannten) Deckspelze (51c) und einer Vorspelze (51d, manchmal fehlend); Staubb. 3, Narben federig, 2, Fruchtknoten 1, oberständig.

Dolde schirmförmiger Bl.stand, Bl.stiele alle vom selben Punkt entspringend (52).

Doppeldolde (53)

gabeliger oder **dichotomer Bl.stand** (54).

Kätzchen ährenartiger Bl.stand mit hängen-der, biegsamer Hauptachse und unscheinbaren Bl..

Köpfchen köpfchenförmiger Bl.stand aus sit-zenden oder kurzgestielten, gedrängten Bl. (55).

Kolben fleischige Ähre, oft mit keulenförmi-gem Anhängsel an der Spitze (56).

Rispe verzweigter Bl.stand mit gestielten Bl. (57).

Schirmrispe Rispe, in der die Bl. in 1 Ebene stehen (58).

Traube verlängerter Bl.stand mit gestielten Bl. (59).

Bl.teile

Bl.hülle (60) die äußeren, nicht sexuellen Teile der Bl., bestehend aus freien oder zu einer Röhre verwachsenen Bl.hüllb. Ist die Bl.hülle doppelt, so bezeichnet man den äußeren Kreis als **Kelch** (60a), den inneren als **Krone** (60b).

Kelch aus meist grünen, freien, abstehenden (61) oder zurückgeschlagenen (60a) Kelchb. oder Kelchb. unten zu einer **Kelchröhre** (62a) verwachsen, oben mit Kelchzipfeln (62b).

Krone aus gefärbten, freien (63) oder ver-wachsenen Kronb. (64).

Kronb. Abschnitt der inneren Bl.hülle, oft aus einem verschmälerten Teil, dem **Nagel** (65a), und einem verbreiterten Teil, der **Platte** (65b), bestehend.

Staubb. bestehend aus **Staubfaden** (66a) und dem **Staubbeutel** (66b), der den Pollen enthält. Manchmal ist das Staubb. in ein sogenanntes **Staminodium** umgewandelt und enthält keinen Pollen mehr.

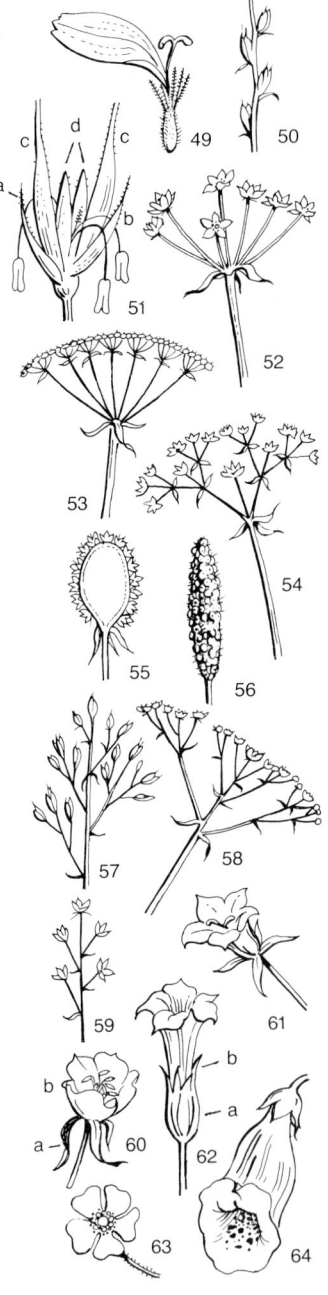

Fruchtb. enthält die **Samenanlage(n),** mehrere Fruchtb. sind zu einem **Fruchtknoten** (67a) verwachsen, der einen oder mehrere, meist fadenförmige **Griffel** (67b) mit verschieden gestalteter **Narbe** (67c) zur Aufnahme des Pollens trägt. Man unterscheidet nach der Stellung des Fruchtknotens:

unterständig wenn er unterhalb des Ansatzpunktes von Kelch und Krone sitzt (68).

mittelständig wenn er teilweise in den becherförmigen Teil des Bl.bodens eingesenkt ist (69).

oberständig wenn er oberhalb des Ansatzpunktes von Kelch und Krone steht (70).

Samenanlage vom Fruchtb. oder Fruchtknoten eingeschlossen, liefert nach der Befruchtung die Samen.

Bl.boden oberster verbreiteter oder manchmal auch krugförmig ausgehöhlter (71) Teil des Bl.bodens, der die Bl.teile, bei Korbblütlern die Einzelbl. (72) trägt.

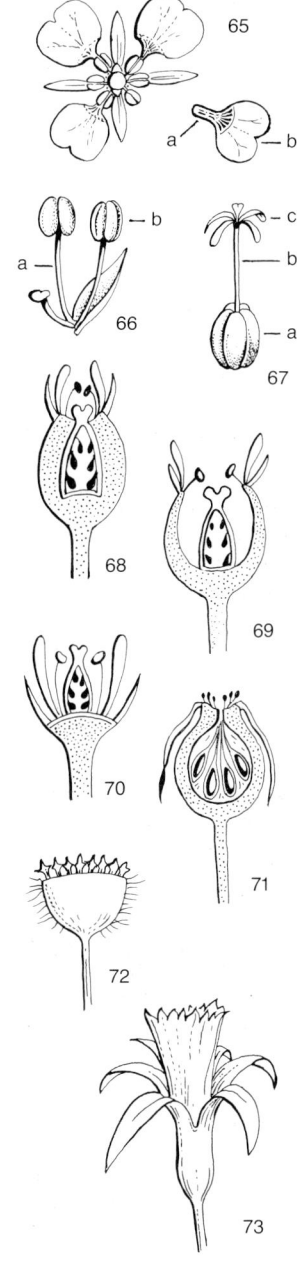

Geschlecht der Blüte

1geschlechtig entweder mit Staubb. (männliche Bl.) oder mit Fruchtknoten (weibliche Bl.).

zwittrig oder **2geschlechtig** mit Staubb. und Fruchtknoten.
Nach der Verteilung der Geschlechter der Bl. ist die Pflanze

1häusig wenn auf derselben Pflanze männliche und weibliche Bl. sitzen.

2häusig wenn männliche und weibliche Bl. auf verschiedenen Pflanzen sind.

Sonderbildungen der Blüte

Außenkelch kelchartiges Gebilde aus mehreren Hochb. dicht unter dem Kelch.

Nebenkrone kronb.ähnlicher Kranz aus freien oder verwachsenen Anhängseln im Inneren der Krone (73).

Nektardrüse zuckerhaltigen Saft (Nektar) absondernde Drüse, dient zur Anlockung von Insekten und tritt in der Bl. an verschiedenen Stellen auf.

Pappus Haare oder Borsten an den Früchten vieler Korbblütler, hervorgegangen aus dem Kelch (74).

Spelzen (75) häutige, zähe B. in der Grasbl., oft mit **Granne** (75a).

Schlundhöcker Vorwölbungen der Unterlippe am Übergang vom Kronsaum und Kronröhre **(Kronschlund)** (47a).

Sporn hohle Aussackung von Kelch oder Krone (76).

Fruchtschlauch (77) Bei Seggen ist der Fruchtknoten in einem geschlossenen Schlauch eingehüllt.

Bl.scheide oder **Spatha** (bei Aronstabgewächsen) (78) meist gefärbte, kronb.artige Hochb.-scheide, die den Bl.stand umhüllt; die Einzelbl. sind unscheinbar und haben meist keine Bl.hülle.

Früchte

Balgfrucht aus 1 Fruchtb. bestehend, das sich nur an 1 Längslinie öffnet (79).

Beere fleischige, 1- bis mehrsamige Frucht.

Beerenzapfen (Scheinbeere) Zapfen mit fleischigwerdenden Fruchtschuppen (bei Wacholder).

Hülse trockene Frucht aus 1 Fruchtb. bestehend, öffnet sich an der Bauch- und Rückennaht (80).

Kapsel trockene Frucht aus mehreren Fruchtb. bestehend, öffnet sich durch Spalten oder Poren (81).

Nuß 1samige Frucht mit harter Schale.

Nüßchen 1samige Teilfrucht bei Arten mit vielen freien Fruchtb. (82).

Scheinbeere fleischige Frucht, an deren Bildung noch andere Organe der Bl. beteiligt sind (z. B. Erdbeere).

Schötchen Frucht der Kreuzblütler, die nicht mehr als 3mal so lang wie breit ist (83).

Schote Frucht der Kreuzblütler, die mehr als 3mal so lang wie breit (84).

Steinfrucht Frucht mit außen fleischiger, innen steinartiger Fruchtwand (85).

Zapfen »Frucht« der Nadelhölzer, bestehend aus zahlreichen sich überlappenden, verholzenden Fruchtschuppen (86).

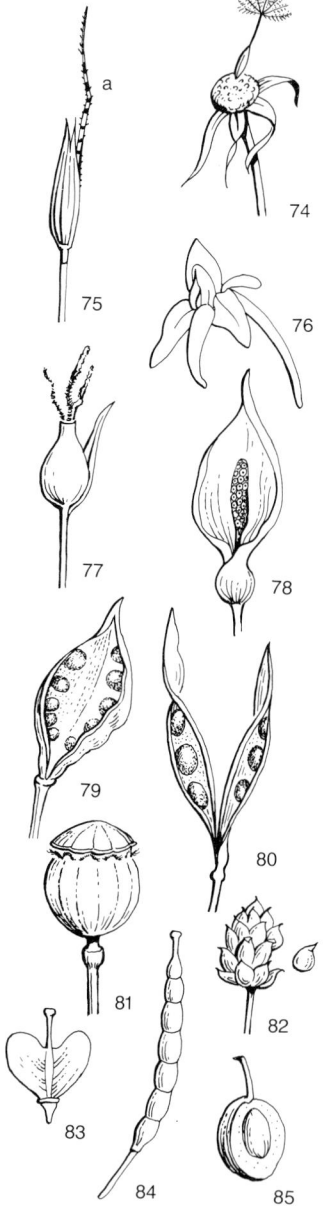

Sproßachse oder Stengel

besteht aus meist langen Gliedern, die durch **Knoten** (87) begrenzt sind.

Gestalt

geflügelt mit längsverlaufenden, stark verzweigten Leisten (88).

gefurcht mit längsverlaufenden Rinnen.

kantig im Querschnitt eckig.

stielrund im Querschnitt kreisförmig.

2schneidig oder **2seitig** mit 2 längsverlaufenden Kanten.

Besondere Formen

Ausläufer ober- oder unterirdisch kriechende Seitentriebe, die an der Spitze neue Pflanzen bilden (89).

Knolle fleischig verdickter Teil der Sproßachse (Speicherorgan). (90).

Phyllocladium b.artig verbreiteter Sproß (91).

Wurzelstock kriechender, unterirdischer Teil der Sproßachse, der jedes Jahr neu austreibt.

Zwiebel unterirdisches Organ aus dichtgestellten, fleischigen Schuppenb.

Bulbillen, Brutzwiebeln oder **Brutknospen** knospenähnliche Jungpflanzen in B.achseln oder Bl.ständen der Mutterpfl., die zu Boden fallen und dort anwachsen (92).

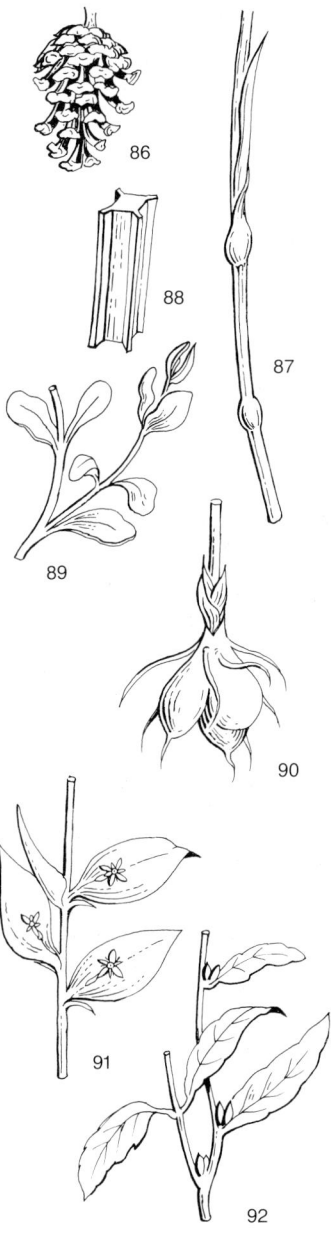

Tafel 1   Äcker, Schutt- und Kiesplätze, Wege

Liliengewächse / Liliaceae

1 Dolden-Milchstern, *Ornithogalum umbellatum* L., Pfl. 10–30 cm, mit kugeligen Zwiebeln; B. grundständig, linealisch, 2–5 mm br., mit weißem Mittelstreifen; Bl.stand doldentraubig, aufrecht; Bl.b. 6, 15–25 mm lg., 4–8 mm br., weiß, am Rükken mit grünen Streifen. ✳ 4–5. △ Wegränder, Weinberge, Gebüsche; zerstreut. Mittel- und Südeuropa. – Der **Nickende Milchstern,** *O. nutans* L. hat traubig verlängerten, 3–12blütigen Bl.stand; Bl.b. innen weiß, außen grünlich, 20–25 mm lg.; Weinberge, Parkanlagen; selten; Mittel- und Südeuropa.

Nelkengewächse / Caryophyllaceae

2 Gemeines Leimkraut, Taubenkropf,*Silene vulgaris* (Moench) Garke (*S. cucubalus* Wib., *S. inflata* Sm.), Pfl. 10–50 cm; B. eiförmig-lanzettlich bis br. eiförmig (sehr variabel), blaugrün, meist kahl; Bl.stand rispig; Kelch kugelig aufgeblasen, stark netzaderig, 20nervig; Kronb. tief 2teilig, weiß. ✳ 5–9. (Formenreiche Sammelart mit vielen Kleinarten). △ Wege, Böschungen, Steinbrüche, Gebüschsäume, Magerrasen, in den Alpen bis 2500 m; häufig. Europa. – Ähnlich ist das **Kegelfrüchtige Leimkraut,** *S. conica* L., aber Pfl. drüsenhaarig, 10–30 cm, wenigblütig; Kelch 30nervig, nicht netzaderig, kegelförmig, zuletzt schwach aufgeblasen, grün, drüsig, behaart; Kronb. rosa, ausgerandet; B. schmal lanzettlich; △ Böschungen, Schutt, Sandböden, Dünen, Trockenwiesen; ziemlich selten; Mittel- und Südeuropa.

3 Weiße Lichtnelke, *Silene alba* (Mill.) Krause (*Melandrium album* (Mill.) Garke), Pfl. oben kurzhaarig-drüsig, 30–100 cm; B. br. lanzettlich; Bl. 1geschlechtig, 2–3 cm br., erst nachmittags sich öffnend; Kelchröhre 18–25 mm lg.; Kronb. tief 2teilig, weiß, mit Nebenkrone; Griffel 5; Zähne der Fruchtkapsel aufrecht. ✳ 6–9. △ Wege, Schutt, Äcker, Gebüschsäume; ziemlich häufig. Europa.

4 Vogelmiere, *Stellaria media* (L.) Cyr. Pfl. rasenbildend, 5–30 cm; St. niederliegend, 1reihig behaart, rund; B. eiförmig, spitz; Kronb. tief 2teilig, weiß, so lg. oder kürzer als die Kelchb.; Griffel 3. ✳ 3–10. △ Äcker, Gärten, Weinberge, Ufer; häufig. Europa.

5 Acker-Hornkraut, *Cerastium arvense* L., Pfl. lockerrasig, behaart, 15–30 cm; B. länglich-lanzettlich, in den Achseln oft mit B.büscheln; Hochb. an der Spitze br.hautrandig; Kronb. 11–15 mm lg., tief 2teilig, weiß; Kelch und Bl.stiele drüsig; Griffel 5. ✳ 4–7. △ Wege, Mauern, Dünen; ziemlich häufig. Fast ganz Europa.

6 Quendel-Sandkraut, *Arenaria serpyllifolia* L., Pfl. 5–30 cm, graugrün; B. eiförmig, spitz, 5–8 mm br., am Rand bewimpert, sitzend, nur die untersten gestielt; Bl. 5–7 mm br., weiß; Kronb. nicht ausgerandet, kürzer als die ei-lanzettlichen Kelchb. ✳ 5–9. △ Äcker, Wegränder, Mauern, Trockenrasen; verbreitet. Europa. – Ähnlich ist das **Dünnstengelige Sandkraut,** *A. leptoclados* (Rchb.) Guss., aber Pfl. gelbgrün, zart; B. 3–5 mm br.; Kelchb. lanzettlich; Trockenrasen; zerstreut.

7 Acker-Spergel, *Spergula arvensis* L., Pfl. 10–50 cm; B. linealisch, 2–3 cm lg., unterseits mit Längsfurche, quirlig angeordnet; St. zerstreut drüsenhaarig; Bl. 5–8 mm br., in lockeren, gabelig verzweigten Bl.ständen; Kronb. 5, ungeteilt, stumpflich, weiß, 2–4 mm lg., fast so lg. wie die drüsenhaarigen Kelchb.; Same mit schmalem Hautrand. ✳ 6–10. △ Kalkarme Äcker, sandige Wegraine, Waldschläge; häufig. Europa.

Ampfer-Knöterich, *Polygonum lapathifolium* L., s. S. 58

Tafel 2　Äcker, Schutt- und Kiesplätze, Wege

Kreuzblütengewächse / Cruciferae oder Brassicaceae

1 Feld-Kresse, *Lepidium campestre* (L.) R.Br., Pfl. graugrün, behaart, 20–60 cm; St. meist einzeln; B. pfeilförmig st.umfassend, ungeteilt, lanzettlich, gezähnt; Bl. weiß, 2–3 mm br., in ährenförmigen Trauben; Schötchen br. eiförmig, dicht mit schuppigen Bläschen bedeckt, flach oder etwas gewölbt, geflügelt, am Griffel ausgerandet, dieser die Ausrandung des Flügels nicht überragend. ✻ 5–6. △ Wege, trockene Ruderalstellen, Äcker; zerstreut. Europa.

2 Pfeilkresse, *Cardaria draba* (L.) Desv. (*Lepidium draba* L.), Pfl. 20–60 cm; B. länglich eiförmig, unregelmäßig gezähnt, obere B. mit herz-pfeilförmigem Grund st.umfassend; Bl. 5–6 mm br., weiß, in dichten Trauben; Schötchen herzförmig, 4–5 mm br., ungeflügelt. ✻ 4–7. △ Unkrautfluren, Weinberge, Wege, Dämme, Schutt; zerstreut. Mittel- und Südeuropa, (östlich).

3 Acker-Hellerkraut, *Thlaspi arvense* L., Pfl. kahl, beim Zerreiben mit Lauchgeruch, 10–40 cm; St. kantig; St.b. lanzettlich, mit pfeilförmigem Grund st.umfassend, ganzrandig oder gezähnt; Bl. weiß, 4–6 mm br., in endständigen Trauben; Schötchen 10–15 mm lg., flach, fast kreisrund, br. geflügelt, oben u-förmig ausgerandet. ✻ 4–9. △ Unkrautfluren, Äcker, Schutt; ziemlich häufig. Europa.

4 Hirtentäschel, *Capsella bursa-pastoris* (L.) Med., Pfl. 25–60 cm; B. tief fiederteilig, in grundständiger Rosette, obere St.b.lanzettlich, mit pfeilförmigem Grund st.umfassend; Bl. weiß, 4–5 mm br.; Schötchen 3eckig, flach, in verlängerten, b.losen Trauben. ✻ 1–12. △ Äcker, Wege, Schutt, Gärten; häufig. Europa.

5 Graukresse, *Berteroa incana* (L.) DC., Pfl. 1–2jährig, 20–70 cm, mit dünner Pfahlwurzel; Pfl. durch Sternhaare graugrün; B. lanzettlich, meist ganzrandig, in den kurzen Stiel verschmälert, 3–5 cm lg.; Kronb. tief 2spaltig, weiß, 5–6 mm lg.; Schötchen elliptisch, sternhaarig, grau, 7–10 mm lg., in ährenförmigen Trauben. ✻ 6–10. △ Wege, Schutt, Bahngelände, Kiesgruben; zerstreut bis selten. Mittel- und Südeuropa, (östlich).

6 Lauchkraut, Lauchhederich, *Alliaria petiolata* (Bieb.) Cavara et Grande (*A. officinalis* Andrz.), Pfl. 20–100 cm, beim Zerreiben nach Knoblauch riechend; Grundb. herz- bis nierenförmig, buchtig gekerbt, lg. gestielt; Bl. weiß, 5–8 mm br.; Schoten 2–3 cm lg., an aufrecht-abstehenden Stielen. ✻ 4–6. △ Schattige Unkrautfluren, Waldränder, Zäune, Parkanlagen; häufig. Fast ganz Europa.

Schmetterlingsblütengewächse / Fabaceae oder Papilionaceae

7 Weißer Steinklee, *Melilotus alba* Med., Pfl. 30–120 cm, B. 3zählig, Bl. weiß, 4–5 mm lg., Bl.traube 4–6 cm lg., 40–80blütig; Fruchthülse 3–5 mm lg., kahl, netznervig, runzelig, zur Reife schwarz. ✻ 6–9. △ Unkrautfluren, Bahngelände; verbreitet. Fast ganz Europa.

Acker-Rettich, Hederich, *Rhaphanus rhaphanistrum* L., s. S. 126

Tafel 3 Äcker, Schutt- und Kiesplätze, Wege

Kürbisgewächse / Cucurbitaceae

1 Weiße Zaunrübe, *Bryonia alba* L., Rankende Pfl., 1häusig, 2–3 m; Ranken spiral-
federartig; B. in 5 3eckige, scharf gezähnte Lappen geteilt; Bl. mit Fruchtknoten und
Staubb.; Narbe kahl; Krone grünlichweiß, etwa 1 cm br.; reife Beeren schwarz.
✳ 6–7. Giftig! △ Zäune, Wege und Gebüschsäume; ziemlich selten. Mittel- und
Südeuropa. GefGr. 3! – Ähnlich ist die **Rotbeerige Zaunrübe,** *B. dioica* Jacq., aber
Pfl. 2häusig; Bl nur mit Fruchtknoten oder nur mit Staubb.; Narbe behaart; reife
Beeren rot; B.lappen meist ganzrandig; giftig! Zäune, Hecken; zerstreut; Mittel- und
Südeuropa, (westlich).

Doldengewächse / Umbelliferae oder Apiaceae

2 Gefleckter Schierling, *Conium maculatum* L., Pfl. 50–200 cm, unangenehm riechend; St. stielrund, fein gerieft, blaugrün, unten meist rot gefleckt; B. 2–3fach
fiederteilig, oberseits dunkelgrün, unterseits graugrün, Abschnitte länglich-lanzettlich, grob gezähnt; Dolde 8–15strahlig; Hüllb. zurückgeschlagen; Frucht rundlich,
3 mm lg., mit welligen Rippen. ✳ 6–9. Sehr giftig! △ Gräben, Schuttplätze, Wegränder; zerstreut. Südskandinavien, Mittel- und Südeuropa.

Rötegewächse / Rubiaceae

3 Kletten-Labkraut, *Galium aparine* L., Pfl. klimmend, 60–200 cm; St. behaart, B.
linealisch, 4–8 mm br., am Rand wie die St. mit rückwärtsgerichteten Stacheln, zu
6–8 im Quirl; Krone 4zipfelig, weiß, 2 mm br.; Frucht kugelig, hakig-borstig, 4–6 mm
br. ✳ 6–10. △ Äcker, Schutt, Ufer, Hecken, Auenwälder; verbreitet. Europa. – Das
Kleinfrüchtige Kletten-Labkraut, *G. spurium* L. hat 1 mm br., grünlich-weiße Bl.,
2–3 mm br. B. und 1,5–3 mm br., feinkörnige Früchte; St. kahl, aber mit Stacheln;
Getreidefelder; ziemlich selten; Mittel- und Südeuropa. GefGr. 3!

Windengewächse / Convolculaceae

4 Zaun-Winde, *Calystegia sepium* (L.) R. Br. (*Convolvulus sepium* L.), Pfl. windend,
1–3 m; B. tief herzförmig, 8–15 cm lg.; Bl. einzeln, b.achselständig, lg. gestielt; Krone
trichterförmig, weiß, 3–5 cm lg. und br.; Kelch von 2 herzförmigen Vorb. eingeschlossen; Narbenlappen flach. ✳ 6–9. △ Unkrautfluren, Ufer, Weiden- und Erlengebüsch; verbreitet. Europa.

20

1

2

3

4

Tafel 4   Äcker, Schutt- und Kiesplätze, Wege

Borretschgewächse / Boraginaceae

1 Acker-Steinsame, *Lithospermum arvense* L., Pfl. rauhhaarig, 10–50 cm; B. verkehrt eiförmig bis lanzettlich, 1nervig, 3–5 cm lg.; St. locker beblättert; Krone 3–4 mm br., trichterförmig, schmutzig weiß; Nüßchen braun, warzig. ✳ 4–6. △ Getreidefelder; verbreitet. Europa.

Lippenblütengewächse / Labiatae oder Lamiaceae

2 Weiße Taubnessel, *Lamium album* L., Pfl. behaart, 20–50 cm; B. lg. zugespitzt, brennesselartig, scharf gesägt, 3–7 cm lg.; Bl. in Scheinquirlen; Krone 20–25 mm lg., weiß, 2lippig; Oberlippe helmartig; Kronröhre aufwärts gebogen, innen mit schrägem Haarring. ✳ 4–10. △ Wege, Zäune, Mauern, Viehläger, Hecken; Stickstoffzeiger; häufig. Europa.

Nachtschattengewächse / Solanaceae

3 Stechapfel, *Datura stramonium* L., Pfl. kahl, 20–100 cm; B. eiförmig, spitz, buchtig gezähnt, 10–20 cm lg.; Bl. einzeln, b.achselständig; Krone trichterförmig, mit 5 spitzen Zipfeln, 6–8 cm lg., weiß, selten violett; Frucht eiförmig, stachelig, grün, 5–7 cm lg. ✳ 6–10. Giftig! △ Schutt, Wege, Gärten; wärmeliebend; ziemlich selten. Europa.

Korbblütengewächse / Compositae oder Asteraceae

4 Kleinblütiges Knopfkraut, Franzosenkraut, *Galinsoga parviflora* Cav., Pfl. 20–70 cm, oberwärts spärlich anliegend behaart; B. eiförmig, spitz, fein gezähnt, gegenständig; Bl.köpfe 3–5 mm lg. und br., mit meist 5 kurzen, weißen Strahlenbl. und gelben Scheibenbl.; Spreub. nach vorne verbreitert, meist 3spaltig. ✳ 5–10. △ Äcker, Gärten, Schutt; häufig. Europa. – Ähnlich ist das **Zottige Franzosenkraut,** *G. ciliata* (Raf.) Blake, jedoch St. weißzottig behaart; B. grob entfernt gezähnt, die Spreub. lanzettlich; Äcker; zerstreut. Europa. Beide Arten sind in Südamerika beheimatet.

5 Geruchlose Kamille, *Tripleurospermum maritimum* (L.) Koch (*T. indorum* (L.) Schultz-Bip.), Pfl. geruchlos, 10–50 cm; B. 2–3fach fiederteilig, mit lg., dünnen Abschnitten; Bl.köpfe lg. gestielt, 2–4 cm br., mit 12–30 weißen Strahlenbl. und gelben Scheibenbl.; Kopfboden halbkugelig, markig, ohne Spreub. ✳ 6–10. △ Schutt, Wege, Äcker, Dünen; häufig. Europa.

6 Acker-Hundskamille, *Anthemis arvensis* L., Pfl. aromatisch riechend, 10–50 cm; B. 2–3fach fiederteilig, kahl oder schwach behaart; Bl.köpfe 2–3 cm br., mit weißen Strahlenbl. und gelben Scheibenbl.; Bl.kopfboden kegelförmig, mit Spreub., diese allmählich in eine Stachelspitze verschmälert; Frucht stumpf 4kantig und gefurcht. ✳ 5–10. △ Getreidefelder, Wege, ziemlich häufig. Europa. – Ähnlich ist die **Stink-Hundskamille,** *A. cotula* L., aber Pfl. stinkend, 10–50 cm; Spreub. des kegeligen Bl.kopfbodens linealisch, ohne Stachelspitze; Strahlenbl. steril, ohne Griffel; Frucht fast stielrund, knotig gerippt; Äcker, Unkrautgesellschaften; zerstreut. Europa.

7 Echte Kamille, *Matricaria chamomilla* L., Pfl. aromatisch riechend; 15–40 cm; B. 2–3fach fiederteilig, mit schmal-linealischen Zipfeln; Bl.köpfe lg. gestielt, 10–25 mm br., mit weißen, bald herabgeschlagenen Strahlenbl. und gelben, 5zähnigen Scheibenbl.; Kopfboden kegelförmig, hohl; ✳ 5–7. △ Getreidefelder, Wege, Schutt; Heilpfl.; ziemlich häufig, heute aber seltener werdend. Europa.

Tafel 5 Trockenrasen, Magerrasen, steinige Hänge, Mauern

Liliengewächse / Liliaceae

1 Ästige Graslilie, *Anthericum ramosum* L., Pfl. ähnlich Traubiger Graslilie, aber Bl.stand rispig verzweigt; Bl.b. 8–13 mm lg., die inneren breiter als die äußeren, so lg. wie die Staubb.; Griffel gerade; Tragb. ¹/₅ so lg. wie die Bl.stiele; Fruchtkapsel fast kugelig; B. viel kürzer als der Bl.schaft. ✳ 6–8. △ Halbtrockenrasen, Waldränder, Trockengebüsche; ziemlich selten. Hauptsächlich Mittel- und Südeuropa.

2 Weißzüngel, *Pseudorchis albida* (L.) A. et D. Löve (*Leucorchis a.* E. Mey.), Pfl. 10–30 cm; Bl. länglich bis verkehrt-eiförmig; Bl.ähre dicht, 3–6 cm lg.; Bl. weiß bis gelblichweiß, schwach duftend; Bl.hüllb. 3–4 mm lg., zusammenneigend, Lippe 3teilig; Sporn walzlich, ¹/₂mal so lg. wie der Fruchtknoten. ✳ 6–8. <u>Geschützt!</u> △ Kalkfreie Magerrasen; ziemlich selten. Hauptsächlich Gebirge Europas. <u>GefGr. 2!</u>

Sandelgewächse / Santalaceae

3 Geschnäbeltes Leinblatt, *Thesium rostratum* Mert. et Koch, Pfl. 20–30 cm; St. zahlreich, aufrecht oder bogig aufsteigend; mit einem bl.losen B.schopf endend; B. sehr schmal lanzettlich, 1nervig; Bl.stand traubig; jede Bl. nur mit 1 Hochb. (nur bei dieser Art und bei *Th. ebracteatum* Hayne so), 5zählig, weiß; Bl.hülle zur Fruchtzeit etwa 2mal so lg. wie die Frucht. ✳ 5–7. △ Steinige Böden, lichte, kalkreiche Kiefernwälder; ziemlich selten. Alpen und Vorland, Süddeutschland. <u>GefGr. 3!</u>

Nelkengewächse / Caryophyllaceae

4 Nickendes Leimkraut, *Silene nutans* L., Pfl. 30–60 cm, mit nichtblühender B.rosette; untere B. spatelförmig, obere lanzettlich; Bl.stand locker, vielblütig, 1seitswendig, nickend; Kelch drüsenhaarig, 10nervig, Kelchzähne ¹/₃ so lg, wie die Kelchröhre; Kronb. 5, tief 2teilig, weiß, mit 1–3 mm lg. Nebenkrone. ✳ 5–8. △ Kalkmagerrasen, Felsen, lichte Eichenwälder, ziemlich häufig. Fast ganz Europa.

Kreuzblütengewächse / Cruciferae oder Brassicaceae

5 Frühlings-Hungerblümchen, *Erophila verna* (L.) Bess., Pfl. 3–15 cm.; B. keilförmig, ganzrandig oder entfernt gezähnt, sternhaarig; St. b.los; Kelchb. hautrandig; Kronb. weiß oder rötlich, tief ausgerandet; Schötchen länglich elliptisch, 5–10 mm lg. ✳ 3–5. △ Lückige Magerrasen, sandige Äcker, Wege, Kiesböden; häufig. Europa.

6 Rauhhaarige Gänsekresse, *Arabis hirsuta* L., Pfl. 10–80 cm; St. dicht beblättert; grundständige Rosettenb. eiförmig, in den kurzen Stiel verschmälert, gezähnt oder ganzrandig; St.b. ei-lanzettlich, mit herzförmigem Grund sitzend oder pfeilförmig st.umfassend, meist stark behaart; Bl.stand reichblütig, nach der Blüte verlängert; Kronb. 4–6 mm lg., weiß; Schoten 15–35 mm lg., aufrecht, gedrängt, Klappen mit Mittelnerv. ✳ 5–7. (Formenreiche Art mit mehreren Kleinarten). △ Kalkmagerrasen, lichte Kiefernwälder; verbreitet. Fast ganz Europa.

Dickblattgewächse / Crassulaceae

7 Weißer Mauerpfeffer, *Sedum album* L., Pfl. 8–20 cm, lockerrasig, mit aufrechten, blühenden und mit kriechenden, nichtblühenden St.; B. grün oder rötlich, walzig, beiderseits gewölbt; Bl.stand meist kahl; Kronb. 3–5 mm lg., stumpf, weiß, außen oft rosa. ✳ 6–7. △ Sonnige, steinige Rasen, Felsköpfe, Mauern; häufig. Südskandinavien, Mittel- und Südeuropa. – Der **Buckel-Mauerpfeffer,** *S. dasyphyllum* L. hat blaugrüne, eiförmige, oben flache, unten gewölbte, 3–7 mm lg. B. und drüsenhaarigen Bl.stand; sonnige Felsspalten, Mauern, Gesteinsschutt; ziemlich selten; Alpen und Vorland, süddeutsche Mittelgebirge, Südeuropa. <u>GefGr. 4!</u>

Tafel 6   Trockenrasen, Magerrasen, steinige Hänge, Mauern

Steinbrechgewächse / Saxifragaceae

1   Knöllchen-Steinbrech, *Saxifraga granulata* L., Pfl. 15–40 cm, 1jährig, am Grund mit unterirdischen Knöllchen; Grundb. rosettig, rundlich-nierenförmig, tief gekerbt, zur Bl.zeit vertrocknet; St. verzweigt, drüsenhaarig; Bl.stand eine lockere Rispe, Kronb. 10–15 mm lg., weiß. ✳ 3–5. Geschützt! △ Wege, Dämme, Kiesdächer, lückige Trockenrasen; verbreitet. Fast ganz Europa. – Ähnlich ist der **Zwiebeltragende Steinbrech,** *S. bulbifera* L., aber St.b. mit Brutzwiebeln in den Achseln; St. erst oben verzweigt; Bl.stand mit kurzen Ästen, eng zusammengezogen; Kronb. 6–10 mm lg.; trockene, sandige Böden, Flaumeichenwälder; hauptsächlich Südosteuropa, Südalpen. Geschützt! – Der **Finger-Steinbrech,** *S. tridactylites* L., hat 3lappige, spatelförmige, zur Bl.zeit meist vertrocknete B. und 3–4 mm lg., weiße Kronb.; Pfl. 3–15 cm; Trockenrasen, Wege, Dächer, Mauern; fast ganz Europa.

Rosengewächse / Rosaceae

2   Knollen-Spierstaude, *Filipendula vulgaris* Moench (*F. hexapetala* Gilib.), Pfl. 30–80 cm, mit knollig verdickter Wurzel; B. gefiedert, jederseits mit 10–40 länglichen, 1–2 cm lg., grob und doppelt gezähnten oder fiederspaltigen Fiederb.; Bl.stand vielblütig, rispig; Kronb. meist 6, oval, 5–10 mm lg., weiß bis blaßrosa. ✳ 5–7. △ Kalkmagerrasen, Gebüschsaum, Waldränder, lichte Eichen- und Kiefernwälder; zerstreut. Fast ganz Europa, nördlich bis Südskandinavien.

Schmetterlingsblütengewächse / Fabaceae oder Papilionaceae

3   Berg-Klee, *Trifolium montanum* L., Pfl. 15–40 cm, aufrecht oder aufsteigend, dicht behaart; B. 3zählig, B.chen fein gezähnt, unterseits weichhaarig; Bl.stand kugelig bis eiförmig, 1–2 cm lg.; Bl. kurz gestielt; Kelchröhre 10nervig, behaart, mit schmalen, gleich lg. Zähnen; Krone 7–10 mm lg., weiß. ✳ 5–7. △ Kalkmagerrasen, Waldränder; zerstreut. Europa, nördlich bis Südskandinavien, im Süden in den Gebirgen.

Doldengewächse / Umbelliferae oder Apiaceae

4   Wilde Möhre, *Daucus carota* L., Pfl. 30–100 cm; Wurzel dick, weiß, nach Möhren riechend; B. 2–3fach gefiedert, behaart; Dolden zur Bl.zeit flach oder gewölbt, zur Reife in der Mitte eingesenkt, nestförmig; Hüllb. 3- oder fiederteilig, bewimpert; Hüllchenb. meist 1fach; randliche Bl. weiß, strahlig vergrößert, mittlere Bl. meist verkümmert und dunkelrot. ✳ 6–9. △ Magerrasen, Wege, Steinbrüche; häufig. Europa.

3

2

4

1

Tafel 7 Trockenrasen, Magerrasen, steinige Hänge, Mauern

Doldengewächse / Umbelliferae oder Apiaceae

1 Faserschirm, *Trinia glauca* (L.) Dum., Pfl. 20–80 cm, am Grund reich verzweigt, 2häusig, ♂ Pfl. kleiner als die ♀; am Grund mit Faserschopf; B. blaugrün, 2–4fach gefiedert, mit fädlichen bis schmal linealischen Zipfeln, oberste B. mit aufgeblasener B.scheide und wenigen Fiederzipfeln; Bl.döldchen zahlreich; Kronb. der ♂ Bl. mit schmalem, grünem, die der ♀ Bl. mit br., rötlichem Mittelstreifen. ✳ 4–5. △ Sonnige Trockenrasen, Dünen, Steinige Hänge; selten. Mittel- und Südeuropa. GefGr. 2!

Röte- oder Krappgewächse / Rubiaceae

2 Hügel-Meister, *Asperula cynanchica* L., Pfl. aufsteigend, 10–30 cm; B. meist zu 4 quirlig, schmal lanzettlich, 1nervig, mit Grannenspitze; Bl.stand wenigblütig; Krone trichterförmig, 4spaltig, rosa, 2–3 mm; Frucht körnig-rauh. ✳ 6–8. △ Kalkmagerrasen, sonnige Wald- und Wegränder, Kiefernwälder; zerstreut. Mittel- und Südeuropa.

3 Färber-Meister, *Asperula tinctoria* L., Pfl. 30–50 cm; St. 4kantig; B. zu 4–6 quirlständig, schmal lanzettlich, 1nervig, 2–6 cm lg.; Bl.stand armblütig; Krone weiß, 3spaltig, 3–4 mm br.; Frucht glatt. ✳ 6–8. △ Lichte Kiefern- und Eichenwälder, sonnige Gebüsche, Halbtrockenrasen; ziemlich selten. Mitteleuropa, nördlich bis Südschweden. GefGr. 3!

Korbblütengewächse / Compositae oder Asteraceae

4 Silberdistel, *Carlina acaulis* L., Pfl. mit dicker Pfahlwurzel und sehr kurzem St., 10–30 cm, meist 1köpfig; B. rosettig gehäuft, ganz oder nahe bis auf den Mittelnerv fiederspaltig, dornig (bei ssp. *simplex* (W. et Kit.) Arc., B. kraus, stark gegliedert, mit pfriemlichen, 2–6 mm br. Fiedern; bei ssp. *acaulis* B. flach, wenig gegliedert, mit eiförmigen, 6–14 mm br. Fiedern); Bl.köpfe 4–7 cm br.; innere Hüllb. silberweiß, 3–4 cm lg.; nur mit Röhrenbl., diese weißlich oder rosa; Pappus 10–15 mm lg. ✳ 7–9. Geschützt! △ Sonnige Magerrasen, lichte Wälder. Gebirge Mittel- und Südeuropas. GefGr. 3! – Ähnlich ist die **Akanthusblättrige Eberwurz,** *C. acanthifolia* All., aber B. wellig, nur bis zur Mitte oder wenig darüber fiederteilig, mit jederseits 5–7 br., buchtig und stachelig gezähnten Abschnitten; Bl.köpfe 10–15 cm br.; innere Hüllb. gelblich; Pappus 20–25 mm lg.; Trockenrasen, lichte Wälder; Südalpen, Ostpyrenäen, Apennin, Gebirge der Balkanhalbinsel.

Berg-Gamander *Teucrium montanum* L., s. S. 140

1

2

3

4

Tafel 8 Fettwiesen und -weiden

Kreuzblütengewächse / Cruciferae, Brassicaceae

1 Wiesen-Schaumkraut, *Cardamine pratensis* L., Pfl. 10–40 cm; St. hohl, rund; B. unpaarig gefiedert; Grundb. mit rundlich-eiförmigen, St.b. mit linealischen Fiederb.; Kelchb. 4, 3–5 mm lg.; Kronb. 4, 8–14 mm lg., weiß, rosa oder blaßlila; Staubbeutel gelb; Schoten 2–4 cm lg. ✳ 4–6. △ Fett- und Naßwiesen, Flachmoore, Ufer, Auenwälder; verbreitet. Fast ganz Europa.

Schmetterlingsblütengewächse / Fabaceae oder Papilionaceae

2 Weiß-Klee, *Trifolium repens* L., Pfl. 15–45 cm, kriechend, an den Knoten wurzelnd; B. 3zählig, B.chen eiförmig, fein gezähnt, kahl; Nebenb. trockenhäutig; Bl.köpfe kugelig, einzeln; Einzelbl. 2–5 mm lg. gestielt, nach dem Verblühen hängend; Kelch 10nervig; Krone 7–12 mm lg., weiß, später bräunlich. ✳ 5–9. △ Fettweiden, Wiesen, Parkrasen, Wegränder, Äcker; häufig. Europa.

Braunwurzgewächse / Scrophulariaceae

3 Gewöhnlicher Augentrost, *Euphrasia officinalis* L., Pfl. 5–25 cm, verzweigt, oben meist drüsenhaarig, B. eiförmig, gegenständig, jederseits mit 3–6 spitzen Zähnen; Bl. einzeln in den Achseln der oberen B.; Kelch 5–6 mm lg.; Krone 8–14 mm lg., weiß, manchmal mit violetter Oberlippe und gelbem Fleck auf der Unterlippe. ✳ 5–10. (Sammelart mit zahlreichen Kleinarten). △ Magere Wiesen und Weiden, Moorwiesen, Trockenrasen, Bergwiesen; häufig. Fast ganz Europa.

Doldengewächse / Umbelliferae oder Apiaceae

4 Große Bibernelle, *Pimpinella major* (L.) Huds., Pfl. 40–100 cm; B. 1fach gefiedert, glänzend, jederseits mit 2–4 eiförmigen, 1–4 cm lg., grob gezähnten Fiederb. und schwach 3lappiger, gezähnter Endfieder; St. kantig gefurcht; Bl.dolde 10–15strahlig; Hülle und Hüllchen fehlend; Krone 2–3 mm br., weiß oder rosa; Griffel nach dem Abblühen länger als die junge Frucht. ✳ 6–9. △ Wiesen, Staudenfluren; häufig. Europa, nördlich bis Südskandinavien, südlich bis Nordspanien, Kalabrien. – Sehr ähnlich ist die **Kleine Bibernelle,** *P. saxifraga* L., aber Pfl. 15–50 cm; St. fein gerillt, Fiedern der Grundb. eiförmig-stumpflich, 1–1,5 cm lg., matt; Griffel nach dem Abblühen kürzer als die junge Frucht; Silikatmagerrasen, Heiden.

5 Wiesen-Kümmel, *Carum carvi* L., Pfl. 30–80 cm; B. 2–3fach gefiedert, mit schmal-linealischen, 1 mm br. spitzen Fiederb.chen, am B.grund mit herabgerückten, nebenb.artigen Fiedern; B.scheiden häutig berandet; Bl.dolde 8–16strahlig; Hüllb. 0, Hüllchenb. 0–2; Krone weiß oder rosa, 2–3 mm br.; Frucht eiförmig, 3–4 mm lg. ✳ 4–6. △ Wiesen und Weiden, besonders im Gebirge, Wegränder; verbreitet. Fast ganz Europa.

Tafel 9 Fettwiesen und -weiden

Doldengewächse / Umbelliferae oder Apiaceae

1 Wiesen-Kerbel, *Anthriscus sylvestris* (L.) Hoffm., Pfl. 60–150 cm; mehrjährig. B. 2–3fach gefiedert, Fiederb.chen lanzettlich, zugespitzt; Bl.dolde 8–15strahlig; Hüllb. fehlend; Hüllchenb. 4–8, br.-lanzettlich, plötzlich lg. zugespitzt, am Rand gewimpert, 2–5 mm lg.; Bl. weiß, gleich groß; Frucht 6–10 mm lg., etwas kürzer als ihr Stiel. ✳ 4–6. △ Fettwiesen, Wegraine, Hecken, Waldränder und Auenwälder; häufig. Europa. – Ähnlich ist der **Garten-Kerbel,** *A. cerefolium* (L.) Hoffm., aber Pfl. kleiner, aromatisch riechend, 1jährig; B. weich, hellgrün, 2–4fach fiederteilig, mit ei-länglichen, nochmals eingeschnittenen oder kerbig gezähnten Abschnitten; Doldenstrahlen dicht flaumhaarig; Frucht linealisch, glatt, 6–10 mm lg., länger als ihr Stiel. ✳ 5–8. Hecken, Zäune, Gärten, Weinberge, Waldränder; Südosteuropa, sonst eingebürgert und verwildert; Gewürzpfl.

Röte- oder Krappgewächse / Rubiaceae

2 Wiesen-Labkraut, *Galium mollugo* L., Pfl. 25–80 cm, niederliegend, aufsteigend oder kletternd; St. 4kantig; B. lineal-lanzettlich, 2–8 mm br., mit aufgesetzter Spitze, zu 6–9 im Quirl; Bl.stand pyramidenförmig, rispenartig; Krone 4zählig, radförmig, 2–5 mm br.; Kronzipfel grannenartig zugespitzt; Bl.stiele etwas länger als die Bl. ✳ 5–9. △ Fettwiesen, Wegraine, Gebüsche, Waldränder; häufig. Europa.

Korbblütengewächse / Compositae oder Asteraceae

3 Gänseblümchen, Maßliebchen, *Bellis perennis* L., Pfl. 5–15 cm; St. anliegend behaart, b.los, 1köpfig; B. in grundständiger Rosette, spatelförmig, stumpf gezähnt; Bl.kopf 1–3 cm br.; randliche Bl. zungenförmig, meist 1reihig, ♀, weiß oder rosa, innere Bl. röhrenförmig, 2geschlechtig, gelb. ✳ Fast ganzjährig. △ Wiesen und Weiden; häufig. Fast ganz Europa.

4 Wiesen-Schafgarbe, *Achillea millefolium* L., Pfl. 15–50 cm, aromatisch duftend; B. länglich, bis auf dem Mittelnerv 2–3fach fiederteilig, 2–3 cm br.; Bl.köpfe 3–6 mm br., in doldenartigen Bl.ständen; randliche Bl. zungenförmig, zu 3–5, kürzer als die Hülle, weiß oder rötlich; Hüllb. braun berandet. ✳ 6–10. △ Wiesen, Weiden, Halbtrockenrasen, Äcker; häufig. Europa.

5 Gewöhnliche Wucherblume, Margerite, *Leucanthemum vulgare* Lamk. (*Chrysanthemum leucanthemum* L.), Pfl. 20–50 cm; B. länglich-lanzettlich, grob gesägt, die unteren gestielt die oberen sitzend; St.b. kleiner; St. 1fach oder verzweigt; Bl.köpfe 3–6 cm br.; Bl.kopfboden ohne Spreub.; Zungenbl. weiß, Röhrenbl. gelb; Hüllb. schwarz oder braun berandet. ✳ 6–10. (Formenreich, mit vielen Kleinarten). △ Wiesen, Weiden, Wegränder, Äcker; häufig. Fast ganz Europa.

1

4

3

2

5

Tafel 10 Gewässer, Moore, Sümpfe

Froschlöffelgewächse / Alismataceae

1 Gemeiner Froschlöffel, *Alisma plantago aquatica* L., Pfl. 20–90 cm, aus dem Wasser ragend; B. eiförmig, am Grund abgerundet oder herzförmig, B.spreite 5–25 cm lg.; Bl. in Quirlen, die inneren Bl.b. weiß, 2–3 mal so lg. wie die 3 äußeren, grünen. ✳ 6–8. △ Teiche, Ufer von Seen und langsam fließenden, nährstoffreichen Gewässern, Röhricht- und Großseggengesellschaften; zerstreut. Europa. – Der seltenere **Lanzettblättrige Froschlöffel,** *A. lanceolatum* With. hat lanzettliche, in den Stiel verschmälerte B. und zugespitzte Bl.b., und der seltene **Grasblättrige Froschlöffel,** *A. gramineum* Lej. hat untergetauchte, bandförmige B. und abgerundete Bl.b. GefGr. 3!

2 Pfeilkraut, *Sagittaria sagittifolia* L., Pfl. 30–100 cm; untere B. flutend, bandförmig; Schwimmb. mit ovaler bis pfeilförmiger Spreite, obere B. aufrecht, tief pfeilförmig; Bl. quirlständig; innere 3 Bl.b. weiß, 2mal so lg. wie die 3 äußeren, grünen. ✳ 6–8. △ Teiche, Ufer, Gräben, Röhrichtgesellschaften, nährstoffreiche Gewässer; ziemlich selten. Fast ganz Europa.

Froschbißgewächse / Hydrocharitaceae

3 Gewöhnlicher Froschbiß, *Hydrocharis morsus-ranae* L., Wasserpfl., 15–30 cm, mit Ausläufern, an denen neue B.rosetten sitzen; B. gestielt, rundlich-nierenförmig, am Grund tief herzförmig, 2–6 cm br., schwimmend; Bl. 5 cm lg. gestielt, äußere 3 Bl.b. schmal elliptisch, rosa oder grün, innere 3 Bl.b. rundlich, weiß, mit gelbem Grund. ✳ 6–8. △ Altwasser, Teiche, Seebuchten, nährstoffreiche, windgeschützte Gewässer; zerstreut bis selten. Europa. GefGr. 3!

Aronstabgewächse / Araceae

4 Sumpf-Calla, Schlangenwurz, *Calla palustris* L., Pfl. 15–30 cm, kriechend; B. herzförmig, lg. gestielt; Bl.scheide eiförmig, 3–7 cm lg., außen grünlich, innen weiß; Bl.kolben 2–4 cm lg., bis zur Spitze mit Bl. besetzt; Beeren rot. ✳ 5–9. Giftig! Geschützt! △ Großseggengesellschaften, Moorschlenken, Erlenbruch; selten. Nord- und Mitteleuropa. GefGr. 3!

Nelkengewächse / Caryophyllaceae

5 Wassermiere, Wasserdarm, *Myosoton aquaticum* (L.) Moench (*Malachium aquaticum* (L.) Fries), Pfl. 20–60 cm, liegend oder klimmend; St. 4kantig; B. gegenständig, ei-lanzettlich, spitz, mit herzförmigem Grund sitzend, 3–8 cm lg.; Kronb. 5, weiß, fast bis zum Grund 2teilig, 7–10 mm lg.; Griffel 5 (*Stellaria* hat 3 Griffel); Fruchtkapsel 5klappig aufspringend. ✳ 6–9. △ Ufer, Gräben, feuchte Lehm- und Schlammböden, Auenwälder; häufig. Fast ganz Europa.

Tafel 11   Gewässer, Moore, Sümpfe

Seerosengewächse / Nymphaeaceae

1   Weiße Seerose, *Nymphaea alba* L., Wasserpfl. mit dickem Rhizom; B. schwimmend, rundlich, 10–30 cm lg.; Seitennerven gegen den Rand miteinander verbunden; B.stiele je nach Wassertiefe bis 3 m lg.; Bl. 10–12 cm br.; Kelchb. 4, grün; Kronb. 15–25, weiß, so lg. oder länger als die Kelchb.; Staubfäden der inneren Staubb. fadenförmig; Narbenscheibe flach, 12–24strahlig, meist gelb. ✳ 6–8. Geschützt! △ Nährstoffreiche, stehende oder langsam fließende Gewässer; zerstreut. Fast ganz Europa. – Ähnlich ist die **Glänzende Seerose,** *N. candida* Presl., aber Bl. 6–8 cm br., meist halbgeschlossen; Bl.b. kürzer als die Kelchb.; Staubfäden der inneren Staubb. lanzettlich; Narbenscheibe konkav, 6–14strahlig, rötlich; selten. Geschützt! GefGr. 2!

Hahnenfußgewächse / Ranunculaceae

2   Flutender Hahnenfuß, *Ranunculus fluitans* Lamk., Pfl. bis 6 m lg., im Wasser flutend; Schwimmb. fehlend; Wasserb. fein zerteilt, 5–20 cm lg., mit parallel vorgestreckten, fadenförmigen Zipfeln, diese außerhalb dem Wasser pinselartig zusammenfallend; Bl. 1–2 cm br., weiß; Fruchtboden (fast) kahl. ✳ 6–8. △ Bäche, Flüsse, mit meist schnell strömendem, sauerstoffreichem Wasser; ziemlich häufig Südschweden, Mitteleuropa, südlich bis Südfrankreich, Norditalien.

3   Wasser-Hahnenfuß, *Ranunculus aquatilis* L., Pfl. 10–20 cm; Schwimmb. rundlich, meist auf ²/₃ 3–5lappig, Abschnitte nochmals eingeschnitten; Wasserb. bis 5 cm lg., mehrfach 3teilig, zuletzt gabelig; Zipfel im Wasser ausgebreitet, außerhalb des Wassers pinselartig zusammenfallend; Bl. 1–2 cm br., Kronb. sich berührend oder überlappend, weiß. ✳ 5–8. △ Nährstoffreiche, stehende oder langsam fließende Gewässer; zerstreut. Europa. – Sehr ähnlich sind noch: **Schild-Hahnenfuß,** *R. peltatus* Schrank, aber Schwimmb. nur bis ca. zur Mitte 3teilig, Abschnitte grob gekerbt; Bl. 2–3 cm br.; zerstreut. – **Efeublättriger Hahnenfuß,** *R. hederaceus* L., Schwimmb. rundlich-nierenförmig, glänzend, mit 3–5 seichten, stumpfen Lappen; Wasserb. fehlend; St. kriechend, an den Knoten wurzelnd; Quellfluren, nasse Sandböden; selten; GefGr. 2! – **Brackwasser-Hahnenfuß,** *R. baudotii* Lloyd, Schwimmb. mit 3 tief keilförmigen Einschnitten, Kronb. 6–20 mm lg., am Grund gelb; Wasserb. vorhanden oder fehlend; Salz- und Brackwasser.

4   Eisenhutblättriger Hahnenfuß, *Ranunculus aconitifolius* L., Pfl. 20–60 cm; Grundb. 3–7teilig, lg. gestielt, Abschnitte br. eiförmig, ungleich gesägt, der Mittellappen kurz gestielt; St.b. sitzend; Bl. weiß, 1–2 cm br.; Bl.stiele behaart; St. mit gespreizten Ästen. ✳ 5–7. △ Staudenreiche Bergwälder, Bäche, Quellen, Hochstaudenfluren, in den Alpen bis 2600 m; zerstreut. Gebirge Mittel- und Südeuropa. – Ähnlich ist der **Platanen-Hahnenfuß,** *R. platanifolius* L., aber Abschnitte der B. schmäler, Mittellappen nicht gestielt; Bl.stiele kahl; St. mit aufrechten Ästen. ✳ 5–7; Hochstaudenfluren.

Tafel 12 Gewässer, Moore, Sümpfe

Kreuzblütengewächse / Cruciferae oder Brassicaceae

1 Echte Brunnenkresse, *Nasturtium officinale* R. Br., Pfl. 30–80 cm; St. kriechend oder aufsteigend, hohl, verzweigt, kahl; B. gefiedert, mit größerer Endfieder, scharf schmeckend; Bl. weiß; Kronb. 4, 4–5 mm lg.; Staubbeutel gelb; Schoten 13–18 mm lg, deren Stiele 8–12 mm lg. ✳ 5–9. △ Bäche, Gräben, Quellen, in schnell fließenden, kühlen Gewässern; zerstreut. Europa. – Ähnlich ist das **Bittere Schaumkraut,** *C. amara* L., Pfl. 10–60 cm; St. markig, kantig; B. gefiedert, jederseits mit 4–10 ovalen Fiederb. und größerer Endfieder; Kronb. weiß (selten rötlich), 4–10 mm lg.; Staubbeutel purpurn; Schoten 2–4 cm lg. ✳ 4–6; Bachränder, Gräben, in Quellfluren und Erlenbruchwälder; verbreitet; fast ganz Europa, im Süden nur in den Gebirgen.

Sonnentaugewächse / Droseraceae

2 Rundblättriger Sonnentau, *Drosera rotundifolia* L., Pfl. 5–15 cm; B. in Rosetten, rund, lg. gestielt, mit lg. gestielten, reizbaren, klebrigen Drüsenhaaren (Tentakeln) und kurzen Verdauungsdrüsen zum Fangen und Verdauen von Insekten; Bl.stand wenigblütig; Kronb. 5, 4–6 mm lg., weiß. ✳ 7–8. Geschützt! △ Hoch- und Zwischenmoore, saure Torfböden, auf nacktem Torf, in Torfmoospolstern; zerstreut; durch Moorkultivierung seltener werdend. Nord- und Mitteleuropa, südlich bis Mittelspanien, Italien, Korsika, Balkanhalbinsel. GefGr. 3!

3 Langblättriger Sonnentau, *Drosera anglica* Huds., Pfl. 8–20 cm; B. länglich keilförmig, 1–4 cm lg., Bl.st. in der Mitte der B.rosette entspringend, aufrecht, 2–3mal länger als die B. ✳ 6–8. Geschützt! △ Schlenken von Hoch- und Zwischenmooren; selten. Nord- und Mitteleuropa, Alpen, Pyrenäen, Karpaten. GefGr. 2! – Ähnlich ist der **Mittlere Sonnentau,** *D. intermedia* Hayne, aber Pfl. 3–10 cm; B. 7–10 mm lg.; Bl.st. seitlich entspringend und bogenförmig aufsteigend, kaum länger als die B.; Hochmoorschlenken; selten. Geschützt! GefGr. 3!

Steinbrechgewächse / Saxifragaceae

4 Sumpf-Herzblatt, *Parnassia palustris* L., Pfl. 10–30 cm; grundständige B. herzförmig, lg. gestielt; St.b. 1, st.umfassend; St. 1blütig; Bl. 1–3 cm br.; Kronb. 5, oval, weiß. ✳ 7–9. Geschützt! △ Flach- und Quellmoore, in den Alpen auf wasserzügigen Schutthängen, bis über 2500 m; zerstreut. Europa, im Süden nur in den Gebirgen. GefGr. 3!

Doldengewächse / Umbelliferae oder Apiaceae

5 Aufrechte Berle, Wassersellerie, *Berula erecta* (Huds.) Cov. (*Sium erectum* Huds.), Pfl. 30–80 cm, mit Ausläufer; St. stielrund, gestreift; B. 1fach gefiedert, Fiedern ungleich, untere eiförmig, obere lanzettlich, grob gesägt, Endfieder oft 3teilig; Bl.dolde b. gegenständig; Frucht rundlich, 2 mm lg. ✳ 7–8. △ Bäche, Gräben, Teiche; verbreitet. Fast ganz Europa.

6 Gewöhnlicher Wasserfenchel, Roßkümmel, Rebendolde, *Oenanthe aquatica* (L.) Poir., Pfl. 30–120 cm, mit dickem, schwammigem Rhizom und dünnen, büscheligen Wurzelfasern; B. 2–3fach gefiedert, Fiedern ei-lanzettlich, 4–6 mm lg.; untergetauchte B. selten, mit haarfeinen Zipfeln; Dolden kurz gestielt, b. gegenständig, 8–15strahlig; Hüllb. meist fehlend; Hüllchenb. zahlreich; Frucht etwa 4 mm lg. ✳ 6–8. △ Gräben, Tümpel, Altwasser, Sümpfe; zerstreut. Fast ganz Europa.

Tafel 13   Gewässer, Moore, Sümpfe

Doldengewächse / Umbelliferae oder Apiaceae

1 Wasserschierling, *Cicuta virosa* L., Pfl. 60–120 cm, mit dickem und durch Querwände gekammertem Wurzelstock; B. 2–3fach gefiedert, Fiedern schmal lanzettlich, scharf gezähnt, bis 8 cm lg.; Dolde 15–25strahlig; Hüllb. 0–2; Hüllchenb. zahlreich, zuletzt zurückgeschlagen. ✳ 7–9. Giftig! △ Ufer, Gräben, Altwasser; zerstreut. Nord- und Mitteleuropa, südlich bis Poebene.

Fieberkleegewächse / Menyanthaceae

2 Fieberklee, Bitterklee, *Menyanthes trifoliata* L., Pfl. 15–30 cm, mit dickem, lg. kriechendem Rhizom; B. kleeartig, 3zählig; Bl. weiß oder rötlich, bärtig, in aufrechter Traube. ✳ 4–5. Geschützt! △ Flach- und Quellmoore, Moorschlenken und verlandete Teiche; zerstreut bis selten; Heilpfl. Nord- und Mitteleuropa, Gebirge Südeuropas. GefGr. 3!

Wasserschlauchgewächse / Lentibulariaceae

3 Alpen-Fettkraut, *Pinguicula alpina* L., Pfl. 5–15 cm; B. in grundständiger Rosette, fleischig, 3–6 cm lg., sich vom Rand her einrollend, mit Kleb- und Verdauungsdrüsen zum Fangen und Verdauen von Insekten; Bl. weiß, mit kurzem, kegelförmigem Sporn. ✳ 5–7. Geschützt! △ Quell- und Flachmoore, feuchte, bemooste Felsen, von der Ebene bis 2700 m; zerstreut bis selten. Hauptsächlich Alpen und Vorland, Pyrenäen, Skandinavien. GefGr. 3!

Korbblütengewächse / Compositae oder Asteraceae

4 Sumpf-Schafgarbe, *Achillea ptarmica* L., Pfl. 20–100 cm; B. schmal lanzettlich, ungeteilt, fein gezähnt, meist kahl, glänzend; Bl.köpfe 12–17 mm br., zu 5–30 am St.; Zungenbl. 8–13, weiß, ausgebreitet, 4–6 mm lg.; Hüllb. filzig behaart, mit Hautrand. ✳ 7–9. △ Naßwiesen, Gräben, Ufer; zerstreut. Südskandinavien, Mitteleuropa, südlich bis Nordspanien, Norditalien.

Gemeiner Beinwell, *Symphytum officinale* L., s. S. 102

Tafel 14 Wälder, Waldränder, Gebüsche, Auen

Bäume und Sträucher

Rosengewächse / Rosaceae

1 Vogelbeerbaum, Eberesche, *Sorbus aucuparia* L., Strauch oder Baum mit glatter Borke, 5–15 m; B. unpaarig gefiedert; Fiederb. eiförmig, 4–6 cm lg., scharf gezähnt; Bl. in reichblütigen, doldenartigen Rispen; Kelchb. 5; Kronb. 5, 4–5 mm lg., weiß, Griffel 2–4; Frucht fast kugelig, rot 8–10 mm lg. ✻ 5–6. △ Lichte Laub- und Nadelwälder, bis zur Waldgrenze; verbreitet. Europa. – Ähnlich ist der **Speierling,** *S. domestica* L., aber Borke rauh; Fiederb. nur in der oberen Hälfte gesägt; Bl.stand nur 6–12blütig, Griffel meist 5; Frucht birnförmig, rötlichgelb; wärmeliebende Laubwälder; Mittelmeergebiet, sonst angepflanzt oder verwildert.

2 Mehlbeere, *Sorbus aria* (L.) Crantz, Strauch oder Baum, 2–10 m; B. eiförmig, ungleichmäßig gesägt, 8–14 cm lg., dunkelgrün, unterseits grau- bis weißfilzig, mit 10–14 Nervenpaaren; Bl. weiß; Griffel 2; Frucht kugelig oder eiförmig, orange bis rot. ✻ 5–6. △ Sonnige Laubwälder, Kalkfelshänge, Bergwälder; zerstreut. Gebirge Mittel- und Südeuropas. – Ähnlich ist die **Vogesen-Mehlbeere,** *S. mougeotii* Soy.-Will. et Godr., aber B. auf etwa ¹/₄ der B.breite eingeschnitten und mit 8–10 Nervenpaaren; Lappen stumpf, nach vorne gerichtet, nach der Spitze hin kleiner werdend; wärmeliebende Laubmischwälder, Bergwälder, Gebüsche; selten; Gebirge Mittel- und Südeuropas. GefGr. 4!

3 Zweigriffeliger Weißdorn, *Crataegus oxyacantha* L., Strauch ähnlich Eingriffeligem Weißdorn, aber B. schwach gelappt, mit keilförmigem Grund; Griffel 2–3; Frucht mit 2–3 Steinkernen. ✻ 5–6. (Formenreich). △ Laubwälder, Hecken; verbreitet. Fast ganz Europa, nördlich bis Südskandinavien.

4 Feld-Rose, *Rosa arvensis* Huds., Strauch 50–150 cm, liegend oder kletternd, mit schwach gebogenen, gleichartigen Stacheln; B. 7zählig, B.chen eiförmig, 1–3 cm lg., gezähnt, dunkelgrün, unterseits hellgrün; Bl. einzeln, lg. gestielt, 4 cm br., weiß; Kelchb. ganzrandig, selten gefiedert, vor der Fruchtreife abfallend; Griffel zu einer Griffelsäule verwachsen, diese deutlich aus dem Bl.becher ragend und mindestens so lg. wie die inneren Staubb.; Frucht elliptisch bis kugelig, dunkelrot, 1–1,5 cm lg. ✻ 6–7. △ Waldränder, lichte Laubwälder, Hecken; häufig. Mittel- und Südeuropa.

5 Schwarzdorn, Schlehe, *Prunus spinosa* L., Strauch bis 4 m, sparrig und stark dornig; B. ei-lanzettlich, 2–4 cm lg., dunkelgrün, fein gezähnt; Bl. einzeln oder zu 2, aber dicht gedrängt; Kronb. 5–8 mm lg., weiß; Kelchb. unregelmäßig und fein gezähnt; Staubb. etwa 20; Frucht kugelig, blau bereift, 1–1,5 cm br. ✻ 4–5. △ Wald- und Wegränder, sonnige Hecken, Magerweiden; häufig. Europa.

1

3

3

3

4

5

2

Tafel 15   Wälder, Waldränder, Gebüsche, Auen

Bäume und Sträucher

Rosengewächse / Rosaceae

1   Felsenbirne, *Amelanchier ovalis* Med., Strauch 1–3 m; B. elliptisch, 2–4 cm lg., oberseits dunkelgrün, kahl, unterseits graufilzig, später kahl und graugrün, fein gezähnt; Bl. in armblütigen Trauben, 5zählig; Kronb. schmal lanzettlich, 15–20 mm lg., weiß oder gelblichweiß, außen zottig; Staubb. 20; Frucht blauschwarz. ✳ 4–5. △ Felsengebüsch, Kalkfelsspalten, sonnige Eichen- oder Kiefernwälder; zerstreut. Gebirge Mittel- und Südeuropas.

2   Traubenkirsche, *Padus avium* Mill. (*Prunus padus* L.), Strauch oder Baum bis 12 m; B. weich, br. lanzettlich, 5–10 cm lg., fein gezähnt; Bl. zu 10–20 in aufrechten, dann hängenden Trauben; Bl.stiele 10–15 mm lg.; Kronb. 5–10 mm lg., weiß Kelchb. gefranst, drüsig; Frucht kugelig, glänzend, schwarz, 7–8 mm br., Stein grubig gefurcht. ✳ 4–5. △ Auenwälder, Waldränder, Gebüsche; ziemlich häufig. Fast ganz Europa. – Ähnlich ist die **Späte Traubenkirsche** oder **Herbstkirsche,** *P. serotina* (Ehrh.) Borkh. (*Prunus serotina* Ehrh.), aber B. lederig, oberseits stark glänzend; Bl.stiele 3–6 mm lg.; Kelch an der reifen Frucht noch vorhanden, diese mit glattem Stein. ✳ 6–7. △ Waldränder, Zierbaum; ursprünglich Nordamerika.

3   Steinweichsel, Felsenkirsche, *Cerasus mahaleb* (L.) Mill. (*Prunus mahaleb* L.), Strauch 1–6 m; B. ei-rundlich, mit aufgesetzter Spitze, dunkelgrün, am Rand mit kurzen, stumpfen Zähnen, 4–8 cm lg.; Bl. zu 4–10 in Schirmtrauben, weiß, 1 cm br.; Frucht eiförmig, schwarz. ✳ 4–5. △ Sonnige Hecken, Buschwälder, felsige Hänge, Flaumeichenwälder; wärmeliebend; selten, im Süden häufiger. Süddeutschland, Österreich, Südeuropa, sonst angepflanzt.

4   Vogel- oder Süß-Kirsche, *Cerasus avium* (L.) Moench (*Prunus avium* L.), Baum bis 25 m, mit rotbrauner bis schwarzer, in Querstreifen sich abringelnder Rinde; B. eiförmig, 6–15 cm lg., gezähnt; Bl. in Büscheln, ohne Laubb.; Bl.stiele 3–5 cm lg., am Grund nur mit Knospenschuppen; Kronb. 10–15 mm lg., oval, weiß; Staubb. bis 20; Frucht kugelig, 10–15 mm br., rot bis schwarzrot, mit glattem Stein. ✳ 4–5. △ Laub- und Nadelmischwälder, Waldränder, Hecken, Hartholzaue; zerstreut. Hauptsächlich Mittel- und Südeuropa. – Ähnlich ist die **Weichsel-** oder **Sauer-Kirsche,** *C. vulgaris* Mill. (*Prunus cerasus* L.), Strauch oder Baum, bis 10 m; Bl.stiele 2–4 cm lg., am Grund mit Knospenschuppen und mit 1–2 Laubb.; Kronb. fast kreisrund; lichte Wälder, Hecken; häufig angepflanzt; ursprünglich Südosteuropa.

Hartriegelgewächse / Cornaceae

5   Roter Hartriegel, *Cornus sanguinea* L., Strauch 2–5 m; junge Zweige rot; B. gegenständig, eiförmig, spitz, 5–8 cm lg., mit 3–4 Nervenpaaren, beiderseits grün, im Herbst rot; Bl. in reichblütigen Scheindolden, 4zählig, nach den B. erscheinend; Kronb. 4–6 mm lg., weiß; Früchte blauschwarz, kugelig, 6–8 mm lg. ✳ 5–6. △ Hecken, krautreiche Laubmischwälder; häufig, oft auch gepflanzt. Fast ganz Europa. – Der ähnliche **Weiße Hartriegel,** *C. alba* L., hat unterseits graugrüne B. mit 5–7 Nervenpaaren; Frucht weiß oder hellblau; Zierstrauch, gelegentlich verwildert; Herkunft Asien.

1

2

3

4

5

Bäume und Sträucher

Ölbaumgewächse / Oleaceae

1 Gewöhnlicher Liguster, *Ligustrum vulgare* L., Strauch 1–5 m; B. ei-lanzettlich, gegenständig, ganzrandig, kahl; Bl. klein, in dichten Rispen, 4zählig; Krone tief 4teilig, weiß; Frucht eine schwarze Beere, ungenießbar. ✳ 6–7. △ Gebüsche, Waldränder, Mischwälder; wärmeliebend; häufig. Fast ganz Europa, nördlich bis Südskandinavien.

Geißblattgewächse / Caprifoliaceae

2 Schwarzer Holunder, *Sambucus nigra* L., Strauch 3–7 m; B. gefiedert, unterseits bläulichgrün, mit meist 5 länglich eiförmigen, 5–10 cm lg., fein gezähnten Fiederb.; St.mark weiß; Bl.stand eine 10–20 cm br. Doldenrispe; Krone radförmig, 5teilig, weiß oder gelblich; Beeren schwarz, eßbar. ✳ 5–6. △ Hecken, krautreiche, feuchte Wälder, Schuttplätze; häufig. Fast ganz Europa. – Der **Zwerg-Holunder,** *Sambucus ebulus* L., eine krautige Pfl., 1–2 m, mit widerlichem Geruch, hat 7 oder 9 lanzettliche, 5–15 cm lg., fein gesägte Fiederb., weiße oder rosafarbene Bl. mit roten Staubb. und schwarze, ungenießbare Früchte; Waldschläge, Waldwege, Auen; verbreitet; Mittel- und Südeuropa, nördlich bis Südschweden.

3 Wolliger Schneeball, *Viburnum lantana* L., Strauch 1–3 m; B. eiförmig, netzrunzelig, fein gezähnt, oberseits dunkelgrün, unterseits graufilzig; Bl. in 5–10 cm br. Doldenrispen; alle Bl. gleich groß; Krone weiß, 6–8 mm br.; Beeren eiförmig und abgeflacht, 7–9 mm lg., zuerst rot, dann schwarz. ✳ 5–6. △ Waldränder, Gebüsche, lichte Eichen- und Kiefernwälder; zerstreut. Hauptsächlich Mittel- und Südeuropa.

4 Gewöhnlicher Schneeball, *Viburnum opulus* L., Strauch 1–4 m; B. rundlich, 3–5lappig, bis 12 cm lg. und br., beiderseits grün, kahl; Abschnitte unregelmäßig gezähnt; Doldenrispe 5–10 cm br.; Bl. 6–8 mm br., die Randbl. unfruchtbar, größer, mit unsymmetrischer, radförmiger Krone, 1–2 cm br.; Beeren kugelig, rot, 8–10 mm br. ✳ 5–6. △ Auenwälder, Wald- und Bachränder; häufig. Fast ganz Europa.

5 Rote Heckenkirsche, *Lonicera xylosteum* L., Strauch 1–2 m; B. gegenständig, br. elliptisch, weichhaarig, oberseits dunkelgrün, unterseits heller, 2–6 cm lg.; Bl. zu 2 auf gemeinsamen Stiel, dieser 1–2mal so lg. wie die Bl.; Krone gelblichweiß, 10–15 mm lg.; Fruchtknoten der beiden Bl. nur am Grund verwachsen; Beeren rot, ungenießbar, paarweise, aber nicht verwachsen. ✳ 5–6. △ Krautreiche Laub- und Mischwälder, Hecken; häufig. Fast ganz Europa. – Ähnlich sind noch: **Schwarzes Geißblatt,** *L. nigra* L., aber Bl.stiele 3–4mal so lg. wie die weißlichen Bl., Beeren schwarz, nur am Grund verwachsen; Bergmischwälder; Gebirge Mittel- und Südeuropas. – **Alpen-Heckenkirsche,** *L. alpigena* L., Strauch 50–150 cm; Bl. trübrot; Fruchtknoten der beiden Bl. fast ganz verwachsen; B. elliptisch, 7–10 cm lg.; Beeren rot, glänzend, paarweise verwachsen; Buchen- und Bergmischwälder, Hochstaudenfluren, in den Alpen bis 2300 m; Gebirge Mittel- und Südeuropas. – Die **Blaue Heckenkirsche,** *L. coerulea* L. hat ebenfalls paarweise verwachsene Fruchtknoten und Beeren, diese aber schwarz, blau bereift; Bl. gelblichweiß; B. eiförmig, 2–5 cm lg.; bodensaure Bergwälder, Zwergstrauchgesellschaften, kalkmeidend; in den Alpen bis 2600 m; Nordeuropa, Alpen, Pyrenäen, Karpaten.

Tafel 17   Wälder, Waldränder, Gebüsche, Auen

Liliengewächse / Liliaceae

1   Bär-Lauch, *Allium ursinum* L., Pfl. 20–50 cm, mit Lauchgeruch; Zwiebeln länglich; B. grundständig, meist zu 2, mit 2–5 cm br., ei-lanzettlicher Spreite und 5–15 cm
lg. Stiel; Bl.stand doldig, 5–20blütig, ohne Zwiebeln; Bl.b. 6, frei, weiß; Staubb. 6,
etwa ¹/₂ so lg. wie die Bl.b. ✳ 5–6. △ Auenwälder, Laub- und Bergmischwälder;
ziemlich häufig. Fast ganz Europa. – Weitere br.blättrige Arten sind: **Seltsamer
Lauch,** *A. paradoxum* (M. Bieb.) G. Don., B. ungestielt, lanzettlich, 1–2 cm br.; Bl. zu
1–3, mit grünlichen Brutzwiebeln; Auenwälder, Parks; selten. – **Schwarzer Lauch,** *A.
multibulbosum* Jacq. (*A. nigrum* Koch) mit 3–5 cm br. grundständigen B. und grün-
lichweißen Bl. in reichblütiger, zwiebelloser Scheindolde; Weinberge, Hackäcker;
selten. – **Allermannsharnisch,** *A. victorialis* L., St. beblättert; B. 2–5 cm br., ellip-
tisch-lanzettlich, kurz gestielt; Bl. grünlichgelb, in kugeliger Scheindolde; Hochstaudenfluren, alpine Matten; in den Alpen bis 3000 m; Alpen, Jura, Schwarzwald,
Vogesen, Gebirge Südeuropas. Geschützt!

2   Schattenblümchen, *Maianthemum bifolium* (L.) F. W. Schmidt, Pfl. 5–15 cm;
Grundb. zur Bl.zeit meist verwelkend; St.b. meist 2, herz-eiförmig, spitz, gestielt,
4–8 cm lg.; Bl. in 8–15blütiger Traube, weiß; Bl.b. 4, frei, zurückgebogen, 2–3 mm lg.;
St. oben mit steifen, weißen Haaren; Beere rot, 6 mm br. ✳ 5–6. △ Laub- und
Nadelwälder; zerstreut. Hauptsächlich Nord- und Mitteleuropa, südlich bis Apennin,
nördliche Balkanhalbinsel.

3   Salomonssiegel, Duftende Weißwurz, *Polygonatum odoratum* (Mill.) Druce (*P.
officinale* All.), Pfl. 15–40 cm; St. scharfkantig; bogig überhängend; B. br. elliptisch,
2zeilig; Bl. zu je 1–2, etwas bauchig, 5–7 mm br., bis 2 cm lg.; Bl.b. 6, röhrig verwachsen, weiß, an den freien Zipfeln grünlich, kahl; Staubfäden kahl. ✳ 5–6. Giftig!
△ Waldränder, Gebüsche, Eichen- und Kiefernwälder; zerstreut. Europa.

4   Vielblütige Weißwurz, *Polygonatum multiflorum* (L.) All., Pfl. 30–70 cm, ähnlich
Salomonssiegel, aber St. stielrund; B. ± in einer Ebene ausgerichtet; Bl. zu je 3–5,
vorne trichterig erweitert, Zipfel behaart. Staubfäden flaumig behaart; Beeren dunkelblau, 8–10 mm. ✳ 5–6. Giftig! △ Buchen-, Eichen- und Nadelmischwälder. Fast
ganz Europa, nördlich bis Südskandinavien.

5   Maiglöckchen, *Convallaria majalis* L., Pfl. 10–25 cm; B. meist 2, br. lanzettlich,
10–20 cm; Bl. nickend, glockenförmig, in lg. gestielter, 1seitswendiger Traube; Bl.b.
6, verwachsen, Zipfeln nach außen gebogen; Frucht eine rote Beere. ✳ 5–6. Giftig!
Geschützt! △ Eichen- und Buchenwälder, Kiefernwälder, Felsschutt; in den Alpen
bis 2200 m; verbreitet. Fast ganz Europa, im Süden nur in den Gebirgen.

Amaryllisgewächse / Amaryllidaceae

6   Schneeglöckchen, *Galanthus nivalis* L., Pfl. 10–20 cm; B. 2, grundständig, grasartig, fleischig, 5–8 mm br., blaugrün; St. mit 1 nickenden Bl.; äußere 3 Bl.b. reinweiß, 14–18 mm lg., innere 3 Bl.b. nur ¹/₂ so lg., ausgerandet, an der Spitze mit
grünem Fleck; Frucht eine fleischige, eiförmige Kapsel. ✳ 2–3. Geschützt! △ Auenwälder, feuchte Laubmischwälder; zerstreut; häufig angepflanzt, gelegentlich verwildert. Hauptsächlich Südeuropa, Süddeutschland. GefGr. 3!

7   Frühlings-Knotenblume, Märzenbecher, *Leucojum vernum* L., Pfl. 10–30 cm, B.
linealisch, 20–30 cm lg., 1 cm br., hellgrün; Bl. zu 1 oder 2, nickend, glockenförmig,
weiß, mit gelbem Saum; alle Bl.b. gleich lg., oval, plötzlich in eine stumpfe, gelbe
Spitze verschmälert. ✳ 2–4. Giftig! Geschützt! △ Gebüsche, Auen- und Schluchtwälder, Wiesen, Ufer; Zierpfl.; zerstreut. Hauptsächlich Mitteleuropa, südlich bis
Mittelitalien. GefGr. 3!

Knabenkrautgewächse oder Orchideen / Orchidaceae

1 Weißes oder Bleiches Waldvöglein, *Cephalanthera damasonianum* (Mill.) Druce (*C. alba* Simk., *C. grandiflora* S. F. Gray), Pfl. 20–50 cm; B. eiförmig, spitz, bis 10 cm lg., nicht gefaltet, mit 5–10 Nerven; Bl.stand 3–8blütig; Bl.b. gelblichweiß, stumpf, 15–20 mm lg.; Bl. höchstens 4mal so lg. wie br.; Tragb. länger als der halbe Fruchtknoten; Lippe innen rötlichgelb. ✳ 5–6. Geschützt! △ Buchen- und Buchen-Tannenwälder, seltener Eichen- und Föhrenwälder; zerstreut. Mittel- und Südeuropa, nördlich bis England.

2 Weiße Waldhyazinthe, Kuckucksstendel, *Platanthera bifolia* (L.) Rich., Pfl. 20–40 cm; B. meist 2, nahe dem B.grund, eiförmig, 5–15 cm lg., 2–5 cm br.; obere St.b. klein, lanzettlich; Bl.traube locker, 5–15 cm lg.; Bl. weiß, stark duftend, 11–18 mm br., äußere 3 Bl.b. lanzettlich, abstehend, innere 2 Bl. kürzer und schmäler, aufwärts gerichtet; Lippe bandförmig, 6–10 mm lg.; Staubbeutelfächer parallel; Sporn fädlich, spitz, 15–22 mm lg. ✳ 5–7. Geschützt! △ Lichte Laub- und Nadelwälder, besonders Föhrenwälder, Waldränder, Magerrasen, Feuchtwiesen; zerstreut. Europa. GefGr. 3!

3 Grünliche oder Berg-Waldhyazinthe, *Platanthera chlorantha* (Gust.) Rchb., sehr ähnlich der Weißen Waldhyazinthe, aber Bl. grünlichweiß, geruchlos, Staubbeutelfächer nicht parallel, nach unten auseinanderspreizend; Lippe 10–16 mm lg.; Sporn keulig, stumpf, 20–40 mm lg. ✳ 5–6. Geschützt! △ Nadelmischwälder, quellige, moorige Wiesen; ziemlich selten. Fast ganz Europa. GefGr. 3!

Hahnenfußgewächse / Ranunculaceae

4 Christrose, Schneerose, *Helleborus niger* L., Pfl. 10–30 cm; B. überwinternd, 7–9teilig, 10–20 cm br., Abschnitte nur oberwärts gesägt; St. meist 1blütig, nur oben mit 1–2 ovalen, ganzrandigen B.; Bl. 5–10 cm br., weiß oder rosa, später grün werdend; Bl.b. ausgebreitet; Nektarb. gelb oder gelbgrün. ✳ 1–4. Giftig! Geschützt! △ Laubmisch- und Kiefernwälder; zerstreut. Alpen und südosteuropäische Gebirge. GefGr. 3!

5 Busch-Windröschen, *Anemone nemorosa* L., Pfl. 10–25 cm; B. zu 3, fast quirlständig, gestielt, bis zum Grund 3teilig, 3–6 cm lg., Abschnitte tief 2–5teilig und grob gezähnt; Bl. einzeln, 2–4 cm br., Bl.b. 6–8, weiß oder außen rosa, kahl. ✳ 3–4. △ Laub- und Nadelwälder, Bergwiesen, Obstgärten; verbreitet. Fast ganz Europa.

6 Gewöhnliche Waldrebe, *Clematis vitalba* L., Pfl. 3–8 m, windend und kletternd, mit verholztem St.; B. mit 3 oder 5 lg.gestielten, ei- oder herzförmigen, grob und asymmetrisch gezähnten Fiederb.; Bl.stand rispig, end- und b.achselständig; Bl. 5zählig, 2–3 cm br., weiß; Bl.b. beiderseits flaumig behaart; Griffel zur Fruchtreife bärtig. ✳ 6–7. Giftig! △ Auenwälder, Gebüsche, Waldränder; ziemlich häufig. Mittel- und Südeuropa, nördlich bis England. – Ähnlich ist die **Brennende Waldrebe,** *C. flammula* L., aber Fiederb. ganzrandig; Bl.b. weiß, nur am Rand dicht filzig behaart. Mittelmeergebiet. – Im östlichen Mittelmeergebiet verbreitet ist noch die **Italienische Waldrebe,** *C. viticella* L., Pfl. 3–6 m, windend; B. doppelt gefiedert, Fiedern eiförmig, ganzrandig oder ungleich 2–3teilig; Bl. blau, nickend, 3–4 cm br.; Bl.b. vorne kraus; Zierpfl. und gelegentlich verwildert.

Hohler Lerchensporn, *Corydalis cava* (L.) Schw. et Koerte, s. S. 86

Tafel 19 Wälder, Waldränder, Gebüsche, Auen

Rosengewächse / Rosaceae

1 Wald-Geißbart, *Aruncus sylvestris* Kost. (*A. vulgaris* Rafin., *A. dioicus* aut.), Pfl. 80–150 cm, 1geschlechtig, 2häusig; B. 2–3fach 3zählig; Fiederb. eiförmig scharf doppelt gesägt; Bl.stand rispig, bis 50 cm lg.; Bl. klein, 2–4 mm br., ♂ Bl. gelblich-weiß, mit über 20 Staubb., ♀ Bl. reinweiß, sehr zahlreich; Kronb. und Kelchb. 5. ✳ 4–7. △ Schluchtwälder, Gebirgsbäche, Hochstaudenfluren; zerstreut. Gebirge Mitteleuropas, Alpen, Pyrenäen, Apennin, Gebirge der Balkanhalbinsel.

2 Himbeere, *Rubus idaeus* L., Pfl. 60–120 cm; St. 2jährig, verholzend, aufrecht-überhängend, mit roten Stacheln; B. gefiedert, mit 5 oder 7 gezähnten, hellgrünen, unterseits weißfilzigen Fiederb.; Bl.stand nickend, rispig; Kronb. schmal eiförmig, weiß, 5 mm lg.; Kelchb. nach der Bl.zeit zurückgebogen; Frucht rot, kahl, der Fruchtboden bleibend. ✳ 5–6. △ Waldlichtungen, Schläge, Auen, Schluchten; häufig. Europa.

3 Bereifte Brombeere, Kratzbeere, *Rubus caesius* L., Pfl. 30–80 cm; St. rundlich, bläulich bereift, stachelig; B. 3zählig, grob und ungleich gezähnt; Nebenb. lanzettlich; Bl.stand doldenartig; Bl. 1,5–2 cm br.; Kronb. 5, weiß; Kelchb. graufilzig; Frucht blau bereift, aus 5–20 großen Früchtchen bestehend. ✳ 5–6. △ Auenwälder, Waldränder, Hecken, Ufer; häufig. Fast ganz Europa.

4 Weißes Fingerkraut, *Potentilla alba* L., Pfl. 5–20 cm; B. 5zählig gefingert, oberseits grün, unterseits silberweiß, seidenhaarig; Fiederb. lanzettlich, 3–6 cm lg., jederseits mit 1–4 kleinen Zähnen; St. behaart, 1–5blütig; Kronb. 5, weiß, herzförmig, ausgerandet, wenig länger als die Kelchb.; Staubfäden kahl. ✳ 4–6. △ Waldränder, lichte Eichen- und Eichen-Kiefernwälder trockner und warmer Gebiete; selten. Mittel- und Osteuropa. <u>GefGr. 3!</u>

5 Wald-Erdbeere, *Fragaria vesca* L., Pfl. 5–20 cm, mit lg. Ausläufern; B. 3zählig, B.chen eiförmig, sitzend, gesägt, locker behaart, unterseits seidenhaarig; Bl. 1–1,5 cm br.; Kronb. 5, weiß; Kelchb. zur Fruchtzeit waagrecht abstehend oder zurückgeschlagen, beim Pflücken der reifen, roten, weichen Beere zurückbleibend. ✳ 5–6. △ Waldränder, Kahlschläge, Waldlichtungen; häufig. Europa.

Tafel 20   Wälder, Waldränder, Gebüsche, Auen

Sauerkleegewächse / Oxalidaceae

1 Wald-Sauerklee, *Oxalis acetosella* L., Pfl. 5–12 cm; alle B. grundständig, lg. gestielt, 3zählig, kleeb.artig; Bl. einzeln, an lg. Stielen, diese in der Mitte mit 2 schuppenförmigen Vorb.; Kronb. 5, weiß, seltener rosa oder bläulich, purpurn geadert, 10–15 mm lg.; Kelchb. länglich eiförmig, 4–5 mm lg. ✳ 4–5. △ Krautreiche Nadel- und Laubmischwälder, Hochstaudenfluren, Zwergstrauchgesellschaften; in den Alpen bis über 2000 m; häufig. Europa, im Süden nur in den Gebirgen.

Nachtkerzengewächse / Onagraceae oder Oenotheraceae

2 Großes Hexenkraut, *Circaea lutetiana* L., Pfl. 20–60 cm; St. aufrecht, zerstreut behaart; B. matt, br. lanzettlich, allmählich zugespitzt, gestielt, 5–10 cm lg., am Grund abgerundet, kaum herzförmig, gezähnt, auf den Nerven behaart; Bl. in lg. endständiger Traube; Bl.stiele mit abstehenden Drüsenhaaren, ohne Tragb.; Kelchb. 2; Kronb. 2, tief ausgerandet, 2–4 mm lg., weiß oder rötlich; Frucht 3–4 mm lg. ✳ 6–8. △ Laub- und Nadelmischwälder, Auen; verbreitet. Fast ganz Europa. – Ähnlich ist das **Mittlere Hexenkraut,** *C. intermedia* Ehrh., aber B. glänzend, plötzlich kurz zugespitzt, am Grund deutlich herzförmig; Frucht bis 2 mm lg.; Schlucht- und Auenwälder, Bacheschenwälder; ziemlich selten.

Doldengewächse / Umbelliferae oder Apiaceae

3 Wald-Sanikel, *Sanicula europaea* L., Pfl. 20–50 cm; grundständige B. immergrün, lg. gestielt, 5–8 cm br., 5eckig, bis zum Grund handförmig 5teilig, Abschnitte grob gezähnt; St.b. kleiner, fast sitzend; Bl. in einer endständigen Dolde; Döldchen kopfig, mit sitzenden und gestielten Bl.; Hüllchenb. 4–8; Krone weiß oder gelblich, 3 mm br.; Frucht kugelig, dicht mit Stacheln besetzt, 4–5 mm br. ✳ 5–6. △ Laubwälder mit Eiche und Buche, Nadelmischwälder; ziemlich häufig. Fast ganz Europa.

4 Große Sterndolde, *Astrantia major* L., Pfl. 30–100 cm, oben gabelig verzweigt; grundständige B. lg. gestielt, im Umriß 5–7eckig, 10–20 cm br., tief handförmig 5–7teilig, Abschnitte nochmals 2–3teilig und grob gezähnt, die seitlichen teilweise verwachsen; St.b. ähnlich, kleiner; Bl. lg. gestielt, in 1facher, kopfiger Dolde, sternförmig umgeben von auffälligen, weißen oder rötlichen Hüllb., diese 11–30 mm lg., derb; Krone meist rötlich; Kelchzähne ei-lanzettlich und stachelspitz. ✳ 6–8. △ Schlucht- und Auenwälder, Gebüsche, Nadelmischwälder, Bergwiesen, Hochstaudenfluren; in den Alpen bis über 2000 m; verbreitet. Gebirge Mittel- und Südeuropas. – Ähnlich sind noch: **Bayerische Sterndolde,** *A. bavarica* F. W. Schultz, Pfl. 20–50 cm, seitliche B.abschnitte fast bis zum Grund frei; Hüllb. dünn, 10–15 mm lg.; Kelchzähne eiförmig, stumpflich oder kurz stachelspitzig; subalpine Hochstaudenfluren, steinige Rasen, Latschengebüsch; Ostalpen und Vorland; selten. – **Kleine Sterndolde,** *A. minor* L., Pfl. 20–40 cm; Grundb. 5 cm br.; B.abschnitte schmal-lanzettlich, gezähnt; Hüllb. 5–11 mm lg.; steinige Rasen, Felsspalten; hauptsächlich Zentral- und Südalpen, Pyrenäen.

5 Wald-Engelwurz, *Angelica sylvestris* L., Pfl. 80–200 cm; St. stielrund, oft bereift; B. 2fach gefiedert, dunkelgrün; Fiederb. eiförmig bis br. lanzettlich, 6–12 cm lg., fein gesägt; B.scheiden groß, bauchig aufgeblasen; B.stiele oberseits rinnig, im Querschnitt mit halbmondförmiger Höhlung; Dolde 20–40strahlig, Doldenstrahlen flaumig zottig; Hüllb. 0–3; Hüllchenb. viele; Kronb. weiß oder rötlich, anfangs grünlich; Frucht oval, 4–6 mm lg. ✳ 7–9. △ Ufer, Auenwälder, Naßwiesen; verbreitet. Europa. – Ähnlich ist die **Echte Engelwurz,** *Angelica archangelica* L., aber B.stiele stielrund; B. hellgrün, stark riechend; Fiederb. teilweise fiederschnittig; Doldenstrahlen nur oberwärts flaumig zottig; Bl. grünlich; Flußufer, Gräben; selten.

3

5

4

2

1

Tafel 21   Wälder, Waldränder, Gebüsche, Auen

Doldengewächse / Umbelliferae oder Apiaceae

1 Geißfuß, Giersch, *Aegopodium podagraria* L., Pfl. 50–100 cm, mit lg. unterirdischen Ausläufern; Grundb. doppelt 3zählig; Fiederb. ei-länglich, 5–10 cm lg., gezähnt; B.stiel 3kantig, markig (bei *Angelica silvestris* B.stiehl hohl); Dolde 15–25strahlig; Hüllb. und Hüllchenb. fehlend; Krone weiß; Frucht länglich-eiförmig, 3 mm lg., kümmelähnlich. ✳ 6–8. △ Auen- und Schluchtwälder, Waldränder, Ufer, Gärten; häufig. Fast ganz Europa.

Wintergrüngewächse / Pyrolaceae

2 Moosauge, Einblütiges Wintergrün, *Moneses uniflora* A. Gray (*Pyrola u.* L.), Pfl. 5–10 cm; B. in grundständiger Rosette, rundlich-spatelförmig, bis 2 cm lg., mit fein gezähneltem Rand; Bl. einzeln, weiß, 2 cm br.; Kelchb. frei; Kronb. flach ausgebreitet; Fruchtkapsel aufrecht. ✳ 5–7. △ Nadelwälder, bodensaure Eichenwälder; zerstreut. Nord- und Mitteleuropa, südlich bis Pyrenäen, Korsika, Bulgarien, Kaukasus.

3 Kleines Wintergrün, *Pyrola minor* L., Pfl. 10–20 cm; B. rundlich-eiförmig; Bl. kugelig, geschlossen, zu 5–20 in allseitswendiger Traube; Griffel kürzer als die Bl., nicht verdickt; Kelchzipfel der Krone angedrückt. ✳ 5–7. △ Nadelwälder, saure Eichen- und Buchenwälder, Birkenmoore; zerstreut. Nord- und Mitteleuropa, südlich bis Mittelitalien. – Ähnlich ist das **Mittlere Wintergrün,** *P. media* Sw., aber B. fast rund; Griffel länger als die Bl., nach oben verdickt; Kelchzipfel abstehend. Kiefernwälder; selten. GefGr. 3!

Primelgewächse / Primulaceae

4 Europäischer Siebenstern, *Trientalis europaea* L., Pfl. 5–20 cm; B. lanzettlich, ganzrandig, 2–4 cm lg., am Ende des St. quirlartig gehäuft; Bl. einzeln, b.achselständig, lg. gestielt; Krone weiß, 10–15 mm br., flach ausgebreitet, fast bis zum Grund in 7 spitze Zipfeln zerteilt; Kelch 4–6 mm lg., mit 7 lanzettlichen Zipfeln. ✳ 5–7. △ Fichtenwälder, Birkenmoore, bodensaure Laubwälder, Heiden, Magerrasen; kalkmeidend; ziemlich selten. Nord- und Mitteleuropa.

Röte- oder Krappgewächse / Rubiaceae

5 Waldmeister, *Galium odoratum* (L.) Scop. (*Asperula odorata* L.), Pfl. 15–30 cm; Bl. lanzettlich, die unteren zu 6, die oberen zu 8 im Quirl, stachelspitz, beiderseits grün; Bl.stand doldig; Krone trichterig, weiß, 4spaltig, 4–5 mm br.; Früchte mit Widerhaken. ✳ 5–6. △ Krautreiche Buchen- und Laubmischwälder; verbreitet. Fast ganz Europa.

Lippenblütengewächse / Labiatae oder Lamiaceae

6 Immenblatt, Waldmelisse, *Melittis melissophyllum* L., Pfl. 20–60 cm, dicht weichhaarig; B. eiförmig, grob gekerbt, 3–9 cm lg.; Bl. 2–4 cm lg., zu 1–3 in den Achseln der oberen B.; Kelch glockenförmig, 10nervig; Krone 2lippig, rosa oder weiß, mit rotvioletten Flecken auf der Unterlippe, diese 3teilig, mit br., ausgerandetem Mittelzipfel; Staubb. 4. ✳ 5–7. △ Lichte, warme Eichen-Hainbuchen-, Linden- oder Buchenmischwälder, Gebüsche; ziemlich selten. Mittel- und Südeuropa.

1

2

3

4

5

6

Tafel 22 Äcker, Schutt- und Kiesplätze, Wege

Knöterichgewächse / Polygonaceae

1 Vogel-Knöterich, *Polygonum aviculare* L., Pfl. niederliegend, 5–50 cm; St. dunkel gestreift; B. linealisch bis eiförmig, kurz gestielt, 0,5–3 cm lg., sehr vielgestaltig; Bl. zu 1–5 b.achselständig, Bl.b meist 5, 2–3 mm lg., grünlich oder rosa. ✳ 6–10. (Sammelart mit mehreren Kleinarten). △ Wege, Schutt, Gräben, Kiesplätze; häufig. Europa.

2 Ampfer-Knöterich, *Polygonum lapathifolium* L., Pfl. meist aufrecht, 20–80 cm; B. ei-lanzettlich, im unteren Drittel am breitesten; B.stiel weit unter der Mitte der B.scheiden abgehend; B.scheide locker, kahl oder spinnwebig; Bl. in dichter, gebogener Scheinähre; Ährenstiele und Bl.b. drüsig; Bl. rosa oder weiß. ✳ 7–10. (Sammelart mit mehreren Kleinarten). △ Ufer, Gräben, Äcker, Schlammböden; häufig. Europa.

Nelkengewächse / Caryophyllaceae

3 Echtes Seifenkraut, *Saponaria officinalis* L., Pfl. 30–80 cm, mit vielen aufrechten, fein flaumigen St.; B. elliptisch, 3nervig, 5–10 cm lg.; Bl. endständig, büschelig gehäuft; Kelch röhrig, kahl, grün oder rötlich, 2 cm lg.; Kronb. rosa bis weiß, schwach ausgerandet, mit 2 Schlundschuppen. ✳ 6–9. △ Unkrautfluren, Flußufer, Kiesbänke, Hecken; ziemlich häufig. Fast ganz Europa.

Storchschnabelgewächse / Geraniaceae

4 Schlitzblättriger Storchschnabel, *Geranium dissectum* L., Pfl.10–40 cm; St. abstehend behaart; Bl. paarweise; Kronb. rosarot, ausgerandet, 4–6 mm lg., so lg. wie die Kelchb.; Stiele der Bl.stände kürzer als ihre Tragb., drüsenhaarig; B. bis zum Grund geteilt, mit linealischen Zipfeln. ✳ 5–9. △ Acker, Gärten, Wege; verbreitet. Europa. – Ähnlich ist der **Tauben-Storchschnabel,** *G. columbinum* L., aber St. anliegend behaart, Stiele der Bl.stände länger als die Tragb., drüsenlos; Kronb. 7–9 mm, ausgerandet; Unkrautfluren; zerstreut.

5 Weicher Storchschnabel, *Geranium molle* L., Pfl. 10–30 cm; St. abstehend zottig weichhaarig; B. rundlich, bis etwa zur Mitte eingeschnitten; Kronb. 4–8 mm lg., rosarot, ausgerandet, kaum länger als die Kelchb. ✳ 5–9. △ Sonnige Unkrautfluren; ziemlich häufig. Europa. – Ähnlich ist der **Kleine Storchschnabel,** *G. pusillum* L., aber Kronb. 3–4 mm lg., schmutzig violett; St. kurzhaarig; Wege, Weinberge; Äcker; verbreitet.

Malvengewächse / Malvaceae

6 Gänse- oder Weg-Malve, Kleine Käsepappel, *Malva neglecta* Wallr., Pfl. 10–40 cm; B. rundlich, mit 3–5 gerundeten Lappen; Kronb. 8–10 mm lg, tief ausgerandet, rosa bis weiß, 2mal so lg. wie die Kelchb.; Kelchzipfel flach; Teilfrüchte glatt. ✳ 6–9. △ Wege, Mauern, Gärten, Ackerränder; häufig. Fast ganz Europa. – Ähnlich ist die **Kleinfrüchtige** oder **Nordische Malve,** *M. pusilla* Sm. (*M. borealis* Wallmann), aber Kronb. 3–5 mm lg., schwach ausgerandet, weißlich, etwa so lg. wie die Kelchb.; Kelchzipfel am Rand kraus; Teilfrüchte runzelig; Wege, Schutt, Weinberge; wärmeliebend; ziemlich selten; hauptsächlich Mittel- und Südeuropa. GefGr. 2!

Gewöhnlicher Reiherschnabel, *Erodium cicutarium* (L.) L'Hér., s. S. 92

4

3

5

2

6

1

Tafel 23 Äcker, Schutt- und Kiesplätze, Wege

Malvengewächse / Malvaceae

1 Rosen-Malve, *Malva alcea* L., Pfl. 50–100 cm; St. oberwärts wie B. und Kelch anliegend sternhaarig; St.b. fast bis zum Grund handförmig geteilt; Kronb. 2–4 cm lg., tief ausgerandet, rosa oder lila; Außenkelchb. eiförmig, am Grund verbreitert, 3–5 mm lg. ✻ 6–10. △ Wege, sonnige Böschungen, Dämme; zerstreut. Fast ganz Europa.

2 Wilde Malve, Große Käsepappel, *Malva sylvestris* L., Pfl. 40–120 cm; St.b. rundlich, mit 5–7 gesägten, spitzen Lappen; Bl. zu 2–6 in den B.achseln; Kronb. 2–3 cm lg., tief ausgerandet, purpurn, mit dunkleren Streifen, 3–4mal so lg. wie der Kelch, dieser bis zur Mitte verwachsen; Außenkelchb. 3, frei, 4–8 mm lg. ✻ 6–10. △ Wege, Mauern, Schutt, trockne Ruderalstellen; zerstreut. Europa.

Windengewächse / Convolvulaceae

3 Ackerwinde, *Convolvulus arvensis* L., Pfl. am Boden ausgebreitet oder windend, 20–80 cm; B. herz- bis pfeilförmig, 3–4 cm lg.; Bl.b. achselständig, lg. gestielt, in der Mitte der Bl.stiele mit 2 fadenförmigen, kurzen Vorb.; Krone weit trichterförmig, 2–3 cm lg. und br., rosa. ✻ 6–9. △ Äcker, Gärten, Wege; verbreitet. Europa.

Seidengewächse / Cuscutaceae

4 Nessel-Seide, *Cuscuta europaea* L., Rötliche Schmarotzerpfl., 20–100 cm; St. um die Wirtspfl. gewunden; B. schuppenförmig, farblos; Bl. in kleinen, sitzenden Knäueln; Krone glockenförmig, 5teilig, weißrosa, 2 mm br.; Kronröhre so lg. wie die Kronzipfel. ✻ 6–8. △ Auf Brennessel, Zaun-Winde, Beifuß schmarotzend; zerstreut. Fast ganz Europa. (Artenreiche Gattung, oft schwierig zu bestimmen, teilweise wirtsspezifisch).

Gewöhnliche Wucherblume, *Leucanthemum vulgare,* Lmk. s. S. 32

1

4

2

3

Tafel 24 Gewässer, Moore, Sümpfe

Schwanenblumengewächse / Butomaceae

1 Schwanenblume, *Butomus umbellatus* L., Pfl. 50–150 cm; B. grundständig, linealisch, 3kantig, am Grund scheidig, 1 cm br., bis 100 cm lg., aus dem Wasser ragend; Bl.schaft b.los, stielrund, länger als die B.; Bl.stand doldenartig; Bl.b. 6, rötlichweiß, dunkler geadert. ✳ 6–8. △ Ufer, Gräben, Röhrichte, stehende und langsam fließende, nährstoffreiche Gewässer; ziemlich selten. Fast ganz Europa.

Knöterichgewächse / Polygonaceae

2 Wasser-Knöterich, *Polygonum amphibium* L., Pfl. 30–100 cm, Wasserform bis 300 cm; B. bei der Wasserform länglich-eiförmig, kahl, mit herzförmigem Grund, bis 10 cm lg. gestielt, bei der Landform B. länglich-lanzettlich, behaart, am Grund abgerundet, kurz gestielt; B.stiel über der Mitte der B.scheide abgehend; Bl.stand dicht, gedrungen, walzlich; Bl. rosa; Staubb. 5. ✳ 6–9. △ Teiche, Gräben, Naßwiesen, feuchte Äcker, Röhricht- und Laichkrautgesellschaften; zerstreut. Europa.

Heidekrautgewächse / Ericaceae

3 Rosmarinheide, *Andromeda polifolia* L., Pfl. 10–30 cm, mit weit kriechenden Ausläufern; Zweige bogig aufsteigend; B. immergrün, schmal lanzettlich, Rand umgerollt, oberseits dunkelgrün, unterseits grau bis blaugrün; Bl. zu 2–8, rosa, nickend; Krone kugelig, mit 5 kleinen Zipfeln; Staubb. 10, in der Krone eingeschlossen. ✳ 5–8. Giftig! △ Hoch- und Zwischenmoore, auf kalkfreien Torfböden; zerstreut. Nord- und Mitteleuropa, Alpen, Karpaten, Pyrenäen. GefGr. 3!

4 Rauschbeere, *Vaccinium uliginosum* L., Zwergstrauch 20–100 cm; Zweige stielrund, braun; B. verkehrt-eiförmig, stumpf, ganzrandig, blaugrün, unterseits stark netzadrig; Bl. zu mehreren, traubig, rosa oder weißlich; Frucht schwarzblau, 6–10 mm br. ✳ 4–6. △ Kiefern- und Birkenmoore, Heiden, Zwergstrauchgesellschaften; zerstreut; in den Alpen bis etwa 2500 m. Nord- und Mitteleuropa, im Süden nur in den Gebirgen. GefGr. 3!

Baldriangewächse / Valerianaceae

5 Sumpf-Baldrian, *Valeriana dioica* L., Pfl. 10–30 cm; Grundb. rundlich-nierenförmig; St.b. gefiedert, mit ovaler, größerer Endfieder; Bl.stand schirmförmig; Krone der ♀ Bl. 1 mm lg., weiß, Krone der ♂ Bl. 3 mm lg., rosa. ✳ 5–6. △ Kalkarme Moorwiesen, Flach- und Quellmoore; verbreitet. Fast ganz Europa.

Korbblütengewächse / Compositae oder Asteraceae

6 Gewöhnliche Pestwurz, *Petasites hybridus* (L.) G. M. Sch., Pfl. zur Bl.zeit 10–40 cm, zur Fruchtzeit 100 cm; B. am Ende der Bl.zeit erscheinend, rundlich-herzförmig, bis 60 cm br., gezähnt, unterseits anfangs graufilzig; Schuppen des Bl.standes rötlich; Bl.köpfe in dichten Trauben, nur mit Röhrenbl., rötlich; ✳ 3–5. △ Ufer, Naßwiesen, in Weiden- und Erlengebüsch; verbreitet. Nord- und Mitteleuropa und Gebirge Südeuropas.

Fleischrotes Knabenkraut, *Dactylorhiza incarnata* (L.) Soó, s. S. 82
Heidekraut, *Calluna vulgaris* (L.) Hull, s. S. 102
Gemeine Moosbeere, *Oxycoccus palustris* Pers., s. S. 84
Mehl-Primel, *Primula farinosa* L., s. S. 102
Wasser-Minze, *Mentha aquatica* L., s. S. 102

3

4

1

5

6

2

Tafel 25   Wälder, Waldränder, Gebüsche, Auen

Rosengewächse / Rosaceae

1 Hunds-Rose, *Rosa canina* L., Strauch, 1–3 m, mit hakigen Stacheln; B. 5–7zählig, beiderseits kahl, drüsenlos, B.chen gezähnt; B.stiel mit sichelförmigen Stacheln; Kelchb. nach der Bl.zeit zurückgeschlagen, vor der Reife abfallend, äußere 2 Kelchb. durch schmale Anhängsel gefiedert; Bl. rosa; Griffel frei, kurz, nur wenig aus dem Bl.becher ragend; Frucht eiförmig, rot. ✳ 6. △ Wald- und Wegränder, Hecken, lichte Wälder; verbreitet. Europa.

Storchschnabelgewächse / Geraniaceae

2 Rupprechts Storchschnabel, *Geranium robertianum* L., Pfl. 20–50 cm, unangenehm riechend; St. rötlich, zerstreut abstehend drüsenhaarig; B. im Umriß 3–5eckig, bis zum Grund 3–5teilig, aus 3–5 gestielten, bis fast zum Mittelnerv fiederteiligen B.chen bestehend; Bl.stand meist 2blütig; Kronb. 9–12 mm lg., rosa, vorne nicht ausgerandet; Kelchb. 6–7 mm lg.; Staubbeutel rotbraun. ✳ 5–10. △ Schlucht- und Auenwälder, schattige Mauern und Schuttplätze; häufig. Fast ganz Europa.

Heidekrautgewächse / Ericaceae

3 Heidelbeere, *Vaccinium myrtillus* L., Zwergstrauch 15–50 cm; Zweige kantig, grün; B. eiförmig, spitz, fein gesägt, hellgrün, 2–3 cm lg.; Bl. einzeln; b.achselständig; Krone kugelig, 4–5 mm br., grünlich und rötlich überlaufen; Frucht kugelig, 5–8 mm, blauschwarz. ✳ 4–6. △ Bodensaure Laub- und Nadelwälder, Zwergstrauchgesellschaften; verbreitet; in den Alpen bis über 2500 m. Nord- und Mitteleuropa, südlich bis nordspanische Gebirge, Korsika, Apennin, Gebirge der Balkanhalbinsel.

4 Preiselbeere, *Vaccinium vitis idaea* L., Zwergstrauch 10–20 cm; B. wintergrün, lederig, verkehrt-eiförmig, am Rand umgerollt, glänzend, unterseits hellgrün, 1–3 cm lg.; Bl. in zierlichen Trauben, glockig, meist 4zählig, weißlich oder rosa, 5–8 mm lg.; Frucht kugelig, 5–8 mm br., rot. ✳ 5–8. △ Nadelwälder, Moore, Heiden, Zwergstrauchgesellschaften; verbreitet; in den Alpen bis etwa 2500 m. Nord- und Mitteleuropa, südlich bis Pyrenäen, Apennin, Gebirge der Balkanhalbinsel.

Korbblütengewächse / Compositae oder Asteraceae

5 Gemeiner Wasserdost, Kunigundenkraut, *Eupatoria cannabina* L., Pfl. 50–150 cm; St. oft rötlich, reich beblättert; B. gegenständig, handförmig 3–5teilig, mit gezähnten, elliptischen Lappen; Bl.köpfe klein, länglich, 1 cm lg., in dichten Schirmrispen, nur mit Röhrenbl., rosa. ✳ 7–8. △ Auenwälder, Gräben, Ufer, Kahlschläge; häufig. Europa.

Christrose, *Helleborus niger* L., s. S. 50
Busch-Windröschen, *Anemone nemorosa* L., s. S. 50
Schmalblättriges Weidenröschen, *Epilobium angustifolium* L., s. S. 88
Hügel-Meister, *Asperula cynanchica* L., s. S. 28
Echtes Lungenkraut, *Pulmonaria officinale* L., s. S. 120
Wald-Melisse, *Melittis melissophyllum* L., s. S. 56

2

4

5

1

3

Tafel 26 Äcker, Schutt- und Kiesplätze, Wege

Liliengewächse / Liliaceae

1 Weinberg-Lauch, *Allium vineale* L., Pfl. 30–60 cm; B. fast stielrund, kahl, oberseits rinnig, 2–3 mm br., bläulichgrün; Bl.dolde kugelig, dicht, mit 1 spitzen, bald abfallenden Hüllb., wenigblütig, oft nur mit Brutzwiebeln; Bl.b. 4–5 mm lg., rot, selten grünlich; Staubb. fast 2mal so lg. wie die Bl.b., innere Staubb. verbreitert; beiderseits mit je 1 lg., spitzen Zahn. ✳ 6–8. △ Weinberge, Wegränder; verbreitet. Südskandinavien, Mittel- und Südeuropa.

Nelkengewächse / Caryophyllaceae

2 Kornrade, *Agrostemma githago* L., Pfl. zottig graufilzig, 30–100 cm; B. gegenständig, linealisch; Kelchb. 5, glockig verwachsen, mit lg. Kelchzipfeln; Krone purpurn, 3–5 cm br., von den freien Kelchzipfeln weit überragt; Samen giftig! ✳ 6–7. △ Getreideäcker; früher verbreitet, heute durch Saatgutreinigung selten. Fast ganz Europa. GefGr. 1!

Hahnenfußgewächse / Ranunculaceae

3 Sommer-Adonisröschen, Blutströpfchen, *Adonis aestivalis* L., Pfl. 25–60 cm; B. mehrfach fiederteilig, mit etwa 1 mm br. Zipfeln; Bl. einzeln, endständig, 1–3 cm br.; Kelchb. grün, kahl, der Krone anliegend; Kronb. 5–8, rot oder blaßgelb, am Grund oft schwarz; Früchtchen dicht stehend, mit rein grünem Schnabel. ✳ 6–8. Giftig! Geschützt! △ Lehmige, kalkreiche Getreidefelder; zerstreut. Mittel- und Südeuropa, (östlich). GefGr. 3! – Ähnlich ist das **Flammen-Adonisröschen,** *A. flammea* Jacq., aber Kelchb. zerstreut lg.haarig; Früchtchen locker stehend, Schnabel an der Spitze schwarz; Äcker; selten; giftig! Süddeutschland, Südeuropa, (östlich). GefGr. 1!

Mohngewächse / Papaveraceae

4 Klatsch-Mohn, *Papaver rhoeas* L., Pfl. mit weißem Milchsaft, 20–80 cm; B. fiederteilig, mit gezähnten Abschnitten, behaart; Bl. einzeln endständig; Kronb. 2–4 cm lg., rot, am Grund oft mit schwarzem Fleck; Staubfäden dunkelviolett; Narbe scheibenförmig, 8–12strahlig; Frucht eine br. eiförmige Kapsel, diese am Grund abgerundet. ✳ 5–7. △ Getreidefelder, Schutt, Wege; häufig. Europa. – Der **Schlaf-Mohn,** *P. somniferum* L., hat eiförmige, st.umfassende, ungeteilte, kahle, blaugrüne, wellige, gekerbte bis gezähnte B. und violette, rote oder weiße, am Grund dunkel gefleckte, 3–6 cm lg. Kronb. und kugelige, bis 6 cm br. Fruchtkapsel; Gartenpfl.; gelegentlich auf Schuttplätzen verwildert; seit der jüngeren Steinzeit angebaut; zur Gewinnung von Öl aus reifen Samen und von Opium aus dem Milchsaft der unreifen Kapseln.

Erdrauchgewächse / Fumariaceae

5 Gemeiner Erdrauch, *Fumaria officinalis* L., Pfl. kahl, verzweigt, 10–30 cm; B. 2fach gefiedert, blaugrün, mit 2–3 mm br. B.zipfeln; Bl. lippenbl.artig, gespornt, 7–9 mm lg., dunkelrot, in dichten, 20–40blütigen Trauben; Kelchb. 2–3 mm lg., leicht abfallend. ✳ 5–9. △ Unkrautfluren, Äcker, Weinberge, Gärten; häufig. Europa.

Schmetterlingsblütengewächse / Fabaceae oder Papilionaceae

6 Knollen-, Erdnuß-Platterbse, *Lathyrus tuberosus* L., Pfl. mit Wurzelknollen, niederliegend oder kletternd, 20–100 cm; St. kantig; B. mit 2 elliptischen, fein zugespitzten Fiedern und einer Endranke; Nebenb. halbpfeilförmig; Bl. karminrot, 12–16 mm lg., duftend, zu 2–5; Frucht 2–4 mm lg., braun. ✳ 6–8. △ Lehmige Äcker, Wegränder, zerstreut. Fast ganz Europa.

1

2

3

4

5

6

Tafel 27   Äcker, Schutt- und Kiesplätze, Wege

Primelgewächse / Primulaceae

1 Acker-Gauchheil, *Anagallis arvensis* L., Pfl. 5–25 cm; St. 4kantig, kahl; B. gegenständig, eiförmig, 5–20 mm lg.; Bl. lg. gestielt; Kronb. meist zinnoberrot, selten blau oder rosa, übereinandergreifend, bis 7 mm lg. und 6 mm br., vorne ganzrandig oder schwach gekerbt, mit 3zelligen Drüsenhaaren; Kelchb. ganzrandig. ✳ 6–10. △ Gärten, Äcker; häufig. Europa. – Ähnlich ist der **Blaue Gauchheil,** *A. foemina* Mill. (*A. coerulea* L.), Pfl. 5–25 cm, aber Kronb. immer blau, nicht übereinandergreifend, etwa 6 mm lg. und 3,5 mm br., vorne gesägt, mit zelligen Drüsenhaaren; Kelchb. fein gesägt; Getreidefelder, wärmeliebend; ziemlich selten; Mittel- und Südeuropa.

Lippenblütengewächse/Labiatae oder Lamiaceae

2 Schmalblättriger Hohlzahn, *Galeopsis angustifolia* (Ehrb.) Hoffm., Pfl. 10–40 cm; St. an den Knoten nicht verdickt; B. schmal lanzettlich, 2–6 mm br., ganzrandig oder jederseits mit 1–4 Zähnen; Krone rot, 1–2 cm lg., 3mal so lg. wie der Kelch, dieser oft rot überlaufen; Kronunterlippe mit gelber und dunkelpurpurner Zeichnung. ✳ 6–10. △ Kalkreiche Äcker, Steinbrüche, Kiesgruben, Dämme; wärmeliebend; zerstreut. Mittel- und Südeuropa. – Der **Acker-Hohlzahn,** *G. ladanum* Necker hat ei-lanzettliche, 7–15 mm br. B. mit jederseits 3–8 groben Zähnen; Krone rot, 2mal so lg. wie der Kelch, dieser reichdrüsig, mit weißen, abstehenden Haaren; Steinbrüche, trockne Äcker, Bahndämme; zerstreut.

3 Gefleckte Taubnessel, *Lamium maculatum* L., Pfl. 20–60 cm; ähnlich Weißer Taubnessel, aber Krone purpurn, 20–30 mm lg., mit dunkel gefleckter Unterlippe; Kronröhre aufwärts gebogen, innen mit waagrechtem Haarring. ✳ 4–9. △ Unkrautfluren, Waldränder, Hecken, Auenwälder; häufig. Mittel- und Südeuropa.

4 Sumpf-Ziest, *Stachys palustris* L., Pfl. 30–100 cm, mit Ausläufern; B. länglichlanzettlich, mit herzförmigem Grund sitzend oder sehr kurz gestielt, kurzhaarig, gezähnt, 3–12 cm lg.; Bl. in 6–10blütigen Scheinquirlen; Krone 14–18 mm lg., purpurn, doppelt so lg. wie der kurzhaarige Kelch; Kronoberlippe ganzrandig, Kronunterlippe 3teilig, mit dunklen Zeichnungen. ✳ 6–9. △ Ufer, Gräben, feuchte Äcker, Wege; verbreitet. Fast ganz Europa. – Der **Acker-Ziest,** *S. arvensis* L. hat br. eiförmige, gestielte, 1–3 cm lg., stumpf gezähnte Bl.; Pfl. niederliegend bis aufsteigend, 10–30 cm; St. zottig-drüsig behaart; Krone 6–9 mm lg., blaßrosa, kaum länger als der Kelch; Äcker, Brachland; ziemlich selten. Mittel- und Südwesteuropa.

Braunwurzgewächse / Scrophulariaceae

5 Acker-Wachtelweizen, *Melampyrum arvense* L., Pfl. 20–60 cm; B. lineal-lanzettlich; Bl. in allseitswendigen, walzigen Ähren; Krone 20–25 mm lg., purpurn, mit hellgelber Röhre und gelbem Schlund; Oberlippe helmartig; Tragb. eiförmig-lanzettlich, mit grannenförmigen Zähnen, flach, purpurn, selten gelbgrün. ✳ 5–9. △ Getreidefelder, Wegraine, sonnige Hecken; zerstreut. Fast ganz Europa. – Ähnlich ist der **Kamm-Wachtelweizen,** *M. cristatum* L., aber Ähre 4kantig, Tragb. rundlich herzförmig, gefaltet, kammförmig gezähnt, weißlich oder rötlich; Bl. gelblich-weiß, rot überlaufen; trockne Eichen-Kiefernwälder; selten; hauptsächlich Mitteleuropa. GefGr. 3!

6 Roter Zahntrost, *Odontites rubra* (Baumg.) Opiz, Pfl. von Grund an ästig, 15–40 cm; B. gegenständig, lanzettlich, meist gezähnt; Bl. in lg., 1seitswendigen Trauben; Krone rot, filzig behaart, 8–12 mm lg.; Oberlippe helmartig, Unterlippe kürzer, 3lappig; Tragb. kürzer als die Bl. ✳ 8–10. △ Sandtrockenrasen, Trittrasen; ziemlich häufig. Europa. – Ähnlich ist der **Frühlings-Zahntrost,** *O. verna* (Bell.) Dum., aber St. nur oben kurzästig; Tragb. kürzer als die Bl.; Getreidefelder; zerstreut.

3

5

1

2

6

4

Tafel 28 Äcker, Schutt- und Kiesplätze, Wege

Korbblütengewächse / Compositae oder Asteraceae

1 Filzige Klette, Arctium tomentosum Mill., Pfl. 60–120 cm; B. ei-herzförmig, ge-stielt, unten weißwollig; Bl.köpfe kugelig, 1,5–3 cm br., dicht spinnwebig-wollig; äußere Hüllb. grün, mit hakenförmiger Spitze, innere Hüllb. rot, mit kurzer, gerader Stachelspitze; nur mit Scheibenbl., purpurn. ✻ 7–8. △ Schutt, Wege, Ufer; zerstreut. Fast ganz Europa. – Ähnlich sind noch: **Große Klette,** A. lappa L., aber Hüllb. bis zur Spitze grün, hakig gekrümmt, kahl; Bl.köpfe 3–4 cm br., lg. gestielt, in doldenartiger Rispe; B. unterseits weißgrau, B.stiel rinnig, mit Mark ausgefüllt; Unkrautfluren; zerstreut; früher Heilpfl. (Klettenöl); Südskandinavien, Mittel- und Südeuropa. – **Hain-Klette,** A. nemorosum Lej. et Court (A. vulgare (Hill) Ev.), aber Hüllb., beson-ders die inneren an der Spitze rot, hakig; Bl.köpfe 3–4 cm br., kurz gestielt; Äste fast waagrecht ausgebreitet; B.stiel rinnig, hohl; B. unterseits fast kahl; Waldschläge, Waldwege; zerstreut; Südskandinavien, Mittel- und Südeuropa. – Die **Kleine Klette,** A. minus (Hill) Bernh. hat 1–2 cm br., etwas spinnwebige Bl.köpfe, Äste aufrecht abstehend; B. unterseits graugrün; Unkrautfluren; häufig. Fast ganz Europa.

2 Nickende Distel, Carduus nutans L., Pfl. 30–100 cm; St. weißfilzig; B. lanzettlich, kraus, tief fiederteilig, mit 3eckigen, 2–5spaltigen, dornigen Abschnitten; B. als br., dorniger Flügel am St. herablaufen; Bl.köpfe einzeln, 3–6 cm br., nickend, purpurn; Hüllb. über dem Grund eingeschnürt, lanzettlich, spitz, stehend, zurückgebogen; Pappus aus 1fachen, rauhen Haaren. ✻ 7–9. (Formenreich). △ Wege, Schuttplätze, Magerweiden; häufig. Südskandinavien, Mittel- und Südeuropa.

3 Gewöhnliche oder Lanzett-Kratzdistel, Cirsium vulgare (Savi) Ten., Pfl. 60–120 cm; B. fiederteilig, unterseits graufilzig, oberseits durch feine Stacheln rauh, am St. herablaufend; B.zipfel dornig bespitzt; Bl.köpfe einzeln oder zu 2–3, 2–4 cm br. und 4–8 cm lg., Hülle eiförmig. ✻ 6–9. △ Wege, Schutt, Ufer, Waldschläge; häufig. Europa.

4 Acker-Kratzdistel, Cirsium arvense (L.) Scop., Pfl. 60–120 cm; St. nicht dornig geflügelt; B. buchtig gezähnt oder fiederspaltig, oft wellig kraus, glänzend, am Rand stachelig, nicht herablaufend; Bl.köpfe 1,5–3 cm lg., in doldenartigen Rispen; Hülle dunkelviolett, spinnwebig behaart; Einzelbl. bis zum Grund 5teilig, lila. ✻ 7–9. △ Äcker, Wege, Schutt, Waldschläge; häufig. Europa.

Wilde Malve, Malva sylvestris L., s. S. 60

2

3

4

1

Tafel 29 Trockenrasen, Magerrasen, steinige Hänge, Mauern

Liliengewächse / Liliaceae

1 Kugeliger Lauch, *Allium rotundum* L., Pfl. 30–60 cm; B. flach, schmal linearisch, am Rand glatt, dunkelgrün; Bl. in reichblütiger Scheindolde, mit zerschlitzter, häutiger, 1blättriger Doldenhülle; Bl. purpurn; innere Staubfäden mit 2 langen, fädlichen Zähnen (siehe Abbildung); Bl.stand ohne Zwiebeln. ✳ 6–8. △ Lückige Halbtrockenrasen, Weinberge, Wegböschungen; ziemlich selten. Südeuropa, nördlich bis Süd- und Mitteldeutschland. GefGr. 3!

2 Gekielter Lauch, *Allium carinatum* L., Pfl. 30–60 cm; B. flach, 2–4 mm br., schwach rinnig; Bl.dolde mit grünlichen, sitzenden Brutzwiebeln; Bl. 5–7 mm lg., lilapurpurn; Staubb. viel länger als die Bl.b.; Staubfäden nach unten verbreitert, ohne seitliche Zähne; Bl.stiele 4–6 mal so lg. wie die Bl. ✳ 6–8. △ Magerrasen, Moorwiesen, Halbtrockenrasen; selten. Europa. GefGr. 3! – Ähnlich ist der **Schöne Lauch,** *A. pulchellum* Don., aber Bl.dolde ohne Brutzwiebeln; Bl. 4–5 mm lg., deren Stiele 2–4mal so lg.; B. 1–2 mm br.; Trockenrasen, Kiesböden; sehr selten; früher Süddeutschland, Südeuropa. GefGr. 0!

Knabenkrautgewächse oder Orchideen / Orchidaceae

3 Brand-Knabenkraut, *Orchis ustulata* L., Pfl. 20–30 cm; B. lanzettlich; Bl.stand 3–6 cm, dicht, walzlich, oben vor dem Aufblühen wie angebrannt; Bl. klein, bis 1 cm lg., duftend; Bl.b. einen halbkugeligen Helm bildend, außen schwarzpurpurn; Lippe 3teilig, 5 mm lg., weiß-rot gepunktet, Mittellappen 2spaltig. ✳ 5–6. Geschützt! △ Kalkmagerrasen, Halbtrockenrasen, Gebüschsaum; selten. Fast ganz Europa, nördlich bis Südschweden. GefGr. 2!

4 Helm-Knabenkraut, *Orchis militaris* L., Pfl. 25–50 cm; B. schmal oval, 5–15 cm lg., obere B. scheidenartig den St. umfassend; Bl.stand 5–10 mm lg.; alle 5 Bl.b. helmartig zusammenneigend, lanzettlich, spitz, außen blaßrosa, mit dunklen Nerven; Lippe 10–15 mm lg., lila bis weiß, mit behaarten, dunklen Papillen, die 2 Zipfel des Mittellappens stumpf, kurz, breiter als die seitlichen ✳ 5–6. Geschützt! △ Kalkmagerrasen, Böschungen, Gebüschsaum; ziemlich häufig. Fast ganz Europa, nördlich bis Südschweden. GefGr. 3!

5 Kleines Knabenkraut, *Orchis morio* L., Pfl. 10–30 cm; St. beblättert, kantig; B. schmal oval, in der Mitte am breitesten, stumpf, ungefleckt, 3–8 cm lg.; Bl.stand 5–10 cm lg., lockerblütig; Tragb. häufig, etwa so lg. wie der Fruchtknoten, oft gefärbt, alle 5 Bl.b. helmförmig zusammenneigend, rot, selten, weiß, grün längsgestreift; Lippe mindest so br. wie lg., 3teilig, der Mittellappen oft ausgerandet; Sporn kürzer als der Fruchtknoten, ± waagrecht. ✳ 4–6. Geschützt! △ Magerrasen, ungedüngte Wiesen, Silikatmagerrasen; zerstreut bis selten. Fast ganz Europa, nördlich bis Südskandinavien. GefGr. 2!

6 Spitzorchis, Hundswurz, *Anacamptis pyramidalis* (L.) Rich., Pfl. 25–50 cm; B. lanzettlich; Bl.stand 4–8 cm lg., anfangs kegelförmig, dann walzlich, dichtblütig; Bl. leuchtend purpurrot; äußere 3 Bl.b. abstehend, lanzettlich, 5–7 mm lg.; Lippe so br. wie lg., 6–9 mm, 3teilig, Mittelzipfel etwas kleiner; Sporn dünn, fadenförmig, so lg. wie der Fruchtknoten. ✳ 6–7. Geschützt! △ Kalkmagerrasen, wechseltrockene Wiesen, lichte Wälder; selten. Mittel- und Südeuropa (westlich), nördlich bis Südskandinavien. GefGr. 2!

72

Tafel 30   Trockenrasen, Magerrasen, steinige Hänge, Mauern

Knabenkrautgewächse oder Orchideen / Orchidaceae

1 Große Händelwurz, *Gymnadenia conopsea* (L.) R. Br., Pfl. 20–60 cm; B. lanzettlich, 5–15 cm lg.; Bl.ähre zylindrisch, 5–10 cm lg., dicht; Bl. violett, lila, duftend; die 2 seitlichen Bl.hüllb. oval, 5–6 mm lg., Lippe mit 3 eiförmigen, stumpfen, gleich lg. Zipfeln; Sporn dünn, fast 2mal so lg. wie der Fruchtknoten. ✳ 5–6. Geschützt! △ Kalkmagerrasen, lichte Wälder, Moorwiesen; ziemlich häufig. Fast ganz Europa. – Ähnlich ist die **Wohlriechende Händelwurz,** *G. odoratissima* (L.) Rich., aber Sporn höchstens so lg. wie der Fruchtknoten; Mittellappen der Lippe länger, spitz; Bl. rotviolett, stark nach Vanille duftend; B. schmal lanzettlich; Kiefernwälder, Moorwiesen, Bergwiesen, in den Alpen bis über 2200 m; selten; hauptsächlich Mittelgebirge und Gebirge Mittel- und Südeuropas, Südskandinavien. Geschützt! GefGr. 3!

2 Fliegen-Ragwurz, Mückenstendel, *Ophrys insectifera* L. (*O. muscifera* Huds.), Pfl. 15–30 cm; B. lanzettlich, den St. scheidenartig umfassend; Bl.stand 2–10(20)blütig; Bl. etwa 2 cm lg., äußere 3 Bl.b. oval, grünlich, 5–8 mm lg., die 2 seitlichen inneren fadenförmig, rotbraun; Lippe 3lappig, ohne Anhängsel, 2mal so lg. wie br., purpurbraun, samtig, mit großem, grauem Fleck. ✳ 5–6. Geschützt! △ Kalkmagerrasen, lichte, trockne Kiefernwälder; ziemlich selten. Fast ganz Europa, nördlich bis Irland, Schottland, südlich bis Nordspanien, Mittelitalien. GefGr. 3!

3 Bienen-Ragwurz, *Ophrys apifera* Huds., Pfl. 15–40 cm; B. ei-lanzettlich; äußere Bl.b. oval, innere 2 Bl.b. fadenförmig, Lippe länger als br., 3spaltig, stark gewölbt, braun, mit gelblichen Zeichnungen, vorne mit gelbgrünem, lappenförmigem Anhängsel. ✳ 5–6. Geschützt! △ Kalkmagerrasen, lichte Eichen-Kiefernwälder; selten. Mittel- und Südeuropa. GefGr. 2!

Nelkengewächse / Caryophyllaceae

4 Pechnelke, *Lychnis viscaria* L. (*Viscaria vulgaris* Bernh.), Pfl. 30–60 cm, mit grundständiger B.rosette; St. unter den Knoten stark klebrig; B. schmal lanzettlich, dunkelgrün; Bl.stand traubig-rispig, fast quirlig; Kronb. vorne gestutzt oder ausgerandet, rot, mit Schlundschuppen; Griffel 5, Kelch kahl, 10rippig. ✳ 5–7. △ Magerrasen, Heiden, lichte Wälder; kalkmeidend; zerstreut. Fast ganz Europa, im Süden nur in den Gebirgen.

5 Karthäuser-Nelke, *Dianthus carthusianorum* L., Pfl. 15–40 cm, kahl; B. schmal lanzettlich, 2–4 mm br.; B.scheiden etwa 4mal so lg. wie die B.breite; Bl. zu 4–10, 20–25 mm br., umgeben von lg. begrannten B.; Kelchschuppen kahl, trockenhäutig, kürzer als der Kelch; Kronb. dunkelpurpurn, vorne gezähnt. ✳ 6–9. Geschützt! △ Kalkmagerrasen, sonnige Waldränder; ziemlich häufig. Hauptsächlich Mitteleuropa.

6 Heide-Nelke, *Dianthus deltoides* L., Pfl. 10–30 cm, kurzflaumig behaart; St. 1–3blütig; Krone rot, mit weißen Punkten und dunklem Ring; am Grund der Bl. 2 ovale, kurz begrannte Kelchschuppen; B. schmal spatelig, stumpf. ✳ 6–9. Geschützt! △ Silikatmagerrasen, Magerweiden; zerstreut. Nord- und Mitteleuropa.

7 Stein-Nelke, *Dianthus sylvestris* Wulf., Pfl. 10–40 cm, kahl, in lockeren, polsterförmigen Rasen; B. dunkelgrün, rinnig, 1–2 mm br.; St. meist 1 (selten 4)blütig; Kelchschuppen 2, oval, plötzlich in eine kurze Spitze zusammengezogen; Kronb. 8–15 mm lg., rosa, am Grund nicht behaart, vorne gezähnt. ✳ 6–7. Geschützt! △ Steinige Hänge, Matten, Felsspalten; selten; Gebirge Mittel- und Südeuropas. – Ähnlich ist die **Pfingst-Nelke,** *D. gratianopolitanus* Vill., aber B. flach, blaugrün, stumpflich; Kelchschuppen 4–6; Kronb. am Grund behaart. Geschützt! GefGr. 3!

1

3

2

4

6

5

7

Tafel 31   Trockenrasen, Magerrasen, steinige Hänge, Mauern

Dickblattgewächse / Crassulaceae

1 Dach-Hauswurz, *Sempervivum tectorum* L., Pfl. 15–50 cm, mit 8–12 cm br. B.rosette; B. scharf zugespitzt, blaugrün, oft rötlich überlaufen, kahl, am Rand bewimpert; Bl. hellrot, 2–3 cm br., mit 10–16 Kronb. ✻ 7–8. Geschützt! △ Mauerkronen, alte Dächer, Steinbrüche; wärmeliebend; zerstreut. Mittel- und Südeuropa.

Schmetterlingsblütengewächse / Fabaceae oder Papilionaceae

2 Dorniger Hauhechel, *Ononis spinosa* L., Pfl. 20–50 cm, am Grund holzig, mit dornigen Zweigen; St. 1- oder 2reihig behaart; B. meist 3zählig, kahl, B.chen eiförmig, gezähnt, das Endb.chen länger gestielt; Bl. kurz gestielt, in den Achseln der oberen St.b.; Krone 8–25 mm lg., rosa bis violettrot; Hülse so lg. wie der Kelch oder länger. ✻ 6–8. △ Kalkmagerrasen, Wege, Moorwiesen; häufig. Mitteleuropa, nördlich bis Südskandinavien, südlich bis Pyrenäen, Mittelitalien. – Ähnlich ist die **Kriechende Hauhechel,** *O. repens* L., aber St. ringsum drüsig-zottig, oft dornenlos; Hülse kürzer als der Kelch; B. drüsenhaarig, vorne abgerundet; Magerrasen und -weiden, Moorwiesen; verbreitet; fast ganz Europa (westlich). – Sehr selten ist die **Gelbe Hauhechel,** *O. natrix* L. mit lg. gestielten, gelben Bl.; Pfl. 20–50 cm, drüsenhaarig; sonnige Kalkmagerrasen; Kaiserstuhl, Südalpen, Südeuropa. GefGr. 1!

3 Futter-Esparsette, *Onobrychis viciaefolia* Scop., Pfl. 30–60 cm, bogig aufsteigend; B. gefiedert, mit 13–27 ei-länglichen, 3–8 mm br. Fiederb.; Bl.traube vor dem Aufblühen ei-länglich; Bl.stiele 1 mm lg.; Kelch 5–8 mm lg., Kelchzähne 2–4mal so lg. wie die Kelchröhre; Krone 10–14 mm lg., rot; Schiffchen fast so lg. wie die Fahne; Frucht mit 6–8 mm lg., dicken Stacheln. ✻ 5–7. △ Kalkmagerrasen, Wege; Kulturpfl.; häufig. Ursprünglich Südosteuropa, heute fast ganz Europa. – Sehr ähnlich ist die **Sand-Esparsette,** *O. arenaria* (Kit.) DC., aber Pfl. 10–30 cm, Fiederb. 2–5 mm br.; Krone 8–10 mm lg., fleischfarben; Frucht mit 4–5 schlanken Stacheln; Trockenrasen, Kiefernwälder; selten; z. B. Rhein, Main, Tauber, Mitteldeutschland, Süd- und Osteuropa. GefGr. 3!

4 Bunte Kronwicke, *Coronilla varia* L., Pfl. 30–80 cm, niederliegend bis aufsteigend; B. gefiedert, kurz gestielt, mit 11–23 ovalen Fiederb.; Bl. in 10–20blütiger Dolde; Krone 8–15 mm lg., weiß mit rötlicher Fahne und violetter Schiffchenspitze; Hülse aufrecht abstehend, gerade, 2–8 cm lg. ✻ 6–8. △ Halbtrockenrasen, Wald- und Gebüschsäume, Böschungen; zerstreut. Mittel- und Südeuropa, (östlich).

Leingewächse / Linaceae

5 Klebriger Lein, *Linum viscosum* L., Pfl. 30–60 cm; St. abstehend behaart; B. wechselständig, ei-lanzettlich, 4–9 mm br., drüsig bewimpert; Kronb. 1–2 cm lg., rosa; Kelchb. am Rand drüsig. ✻ 5–7. Geschützt! △ Kalkmagerrasen, lichte Kiefernwälder, Waldränder; selten. Süddeutschland, Alpen und Vorland, Südeuropa. GefGr. 2! – Ähnlich ist der **Zarte Lein,** *L. tenuifolium* L., aber B. 1–2 mm br., rauh, nicht drüsig; B. und St. kahl; Kalkmagerrasen; wärmeliebend; Süd- und Mitteldeutschland, Südeuropa. Geschützt! GefGr. 3! – Der **Gelbe Lein,** *L. flavum* L. ist leicht an den gelben Bl. erkennbar; St. scharfkantig, Pfl. kahl; Trockenrasen, auf Kalk; selten; Süddeutschland, Südosteuropa. Geschützt! GefGr. 2!

Tafel 32   Trockenrasen, Magerrasen, steinige Hänge, Mauern

Kreuzblumengewächse / Polygalaceae

1 Schopfige Kreuzblume, *Polygala comosa* Schkuhr, Pfl. 10–25 cm, B. krautig, wechselständig, ei-länglich, 10–25 mm lg.; Bl.stand 5–20blütig; Bl. lila oder rötlich, Flügel schwach netznervig, 4–7 mm lg.; Tragb. der Bl. länger als die Bl.stiele, die Bl.knospen überragend, Pfl. dadurch schopfig. ✳ 5–6. △ Sonnige Kalkmagerrasen; zerstreut. Mittel- und Südeuropa, (östlich), nördlich bis Südschweden.

Seidelbastgewächse / Thymelaeaceae

2 Rosmarin-Seidelbast, Heideröschen, *Daphne cneorum* L., Pfl. 5–30 cm; B. lineal-spatelförmig, dunkelgrün, lederig, gleichmäßig am Zweig verteilt; Bl.stand doldenartig am Ende der Zweige; Bl. dunkelrosa, außen behaart; Kelchröhre und Zweige anliegend behaart. ✳ 5–8. Geschützt! △ Halbtrockenrasen, trockne Waldränder, lichte Kiefernwälder, Felsbänder; selten. Mittel- und Südeuropa. GefGr. 3! – Ähnlich ist der **Gestreifte Seidelbast, Steinröschen,** *D. striata* Tratt., aber B. an den Zweigenden gehäuft, linealisch-keilförmig, bläulichgrün; Bl. rosa, fein gestreift, kahl, stark duftend; Kelchröhre und Zweige kahl. Geschützt! Latschengebüsch, subalpine Zwergstrauchgesellschaften; ziemlich selten; Alpen.

Malvengewächse / Malvaceae

3 Moschus-Malve, *Malva moschata* L., Pfl. 20–80 cm; B. im Umriß rundlich, handförmig tief 5–7teilig, Abschnitte der oberen B. schmal bandförmig; Bl. einzeln, b.achselständig, obere Bl. oft kopfig gehäuft; Außenkelchb. 3, lineal-lanzettlich, 3–5 mm lg., frei, am Grund mit dem Kelch verwachsen; Kronb. 2–4 cm lg., ausgerandet, hellrosa. ✳ 6–10. △ Magerrasen, Wegränder; ziemlich selten. Mittel- und Südeuropa.

Enziangewächse / Gentianaceae

4 Echtes Tausendguldenkraut, *Centaurium minus* Moench (*C. umbellatum* Gilib.), Pfl. 10–30 cm, erst oben verzweigt, mit grundständiger Rosette; Rosettenb. eiförmig, über 5 mm br., obere B. ei-lanzettlich bis länglich eiförmig, meist 5nervig; Bl. in lockerer Scheindolde; Krone 5spaltig, rosarot, mit 9–15 mm lg. Röhre und eiförmigen, stumpfen, 5–8 mm lg. Kronzipfeln. ✳ 7–9. Geschützt! △ Halbtrockenrasen, trockne Waldränder; zerstreut. Südskandinavien, Mittel- und Südeuropa.

Lippenblütengewächse / Labiatae oder Lamiaceae

5 Edel-Gamander, *Teucrium chamaedrys* L., Pfl. 15–30 cm, mit unterirdischen Ausläufern; St. behaart; B. gekerbt, mit keilförmigem Grund, 1–2 cm lg.; Bl. meist zu 6 quirlständig in den Achseln der oberen B.; Kelch fast regelmäßig 5zähnig, kurz begrannt; Krone 10–15 mm lg., rosa; Oberlippe scheinbar fehlend, herabgedrückt, Unterlippe daher 5zipfelig. ✳ 7–8. △ Kalkmagerrasen, lichte Eichen- und Kiefernwälder; zerstreut. Mittel- und Südeuropa.

6 Gewöhnlicher Thymian, *Thymus pulegioides* L., Pfl. kriechend oder aufsteigend, 5–30 cm aromatisch riechend; St. 4kantig, auf den Kanten kurzhaarig; B. oval, kahl oder nur am Grund bewimpert; Bl.stand zylindrisch oder kugelig; Krone 3–6 mm lg., hell- bis dunkelpurpurn; obere Kelchzähne meist bewimpert. ✳ 6–10. Sehr formenreich, mit vielen Kleinarten. △ Magerrasen, Kiesgruben; verbreitet. Europa. – Ähnlich ist der **Sand-Thymian,** *Thymus serpyllum* L., aber St. fast stielrund, meist behaart; B. lineal-elliptisch, kahl oder behaart; Bl. am Ende der Zweige kopfig gedrängt; obere 3 Kelchzähne br. 3eckig, untere 2 schmal lanzettlich; sehr formenreich; Sandtrockenrasen, trockne Kiefernwälder; selten. GefGr. 2!

1

2

3

4

5

6

Tafel 33   Fettwiesen und -weiden

Knöterichgewächse / Polygonaceae

1 Wiesen- oder Schlangen-Knöterich, *Polygonum bistorta* L., Pfl. 30–80 cm, mit schlangenartig gewundenem Rhizom; B. eiförmig-länglich, etwas wellig, 10–20 cm lg., die unteren mit geflügeltem Stiel, obere sitzend; B.scheiden lg., spitz; Bl.stand ährenartig, 1–2 cm br.; Bl.b. 5, rötlichweiß, 4–5 mm lg. ✳ 5–7. △ Feuchte Wiesen, Hochstaudenfluren, Auenwälder; häufig. Hauptsächlich Mitteleuropa, südlich bis nordspanische Gebirge, Apennin, Gebirge der Balkanhalbinsel.

Nelkengewächse / Caryophyllaceae

2 Rote Lichtnelke, *Silene dioica* (L.) Clairv. (*Melandrium rubrum* (Weigel) Garcke), Pfl. 30–80 cm, weichhaarig; B. eiförmig, spitz, sitzend; Bl. 2–3 cm lg., in lockeren Bl.ständen, 1geschlechtig; Kronb. 5, rot, tief 2lappig; Kelch 10nervig, stark behaart, ± bauchig; Griffel 5; Zähne der Fruchtkapsel nach außen umgerollt. ✳ 4–6. △ Feuchte Wiesen und Waldränder; verbreitet. Fast ganz Europa.

3 Kuckucks-Lichtnelke, *Lychnis flos-cuculi* L., Pfl. 30–80 cm; Grundb. spatelförmig, oft gewimpert, gestielt, obere B. lineal-lanzettlich; Bl.stand locker, gabelig verzweigt; Bl. 3–4 cm br.; Kronb. 5, tief in 4 Zipfel geteilt, rosarot; Kelch 10nervig, oft rötlich. ✳ 5–7. △ Feucht- und Moorwiesen, Flachmoore; verbreitet. Europa.

Rosengewächse / Rosaceae

4 Großer Wiesenknopf, *Sanguisorba officinalis* L., Pfl. 30–100 cm; Grundständige B. rosettig; B. unpaarig gefiedert, mit 7–15 Fiederpaaren; Fiederb. eiförmig, gestielt, 2–5 cm lg., unterseits blaugrün, jederseits mit etwa 12 Zähnen; Bl. klein, dunkelrot, in walzlichen, eiförmigen, 1–3 cm lg. Köpfen; Staubb. 4, kurz, so lg. wie der rotbraune Kelch. ✳ 7–9. △ Naß- und Moorwiesen, Bergwiesen; verbreitet. Fast ganz Europa, nördlich bis Südnorwegen, südlich bis Mittelspanien, Kalabrien.

Schmetterlingsblütengewächse / Fabaceae oder Papilionaceae

5 Wiesen-Klee, *Trifolium pratense* L., Pfl. 10–30 cm; B. 3zählig, B.chen eiförmig, ganzrandig, meist gefleckt; Nebenb. eiförmig, mit bewimperter Grannenspitze; Bl.köpfe kugelig, meist zu 2, mit 2 Tragb.; Bl. rot; Kelch 10nervig, Kelchzähne behaart. ✳ 6–9. △ Wiesen, Weiden, Wegränder; häufig. Europa.

Tafel 34 Gewässer, Moore, Sümpfe

Liliengewächse / Liliaceae

1 Sumpf-Gladiole, *Gladiolus palustris* Gaud., Pfl. 30–60 cm, mit Knolle; Knollenhülle faserig, netzaderig; B. 4–9 mm br.; Bl. etwa 3 cm br., zu 2–6 am St. purpurn; Fruchtkapsel etwa 1,5 cm lg., länglich, verkehrt-eiförmig; Samen br. geflügelt. ✳ 6–7. Geschützt! △ Moorwiesen; selten. Mittel- und Südeuropa. GefGr. 2!

Knabenkrautgewächse oder Orchideen / Orchidaceae

2 Fleischrotes Knabenkraut, *Dactylorhiza incarnata* (L.) Soó (*Orchis i.* L.), Pfl. 20–60 cm; St. hohl, kantig, mit 3–6 B.; B. gelbgrün, steif aufrecht, ungefleckt, unten am breitesten, an der Spitze kapuzenförmig; Tragb. krautig, kräftig; Bl. fleischfarben, selten gelblich; Lippe ungeteilt oder schwach 3teilig; Sporn kegelförmig, kürzer als der Fruchtknoten. ✳ 5–7. Geschützt! △ Sumpfwiesen, Flachmoore; zerstreut. Hauptsächlich Nord- und Mitteleuropa. GefGr. 3!

3 Breitblättriges Knabenkraut, *Dactylorhiza majalis* (Rchb.) Hunt. et Summ. (*O. latifolia* aut., *O. majalis* Rchb.), Pfl. 15–60 cm; B. br. lanzettlich, 5–10 cm lg., etwa in der Mitte am breitesten, meist gefleckt; Bl.stand dicht; Tragb. grün bis rot, länger als die Bl.; Bl. rot mit dunklen Flecken; äußere 2 Bl.b. abstehend; Lippe 3teilig, mit herabgeschlagenen Seitenlappen. ✳ 5–6. Geschützt! △ Naßwiesen, Quellsümpfe, Gräben, Flachmoore; verbreitet. Hauptsächlich Mitteleuropa, nördlich bis Südskandinavien, südlich bis Norditalien, Nordspanien. GefGr. 3!

Rosengewächse / Rosaceae

4 Blutauge, *Potentilla palustris* (L.) Scop. (*Comarum palustre* L.), Pfl. kriechend, bis 1 m weit; St. bogig aufsteigend, 15–30 cm hoch; B. gefiedert, mit 3–7 gesägten Fiederb., oberseits dunkelgrün, unterseits grau- bis blaugrün; Bl. dunkelpurpurn; Kronb. bleiben bis zur Fruchtreife, 3–8 mm lg., fein zugespitzt, halb so lg. wie die trübpurpurnen Kelchb.; Außenkelch grün. ✳ 6–7. △ Kalkfreie Flach- und Zwischenmoore, Hochmoorschlenken; in den Alpen bis etwa 2000 m; zerstreut.

5 Bach-Nelkenwurz, *Geum rivale* L., Pfl. 20–100 cm; B. rundlich, auf ²/₃ oder bis zum Grund 3teilig, Lappen grob gezähnt; St. locker verzweigt, mehrblütig, abstehend behaart; Bl. 5–6zählig, nickend; Kelchb. rotbraun, lanzettlich, die äußeren kürzer; Kronb. außen rötlich, innen gelb; Griffel der Mitte mit hakiger Krümmung. ✳ 5–6. △ Naßwiesen, Ufer, Quellen, Auenwälder, Alpen bis über 2000 m; häufig. Europa, im Süden hauptsächlich in den Gebirgen.

1

2

3

4

5

Tafel 35 Gewässer, Moore, Sümpfe

Weiderichgewächse / Lythraceae

1 Blut-Weiderich, *Lythrum salicaria* L., Pfl. 50–120 cm, aufrecht, am Grund verholzt; B. lanzettlich, bis 10 cm lg., gegen- oder zu 3 quirlständig; Bl. purpurrot, quirlständig, in lg. Ähre; Kronb. 6, 8–12 mm lg.; Staubb. 12, verschieden lg. ✳ 6–9. △ Naßwiesen, Gräben, Ufer, Seggenriede, nasse Staudenfluren; verbreitet. Fast ganz Europa.

Heidekrautgewächse / Ericaceae

2 Gemeine Moosbeere, *Oxycoccus palustris* Pers. (*O. quadripetalus* Gilib., *Vaccinium oxycoccus* L.), Pfl. mit fadenförmigen, 10–80 cm lg., kriechenden Zweigen; B. immergrün, eiförmig, 4–8 mm lg., in der Mitte oder im unteren Drittel am breitesten; Bl.stiele 2–5 cm lg., rot, fein behaart; Bl. zu 2–4; Krone rosa, Kronzipfel zurückgeschlagen; Staubfäden außen kahl; Beere kugelig, rot, 8–10 mm br. ✳ 6–8. △ Hochmoorbulte, zwischen Torfmoosen, saure Zwischenmoore; ziemlich selten. Nord- und Mitteleuropa. – Sehr ähnlich ist die **Kleinfrüchtige Moosbeere,** *O. microcarpus* Turcz., aber Bl.stiele kahl; Bl. meist einzeln; Staubfäden ringsum behaart; B. 3–5 mm lg., im untersten Viertel am breitesten; Hochmoorbulte; selten. GefGr. 4!

3 Glocken-Heide, *Erica tetralix* L., Pfl. 15–50 cm; B. nadelförmig 3–5 mm lg., steifhaarig bewimpert, zu 3–4 quirlständig; Bl.stand kopfig, 5–15blütig; Krone rot, 6–8 mm lg.; Staubb. in der Krone eingeschlossen. ✳ 6–9. △ Hochmoore, Torfböden; selten. Hauptsächlich Westeuropa, Norddeutschland, Schwarzwald.

Braunwurzgewächse / Scrophulariaceae

4 Sumpf-Läusekraut, *Pedicularis palustris* L., Pfl. 20–50 cm; St. einzeln, aufrecht, ästig, nur oben mit Bl.; B. kahl, tief fiederteilig; Kelch 2lippig, 5zähnig; Krone hellpurpurn, Oberlippe dunkler, Unterlippe bewimpert, so lg. wie die Oberlippe. ✳ 5–7. Geschützt! △ Flach- und Zwischenmoore, Torfböden; zerstreut. Fast ganz Europa, außer Mittelmeerraum. GefGr. 3! – Ähnlich ist das **Wald-Läusekraut,** *P. sylvatica* L., aber Pfl. mit mehreren, niederliegenden-aufsteigenden St., auch unten mit Bl.; Unterlippe kahl, kürzer als die Oberlippe; Flach- und Quellmoore. Geschützt!

Korbblütengewächse / Compositae oder Asteraceae

5 Bach-Kratzdistel, *Cirsium rivulare* (Jacq.) All. (*C. salisburgense* (Willd.) G. Don.), Pfl. 30–100 cm; St. oberwärts b.los; B. beiderseits grün, kurzhaarig, geöhrt, st.umfassend, tief fiederspaltig, Abschnitte lanzettlich, meist ungeteilt; Bl. purpurn; Hüllb. meist rot überlaufen. ✳ 5–7. △ Naß- und Moorwiesen, Gräben, quellige Stellen. Alpen- und Vorland verbreitet, sonst ziemlich selten. Hauptsächlich Gebirge Mitteleuropas, Alpen, Pyrenäen, Karpaten. – Ähnlich ist die **Knollen-Kratzdistel,** *C. tuberosum* (L.) All. (*C. bulbosum* DC.), aber Bl.köpfe einzeln; B. unterseits schwach spinnwebig-wollig, gefiedert, mit gelappten oder grob gezähnten Fiedern; Wurzel spindelförmig verdickt; Moorwiesen; ziemlich selten; Mitteleuropa. GefGr. 3!

6 Sumpf-Kratzdistel, *Cirsium palustre* (L.) Scop., Pfl. 50–150 cm; St. dornig geflügelt, bis oben beblättert; B. lanzettlich, tief in schmale, dornige Lappen zerteilt, unterseits wollig-filzig; St.b. herablaufen; Bl.köpfe gehäuft, eiförmig, kurz gestielt, purpurn, 10–15 mm lg.; Frucht 2–3 mm lg., Pappus 7–10 mm lg. weiß. ✳ 5–6. △ Moorwiesen, Quellen, Gräben, Auenwälder; verbreitet. Europa. – Ähnlich ist die **Graue Kratzdistel,** *C. canum* (L.) All., aber Bl.köpfe einzeln; B. weniger herablaufend; St. oben fast b.los, wollig behaart; Wurzel knollig verdickt; feuchte Wiesen, Moore, selten, Mitteldeutschland.

Tafel 36 Wälder, Waldränder, Gebüsche, Auen

Liliengewächse / Liliaceae

1 Türkenbund-Lilie, *Lilium martagon* L., Pfl. 30–100 cm; B. länglich-spatelförmig, in der Mitte des St. fast quirlständig, sonst wechselständig; Bl. hängend, zu 3–8 in lockerer Traube; Bl.b 6, frei, zurückgerollt, fleischrot, mit dunklen Flecken, 3–6 cm lg. ✻ 6–7. Geschützt! △ Bergmischwälder, Buchenwälder, Hochstaudenfluren, Bergwiesen, in den Alpen bis etwa 2500 m; zerstreut bis selten. Gebirge Mittel- und Südeuropas.

Knabenkrautgewächse oder Orchideen / Orchidaceae

2 Rotes Waldvöglein, *Cephalanthera rubra* (L.) Rich., Pfl. 20–50 cm; St. oberwärts dicht drüsenhaarig; B. ei-lanzettlich, spitz, 6–12 cm lg.; Bl. zu 4–12 in lockerer Ähre; Tragb. so lg. oder länger als der Fruchtknoten; Bl.b. 15–20 mm lg., spitz, glockenförmig zusammenneigend, rosa oder purpurn, die Lippe meist verdeckend; Vorderglied der Lippe mit rotviolettem Rand und violetter Spitze und mit gekräuselten, gelblichen Längsleisten; Fruchtknoten behaart. ✻ 5–7. Geschützt! △ Buchen-, Eichen- und Kiefernwälder, auch Fichten-Tannenwälder; zerstreut. Mittel- und Südeuropa, nördlich bis Südskandinavien.

Osterluzeigewächse / Aristolochiaceae

3 Haselwurz, *Asarum europaeum* L., Pfl. 5–10 cm; St. kriechend, am Grund mit schuppenförmigen, weißlichen oder bräunlichen Niederb.; B. rundlich-nierenförmig, dunkelgrün, 3–10 cm br., oft wintergrün; Bl. *einzeln, kurz* gestielt, radiär; Bl.hülle 3teilig, glockig, braunrot, 10–15 mm lg. ✻ 3–5. △ Laub- und Nadelwälder, Auenwälder; häufig. Hauptsächlich Mittel- und Osteuropa.

Erdrauchgewächse / Fumariaceae

4 Hohler Lerchensporn, *Corydalis cava* (L.) Schw. et Koerte, Pfl. 15–30 cm, mit kugeliger, hohler Knolle; B. doppelt 3zählig, blaugrün; Bl. 18–28 mm lg., in 6–20blütigen, aufrechten Trauben, purpurn oder weiß; Tragb. der Bl. eiförmig, ganzrandig; äußere Kronb. 2, das obere nach rückwärts gespornt und vorne verbreitert (Oberlippe), das untere vorne verbreitert (Unterlippe), innere Kronb. 2, an der Spitze verwachsen. ✻ 3–5. △ Laubwälder, Auenwälder, Obstgärten, Gebüsche; zerstreut. Hauptsächlich Mitteleuropa, nördlich bis Südschweden.

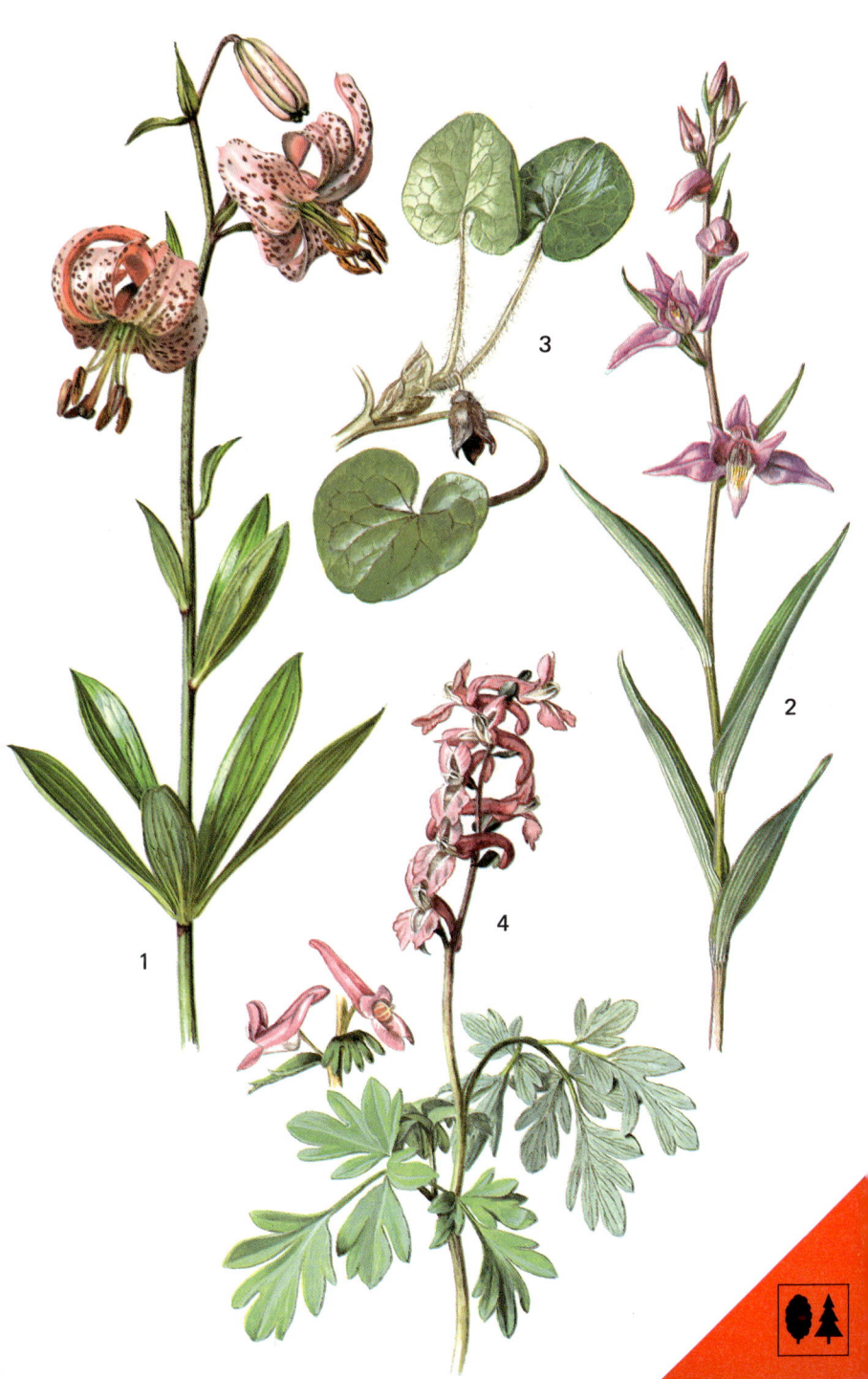

1

2

3

4

Tafel 37 Wälder, Waldränder, Gebüsche, Auen

Schmetterlingsblütengewächse / Fabaceae oder Papilionaceae

1 Wald- oder Hügel-Klee, *Trifolium alpestre* L., Pfl. 10–30 cm, rasenbildend; B. 3zählig, B.chen schmal-lanzettlich, 3–5 cm lg., dunkelgrün, nicht gefleckt; Nebenb. pfriemlich, über 3 cm lg.; Bl.köpfe kugelig bis eiförmig, meist zu 2; Kelchröhre 20nervig, behaart; Krone 10–15 mm lg., purpurn. ✳ 6–7. △ Waldränder, lichte Trokkenwälder, Gebüsche, Kalktrockenrasen; wärmeliebend; ziemlich selten. Mittel- und Südeuropa.

Storchschnabelgewächse / Geraniaceae

2 Blut-Storchschnabel, *Geranium sanguineum* L., Pfl. 15–60 cm, niederliegend oder aufsteigend; St. abstehend behaart, meist gabelig verzweigt; untere B. im Umriß rundlich-nierenförmig, fast bis zum Grund 7teilig, mit linealischen Abschnitten; Bl. einzeln; Kronb. 15–20 mm lg., vorne abgerundet oder unregelmäßig ausgerandet, purpurrot. ✳ 6–8. △ Sonnige Waldränder, trockne Gebüsche, lichte Eichen- und Kiefernwälder; wärmeliebend; zerstreut. Südskandinavien, Mittel- und Südeuropa, in den Nordalpen nur in den Föhntälern.

Nachtkerzengewächse / Onagraceae oder Oenotheraceae

3 Schmalblättriges Weidenröschen, *Epilobium angustifolium* L., Pfl. 50–150 cm; St. stumpfkantig; B. alle wechselständig, schmal lanzettlich, 8–12 cm lg. und 1–2 cm br., kahl, unterseits blaugrün, mit hervortretenden Seitennerven; Bl. 2–3 cm br., in lg., aufrechten Trauben, rosa oder purpurrot; Kronb. kurz gestielt; Narbe 4spaltig. ✳ 7–8. △ Waldschläge, Waldwege, Gebüsche, Hochstaudenfluren; verbreitet. Fast ganz Europa. – Ähnlich ist das **Rosmarin-Weidenröschen,** *E. dodonaei* Vill., aber B. linealisch, 2–5 mm br., starr, beiderseits grün, ohne hervortretenden Seitennerven; Kronb. nicht gestielt; Kiesbänke, Kiesgruben, Pionierpfl.; selten; Süddeutschland, Mittel- und Südeuropa.

Heidekrautgewächse / Ericaceae

4 Schnee-Heide, *Erica herbacea* L. (*E. carnea* L.), Zwergstrauch 15–30 cm; B. wintergrün, nadelförmig, spitz, zu 4 quirlständig; Bl. in 1seitswendiger Traube; Krone hell- bis dunkelrot, selten weiß; Staubbeutel dunkel, aus der länglichen-krugförmigen Kronröhre herausragend. ✳ 2–5. △ Kiefernwälder, Latschengebüsch; zerstreut; in den Alpen bis 2700 m. Gebirge Mittel- und Südeuropas.

Lippenblütengewächse / Labiatae oder Lamiaceae

5 Heilziest, Gemeine Betonie, *Betonica officinalis* L. (*Stachys o.* (L.) Trev.), Pfl. 20–70 cm, am Grund verholzt; St. mit 1–3 Laubb.paaren, oben angedrückt behaart; B. lg. gestielt; B.spreite schmal eiförmig, 3–10 cm lg., schwach gekerbt, netzrunzelig; Bl.stand dicht, walzenförmig; Bl. rot, mit gerader Oberlippe; Kelch mit 5 borstig begrannten Zähnen. ✳ 6–8. △ Lichte Laubwälder, Moor- und magere Bergwiesen; zerstreut; früher Arzneipfl. Hauptsächlich Mittel- und Südeuropa, (westlich), nördlich bis Südskandinavien. – Die **Gelbe Betonie,** *B. alopecuros* L. (*Stachys a.* (L.) Benth.) hat blaßgelbe Krone, br. herzförmige, 3–6 cm lg. B. und abstehend rauhhaarigen St.; steinige Matten, subalpine Schutthalden, Latschengebüsch; selten; Alpen, Pyrenäen, Apennin, Abruzzen, Gebirge der Balkanhalbinsel.

Tafel 38 Wälder, Waldränder, Gebüsche, Auen

Lippenblütengewächse / Labiatae oder Lamiaceae

1 Wirbeldost, *Clinopodium vulgare* L. (*Satureja vulgaris* (L.) Fritsch), Pfl. 30–60 cm; St. zottig behaart; B. eiförmig, 2–4 cm lg., ganzrandig, schwach gekerbt, behaart; Bl. zu 10–20 quirlartig in den obersten B.paaren; Kelchzähne lg. begrannt; Krone 1–1,5 cm lg., hellpurpurn. ✳ 7–10. △ Sonnige Waldränder, lichte Wälder, Gebüsche; ziemlich häufig. Europa.

2 Gewöhnlicher Dost, Wilder Majoran, *Origanum vulgare* L., Pfl. 20–60 cm, stark aromatisch riechend; B. kurz gestielt, länglich-eiförmig, unterseits drüsig punktiert, 1–2 cm lg.; Bl. in lockeren Rispen und Doldenrispen mit rundlichen, oft purpurnen Tragb.; Krone hellpurpurn, selten weiß, 4 mm lg. ✳ 7–9. △ Lichte Eichen- und Kiefernwälder, sonnige Waldränder und Hecken, Magerrasen, Böschungen; häufig. Fast ganz Europa.

Nachtschattengewächse / Solanaceae

3 Tollkirsche, *Atropa belladonna* L., Pfl. 50–150 cm; B. eiförmig, bis 15 cm lg., kurz herablaufend, im Bereich des Bl.standes scheinbar gegenständig, 1 größeres und 1 kleineres; Bl. einzeln, b.achselständig; Krone 5teilig, glockig, außen braunviolett, innen gelbgrün mit violetten Adern; Frucht eine glänzende, schwarze Beere, sehr giftig! ✳ 6–8. △ Kahlschläge, Waldwege, Waldränder; ziemlich häufig. Mittel- und Südeuropa.

Braunwurzgewächse / Scrophulariaceae

4 Roter Fingerhut, *Digitalis purpurea* L., Pfl. 40–150 cm; St. 1fach, graufilzig; B. ei-lanzettlich, gekerbt, unterseits graufilzig, die unteren gestielt, die oberen sitzend; Bl.stand 1seitswendig; Krone röhrig-glockig, mit schiefem, 4spaltigem Saum, 3–5 cm lg., purpurn, selten weiß, innen rot gefleckt. ✳ 6–8. Giftig! △ Bergwälder, Waldwege, Säume, Kahlschläge, kalkmeidend; zerstreut; Zier- und Arzneipfl., öfters verwildert. Hauptsächlich Westeuropa, östlich bis Böhmerwald, Schwarzwald.

Korbblütengewächse / Compositae oder Asteraceae

5 Hasenlattich, *Prenanthes purpurea* L., Pfl. 50–150 cm, oben rispig verzweigt; B. länglich eiförmig, buchtig gezähnt, mit herzförmigem Grund st.umfassend, kahl, blaugrün; Bl.köpfe nickend, 2–5blütig, purpurn. ✳ 7–8. △ Krautreiche Buchen-, Tannen- und Eichen-Buchenwälder, Hochstaudenfluren; verbreitet. Mittel- und Südeuropa.

Tafel 39 Äcker, Schutt- und Kiesplätze, Wege

Kreuzblütengewächse / Cruciferae oder Brassicaceae

1 Nachtviole, *Hesperis matronalis* L., Pfl. 40–100 cm, mit lg. borstenförmigen Haaren; Grundb. eiförmig, bis 15 cm lg., meist gezähnt; St.b. ei-lanzettlich, zahlreich, nach oben kleiner werdend; Bl.stand dicht; Bl. violett, lila oder weiß. 2 cm br., wohlriechend; Schoten aufrecht-abstehend, 3–10 cm lg. und 2 mm br. ✳ 5–7. △ Ruderalstellen, Auenwälder; zerstreut. Mittel- und Südosteuropa.

Schmetterlingsblütengewächse / Fabaceae oder Papilionaceae

2 Rauhhaarige Wicke, *Vicia hirsuta* (L.) S. F. Gray, Pfl. 1jährig, 15–50 cm; B. gefiedert, meist mit 6–8 Fiederb.paaren und verzweigter Endranke; Fiedern linealisch, vorne ausgerandet, 5–12 mm lg.; Bl. hellviolett oder weißlich, zu 3–6 in lg. gestielten Trauben; Frucht 2samig, weichhaarig. ✳ 6–8. △ Getreidefelder, Wege, Sandtrockenrasen; häufig. Europa.

3 Zottel-Wicke, *Vicia villosa* Roth, Pfl. 30–130 cm, dicht, abstehend, weichhaarig, B. mit 14–18 linealischen, behaarten Fiederb.; Traube 10–20blütig; Bl. 15–20 mm lg.; Kelchzähne lg. bewimpert; Kelch am Grund sackartig ausgebuchtet; Frucht 2–4 cm lg. ✳ 6–8. △ Getreidefelder, Schuttplätze, Wegränder; zerstreut. Fast ganz Europa (ursprünglich Südeuropa).

Storchschnabelgewächse / Geraniaceae

4 Gewöhnlicher Reiherschnabel, *Erodium cicutarium* (L.) L'Hér., Pfl. rauhhaarig, 10–40 cm; B. bis zum Mittelnerv fiederteilig, Fiedern nochmals geteilt, mit schmalen, spitzen Zipfeln; Bl. zu 2–9 in lg. gestielten Bl.ständen; Kronb. 5–9 mm lg., rosa oder lila, die beiden oberen oft größer; Fruchtschnabel in 5 korkzieherartige Teilfrüchte aufreißend. ✳ 4–9. △ Wege, Brachland, Weinberge, Dünen; ziemlich häufig. Europa.
– Der **Große Reiherschnabel,** *E. ciconium* (L.) L'Hér., hat zwischen den Fiederb.-chen kleine Zähne oder Lappen; St. drüsenhaarig; Kelchb. 10–15 mm lg., mit 2–4 mm lg., aufgesetzter Spitze; Kronb. violettblau, fast so lg. wie die Kelchb.; Unkrautgesellschaften; selten; Süddeutschland, Südeuropa.

Borretschgewächse / Boraginaceae

5 Echte Hundszunge, *Cynoglossum officinale* L., Pfl. dicht weichhaarig, grau, 20–80 cm; St. dicht beblättert; B. elliptisch bis lanzettlich, halbst. umfassend, graufilzig; Bl.stand verzweigt; Bl. violett, dann rotbraun, 5–7 mm br.; Kronröhre kurz, von Schlundschuppen verschlossen, Kronzipfel ausgebreitet; Nüßchen 4, am Rand wulstig verdickt, 6–8 mm lg., mit widerhakigen Stacheln besetzt. ✳ 5–7. △ Sonnige Unkrautfluren; zerstreut. Fast ganz Europa. – Die **Wald-Hundszunge,** *C. germanicum* Jacq. hat oberseits kahle, glänzende, unterseits zerstreut behaarte B. und rotviolette Bl.; Nüßchen nicht wulstig verdickt; krautreiche Mischwälder, auch Kahlschläge; selten; Mittel- und Südeuropa (Verbreitung ungenügend bekannt).

6 Gewöhnliche Ochsenzunge, *Anchusa officinalis* L., Pfl. 30–80 cm, weichhaarig; B. länglich-lanzettlich, die unteren in den Stiel verschmälert, die oberen mit gerundetem Grund sitzend, ganzrandig; Bl. blauviolett, 10–15 mm br.; Kronröhre gerade; Kronschlund von eiförmigen, samtigen Schlundschuppen verschlossen; Bl.stand reichblütig. ✳ 5–9. △ Trockne sandige Unkrautfluren, Wege, Dämme; wärmeliebend; selten. Fast ganz Europa. – Die **Italienische Ochsenzunge,** *A. italica* Retz. (*A. azurea* Mill.) hat himmelblaue, 12–15 mm br. Krone mit pinselig behaarten Schlundschuppen und wellige, glänzende B.; Schutt, Bahngelände; wärmeliebend; selten; Süddeutschland, Südeuropa.

Tafel 40   Äcker, Schutt- und Kiesplätze, Wege

Eisenkrautgewächse / Verbenaceae

1 Gewöhnliches Eisenkraut, *Verbena officinalis* L., Pfl. 20–80 cm; St. 4kantig, mit fast b.losen Ästen; B. lanzettlich, gegenständig, mittlere B. 3spaltig, mit großem Endzipfel; Bl. in dichten, schmalen Ähren; Krone schwach 2lippig, 2–5 mm br., blaßlila, mit gekrümmter Röhre. ✳ 7–9. △ Wege, Mauern, Zäune, Silikatmagerrasen; verbreitet. Europa.

Röte- oder Krappgewächse / Rubiaceae

2 Ackerröte, *Sherardia arvensis* L., Pfl. 5–20 cm, 1jährig; St. 4kantig, liegend; B. lanzettlich, 1nervig, am Rand rauh, die unteren zu 4, die oberen zu 6 im Quirl; Bl. kopfig gehäuft, sternförmig umgeben von 8–10 Hochb.; Krone 4zipfelig, lila, 2–3 mm br. ✳ 6–10. △ Getreidefelder, Brachland; verbreitet. Europa.

Lippenblütengewächse / Labiatae oder Lamiaceae

3 Gundelrebe, Gundermann, *Glechoma hederacea* L., Pfl. 20–40 cm; St. kriechend, an den Knoten wurzelnd; B. rundlich nierenförmig; Bl. zu 2–3 b.achselständig; Krone blauviolett, 1–2 cm lg., Oberlippe gerade, vorne ausgerandet, Unterlippe 3lappig, mit größerem Mittellappen. ✳ 4–6. △ Wiesen, Weiden, Gebüschränder, Auengebüsche, Ufer; häufig. Europa.

4 Schwarznessel, *Ballota nigra* L., Pfl. unangenehm riechend, dunkelgrün, 30–100 cm; B. weichhaarig, grob kerbig, gesägt, 2–5 cm lg.; Bl. zu 4–10 im Scheinquirl; Krone purpurn, 1–2 cm lg., Unterlippe 3lappig; Kelch trichterförmig, 10nervig, drüsenhaarig. ✳ 7–9. △ Wege, Zäune, Schutt, Hecken, stickstoffreiche Ruderalstellen; verbreitet. Hauptsächlich Mittel- und Südeuropa, (östlich).

5 Echtes Bohnenkraut, *Satureja hortensis* L., Pfl. 10–30 cm, aromatisch riechend; B. schmal lanzettlich, kurz gestielt, ganzrandig, stumpf, 1–3 cm lg.; Bl. sehr kurz gestielt, zu 1–3 in den Achseln der obersten B.; Krone 4–6 mm lg., bläulich oder weißlich; Kelch glockenförmig, mit 5 fast gleichen spitzen Zähnen, 3–5 mm lg. ✳ 7–9. △ Gewürz- und Heilpfl., Bienenfutterpfl.; selten verwildert; wärmeliebend. Ursprünglich Südosteuropa. – Das **Winter-Bohnenkraut,** *S. montana* L. ist ein kleiner, verholzter Zwergstrauch, 10–50 cm, mit 6–10 mm lg., weißer oder hellvioletter Krone; B. spitz, lederig, fast sitzend; Felshänge, kalkreiche, steinige Böden; wärmeliebend; Gewürzpfl.; Südalpenrand, Südeuropa.

6 Acker-Minze, *Mentha arvensis* L., Pfl. aromatisch, 10–40 cm; B. eiförmig oder elliptisch, schwach gesägt bis gekerbt, 2–6 cm lg.; Scheinquirle b.achselständig; St. mit einem B.schopf endend; Krone lila, 5–8 mm lg.; Kelch glockig, Kelchzähne 3eckig-eiförmig. ✳ 7–8. △ Feuchte Äcker, Naßwiesen; ziemlich häufig. Europa.

Braunwurzgewächse / Scrophulariaceae

7 Kleines Leinkraut, *Chaenorrhinum minus* (L.) Lange, Pfl. 1jährig, drüsenhaarig, 5–25 cm; B. schmal lanzettlich, die unteren gegenständig; Bl. in lockeren Trauben; Krone mit Sporn 5–10 mm lg., hellviolett, mit gelblichem Gaumen, Schlund offen. ✳ 6–10. △ Äcker, Wege, Dämme, Kiesgruben; ziemlich häufig. Fast ganz Europa.

Rosen-Malve, *Malva alcea* L., s. S. 60
Wildes Stiefmütterchen, *Viola tricolor* L., s. S. 108

Tafel 41 Trockenrasen, Magerrasen, steinige Hänge, Mauern

Hahnenfußgewächse / Ranunculaceae

1 Finger- oder Stern-Kuhschelle, *Pulsatilla patens* (L.) Mill., Pfl. 5–30 cm; Grundb. 3zählig, mit 3teiligen oder handförmig fiederteiligen, jung weißzottigen B.chen; Bl. blauviolett, zuletzt sternförmig ausgebreitet, außen zottig; Bl.hülle viel länger als die Staubb.; Griffel nach der Bl.zeit vergrößert, federig. ✳ 4–5. Geschützt! △ Magerrasen, Heiden, Kiefernwälder; selten. GefGr. 2! – Sehr ähnlich ist die **Gewöhnliche Kuhschelle, Kü(h)chenschelle,** *P. vulgaris* Mill. (*Anemone pulsatilla* L.), Pfl. 5–40 cm, St. zottig weißhaarig, Grundb. mehrfach fiederteilig (nicht handförmig), mit etwa 4 mm br. Zipfeln zu 100–150 je B. (bei ssp. *grandis* (Wend.) Zam., Zipfel 7 mm br. und zu 50–75 je B.); Bl. glockig, hellviolett; Bl.b. 4–5 cm lg., außen zottig; Trockenrasen, Kiefernwälder; selten. Geschützt! GefGr. 3! – Ferner die **Wiesen-Kuhschelle,** *P. pratensis* (L.) Mill. mit nickenden, glockenförmigen Bl. mit purpurnen oder schwarzvioletten Bl.b., diese wenig länger als die Staubb.; sandige Trockenrasen, Kiefernwälder; selten. Geschützt! GefGr. 1!

Enziangewächse / Gentianaceae

2 Deutscher Enzian, *Gentiana germanica* Willd. (*Gentianella g.* (Willd.) Börner), Pfl. 5–40 cm, ähnlich dem Rauhen Enzian; St. meist nur oben ästig; St.b. ei-lanzettlich, meist spitz; Bl. 5teilig, 2–4 cm lg.; Kelchzipfel am Rand rauh; Kelch schmal geflügelt; Buchten zwischen den Kelchzipfeln spitz; Krone rotviolett, innen bärtig, mit 3–5 mm br. Kronzipfeln; Fruchtknoten kurz gestielt. ✳ 6–10. Geschützt! △ Kalkmagerrasen; zerstreut bis selten. Mitteleuropa, Alpen. GefGr. 3!

3 Feld-Enzian, *Gentiana campestris* L. (*Gentianella c.* (L.) Börner), Pfl. 5–30 cm, oft vom Grund an verzweigt; B. spatelförmig; Krone und Kelch 4teilig; Krone im Schlund bärtig, violett, selten weiß; Kelch ungleichzipfelig, mit 2 br. lanzettlichen äußeren und 2 schmal lanzettlichen inneren Zipfeln. ✳ 6–9. Geschützt! △ Silikatmagerrasen, Wegraine; ziemlich selten. Skandinavien, mitteleuropäische Mittelgebirge, Ostalpen, Pyrenäen, Abruzzen. GefGr. 3!

Braunwurzgewächse / Scrophulariaceae

4 Zimbelkraut, *Cymbalaria muralis* G. M. Sch. (*Linaria cymbalaria* (L.) Mill.), Pfl. kriechend, 30–60 cm; St. fadenförmig; B. lg. gestielt, einzeln in den B.achseln; Krone hellviolett, Gaumen gelblich, etwa 1 cm; Sporn stumpf, kaum halb so lang wie die übrige Krone. ✳ 6–9. △ Schattige, luftfeuchte Mauern, Felsen; verbreitet. Ursprünglich Südalpen, Apennin, Gebirge der Balkanhalbinsel; Zierpfl., heute in fast ganz Europa verwildert.

Kardengewächse / Dipsacaceae

5 Teufelsabbiß, *Succisa pratensis* Moench, Pfl. 20–80 cm; Wurzelstock kurz, wie abgebissen; Grundb. oval, gestielt, meist ganzrandig; St.b. sitzend; Bl.köpfe halbkugelig, später kugelig. 15–25 mm br.; Bl.kopfboden mit Spreub.; Einzelbl. 4spaltig, blauviolett; Kronröhre 4 mm lg.; Innenkelch mit 4–5 schwarzen, 1 mm lg. Borsten; Außenkelch 4kantig, rauhhaarig, mit 4 3eckigen Zähnen. ✳ 7–9. △ Magerrasen, Moorwiesen, Flachmoore; ziemlich häufig. Fast ganz Europa.

6 Tauben-Skabiose, *Scabiosa columbaria* L., Pfl. 20–60 cm; St.b. gegenständig, 1–2fach gefiedert, fein kraus behaart, matt, Abschnitte 1–3 mm br.; Bl.köpfe 2–3 cm br., halbkugelig; Bl.boden mit Spreub.; Randbl. vergrößert; Krone 5zipfelig, blauviolett; Kelchborsten schwärzlich stielrund. ✳ 7–11. Kalkmagerrasen, Moorwiesen, lichte Kiefernwälder; verbreitet. Südskandinavien, Mittel- und Südeuropa.

Tafel 42　Fettwiesen und -weiden

Liliengewächse / Liliaceae

1 Herbstzeitlose, *Colchicum autumnale* L., Pfl. 5–30 cm, mit Knolle; zur Bl.zeit im Herbst b.los; B. br.-lanzettlich, grundständig, etwas fleischig, 12–20 cm lg. und 2–5 cm br., im Frühjahr zusammen mit der Fruchtkapsel erscheinend; Bl.b. 6, lila, unten zu einer bis 20 cm lg. Röhre verwachsen, freier Teil der Bl.b. 4–6 cm lg. ✳ 8–11. Giftig! Feuchte Wiesen, Auenwälder; verbreitet. Hauptsächlich Mitteleuropa. – Ähnlich ist die **Alpen-Herbstzeitlose,** *C. alpinum* Lam. et DC., aber alle Pfl.teile kleiner, freier Teil der Bl.b. 2–3 cm lg.; B. lineal-lanzettlich, 7–12 mm br. ✳ 7–9; Gebirgswiesen der Westalpen und der Gebirge Südeuropas. – Bei der **Lichtblume,** *Bulbocodium vernum* L. erscheinen B. und die rosavioletten Bl. gleichzeitig; Pfl. krokusähnlich, aber Staubb. 6. ✳ 3–5. △ Gebirgswiesen der Südwestalpen und der Gebirge Südeuropas.

Schmetterlingsblütengewächse / Fabaceae oder Papilionaceae

2 Vogel-Wicke, *Vicia cracca* L., Pfl. 30–100 cm, niederliegend, aufsteigend oder kletternd; B. mit 12–20 lanzettlichen, 2–6 mm br. Fiederb. und verzweigter Ranke; Bl. zu 10–30 in lg. gestielten Trauben, der Stiel etwa so lg. wie ihr Tragb.; Krone 8–12 mm lg., blauviolett, Platte der Fahne etwa so lg. wie ihr Nagel; Hülse 10–25 mm lg., 4–6 mm br. ✳ 6–8. △ Wiesen, Weiden, Waldränder, Ufer verbreitet. Europa.

3 Zaun-Wicke, *Vicia sepium* L., Pfl. 30–60 cm; B. mit 8–14 eiförmigen Fiederb. und vorne mit geteilter Ranke; Bl. zu 2–5 in kurz gestielten Trauben; Kelchzähne ungleich lg.; Krone 12–15 mm lg., braunviolett; Hülse 2–3,5 cm lg., anfangs kurzhaarig, dann kahl, 3–6samig. ✳ 5–8. △ Gebüsche, Waldränder, Laubmischwälder, auch Wiesen; verbreitet. Fast ganz Europa.

Storchschnabelgewächse / Geraniaceae

4 Wiesen-Storchschnabel, *Geranium pratense* L., Pfl. 20–60 cm, oberwärts schwach drüsig behaart; B. meist 7teilig, mit schmalen, fiederspaltigen Abschnitten; Bl. meist zu 2; Kronb. 12–20 mm lg., blauviolett; Staubfäden am Grund 3eckig verbreitert; Bl.stiele nach dem Verblühen abwärts gebogen, zur Fruchtreife oft wieder aufwärts gerichtet. ✳ 6–8. △ Fettwiesen, Wegraine; zerstreut. Fast ganz Europa. – Sehr ähnlich ist der **Wald-Storchschnabel,** *G. sylvaticum* L., aber B.abschnitte br.-rhombisch, eingeschnitten, gesägt; Bl. rotviolett, Staubfäden lanzettlich; Bl.stiele nach dem Verblühen aufrecht bleibend; Bergwiesen, Hochstaudenfluren.

Braunwurzgewächse / Scrophulariaceae

5 Gamander-Ehrenpreis, *Veronica chamaedrys* L., Pfl. 10–30 cm; St. mit 2 Haarreihen; B. gegenständig, kurz gestielt oder sitzend, eiförmig, gekerbt; Bl. in lg. gestielten, lockeren Trauben; Kelch 4teilig; Krone himmelblau, dunkel geadert; Fruchtkapsel 3eckig oder herzförmig, behaart, 4–5 mm br. ✳ 5–6. △ Wiesen, Wald- und Wegränder, lichte Eichenwälder; verbreitet. Europa.

Tafel 43   Fettwiesen und -weiden

Lippenblütengewächse / Labiatae oder Lamiaceae

1 Kriechender Günsel, *Ajuga reptans* L., Pfl. 15–30 cm, mit oberirdischen Ausläufern; Grundb. lg. gestielt, spatelförmig, ganzrandig oder stumpf gezähnt; St.b. allmählich kleiner werdend, oft rotviolett angelaufen; Bl.stand ährenartig; Bl. zu 2–6 in den Achseln der oberen St.b.; Krone blau oder rötlich, 10–15 mm lg. ✳ 5–8. △ Wiesen, Wegränder, Laubwälder; häufig. Fast ganz Europa.

Kardengewächse / Dipsacaceae

2 Wiesen-Knautie, Witwenblume, *Knautia arvensis* (L.) Coult., Pfl. 30–80 cm; St. 1fach oder verzweigt, kurzhaarig und rückwärts borstig-zottig; Grundb. ei-lanzettlich, gestielt, ganzrandig oder gezähnt; St.b. sitzend, fiederteilig, gegenständig, graugrün; matt; Bl. in 2–4 cm br., flachen Köpfen; Randbl. größer; Kelch mit 8–10 Borsten; Krone 4teilig, blau- bis rotviolett. ✳ 7–8. △ Fettwiesen, Wald- und Wegränder, Äcker; häufig. Fast ganz Europa.

Glockenblumengewächse / Campanulaceae

3 Wiesen-Glockenblume, *Campanula patula* L., Pfl. 20–50 cm; Grundb. länglich-lanzettlich bis spatelig, kurz gestielt, St.b. lanzettlich; Bl. in lockerer Rispe aufrecht; Tragb. kürzer als die Bl.stiele, seitliche Bl. mit 2 Hochb.; Krone 15–25 mm lg., hellblau oder blauviolett, bis auf die Hälfte 5spaltig; Kelchzipfel schmal-lanzettlich. ✳ 5–7. △Wiesen, Wegränder, Gebüschsaum; häufig. Fast ganz Europa.

Korbblütengewächse / Compositae oder Asteraceae

4 Wiesen-Flockenblume, *Centaurea jacea* L., Pfl. 20–80 cm; St. aufrecht, kantig, rauh; B. ei-lanzettlich bis lanzettlich, die unteren in den Stiel verschmälert, manchmal gefiedert, die oberen sitzend; Bl.köpfe einzeln, 3–6 cm br.; Randbl. vergrößert, rotviolett; Spitze der Hüllb. als trockenhäutiges, rundliches, meist gefranstes, bräunliches Anhängsel vom übrigen Hüllb. deutlich abgesetzt oder abgeschnürt. ✳ 6–10. △ Wiesen, Weiden, Magerrasen, Moorwiesen; verbreitet. Fast ganz Europa. – Ähnlich ist die **Schwarze Flockenblume,** *C. nigra* L., aber Randbl. nicht größer als die übrigen; Anhängsel der Hüllb. lg. kammförmig gefranst, meist schwarz und die grünen Hüllb. verdeckend. ✳ 7–9; Bergwiesen, Heiden, Silikatmagerrasen; kalkmeidend; zerstreut.

1

2

3

4

Tafel 44   Gewässer, Moore, Sümpfe

Nachtkerzengewächse / Onagraceae oder Oenotheraceae

1 Rauhhaariges Weidenröschen, *Epilobium hirsutum* L., Pfl. 60–120 cm; St. ästig, abstehend behaart; B. 6–12 cm lg., scharf gezähnt, halbst. umfassend, weichhaarig; Krone 15–22 mm br., rotviolett; Narbe 4spaltig. ✳ 6–9. △ Gräben, Quellen, Ufer, nasse Staudenfluren; verbreitet. Fast ganz Europa. – Ähnlich ist das **Kleinblütige Weidenröschen,** *E. parviflorum* Schreb., aber Krone 6–10 mm br., B. schwach gezähnt, nicht st. umfassend.

Heidekrautgewächse / Ericaceae

2 Heidekraut, *Calluna vulgaris* (L.) Hull, Pfl. 30–100 cm, niederliegend bis aufsteigend; B. immergrün, 4zeilig, dachziegelig, lineal-lanzettlich, 1–4 mm lg.; Bl. in 1seitswendigen, dichten Trauben; Bl. mit 4blättrigem Außenkelch und 4 blaßvioletten bis weißlichen, freien Kelchb.; Kronb. 4, verwachsen, gleichfarbig wie die Kelchb.; Staubb. 8. ✳ 8–10. △ Heiden, Magerrasen, Moore, Kiefern- und Eichenwälder; verbreitet. Europa.

Primelgewächse / Primulaceae

3 Mehl-Primel, *Primula farinosa* L., Pfl. 10–15 cm; B. in grundständiger Rosette, oberseits dunkelgrün, unterseits weiß bestäubt, meist unregelmäßig gezähnt; Bl. 10–15 mm br., rosa oder rotviolett, in aufrechter Dolde. ✳ 5–7. Geschützt! △ Kalkflachmoore, Sumpfwiesen, quellige Stellen, alpine Steinrasen. In den Alpen und im Vorland verbreitet, sonst selten, durch Entwässerungen vielerorts verschwunden. Nordeuropa, Nordbayern, Bodensee, Jura, Alpen und Vorland, Pyrenäen, Karpaten. GefGr. 3!

Enziangewächse / Gentianaceae

4 Blauer Sumpfstern, Moorenzian, Tarant, *Swertia perennis* L., St. 15–40 cm, einfach, aufrecht; B. oval, untere gestielt, obere sitzend; Bl. 2–3 cm br., schmutzig blau, dunkel punktiert, in Trauben oder Rispen; Bl.stiele 4kantig, geflügelt. ✳ 6–8. Geschützt! △ Kalkhaltige Flach- und Quellmoore; bis etwa 1500 m; selten. Alpen und Vorland, Gebirge Mittel- und Südeuropas. GefGr. 2!

Borretschgewächse / Boraginaceae

5 Gemeiner Beinwell, *Symphytum officinale* L., Pfl. 30–100 cm; B. schmal lanzettlich, obere bis zum nächsten B. am St. herablaufend, St. daher br. geflügelt; Bl. rotviolett oder gelblichweiß, innen, zwischen den Staubb. mit 5 spitzen Schlundschuppen. ✳ 5–7. Arzneipfl. △ Naß- und Moorwiesen, Ufer, Auenwälder; verbreitet. Fast ganz Europa.

Lippenblütengewächse / Labiatae oder Lamiaceae

6 Wasser-Minze, *Mentha aquatica* L., Pfl. 20–80 cm, aromatisch riechend, mit unterirdischen und lg., oberirdischen, beblätterten Ausläufern; B. eiförmig, gesägt; Bl. in einem endständigen, kopfigen Bl.stand und darunter quirlartig in den Achseln der obersten B.paare; Krone 5–7 mm lg., rosa oder lila; Kelch gleichmäßig 5zähnig (bei der **Polei-M.,** *M. pulegium* L., Kelch ungleich 5zähnig, fast 2lippig.) ✳ 7–9. △ Ufer, Gräben, Naßwiesen, Röhrichte, Großseggengesellschaften; häufig. Europa.

Tafel 45   Wälder, Waldränder, Gebüsche, Auen

Knabenkrautgewächse oder Orchideen / Orchidaceae

1   Geflecktes Knabenkraut, *Dactylorhiza fuchsii* (Druce) Soó, Pfl. 20–70 cm; untere B.br. elliptisch bis verkehrt-eiförmig, stumpf, meist mit quer-verlängerten Flecken; Bl. in dichtblütiger kegelförmiger, später walzlicher Ähre, blaßlila oder weißlich; seitliche Bl.b. abstehend; Lippe tief 3spaltig, der Mittellappen zugespitzt, etwas länger als die seitlichen; Sporn kegelförmig, etwa so lg. wie der Fruchtknoten. ✳ 6–7. Geschützt! △ Lichte Wälder, Heiden; zerstreut bis selten. Fast ganz Europa. – Sehr ähnlich ist *D. maculata* (L.) Soó, aber B. lanzettlich bis linealisch, spitz, mit runden Flecken; Bl.lippe seicht 3lappig, ihr Mittellappen kleiner und kürzer; selten.

Hahnenfußgewächse / Ranunculaceae ·

2   Akeleiblättrige Wiesenraute, *Thalictrum aquilegifolium* L., Pfl. 40–120 cm, B. 3fach gefiedert; Fiederb. rundlich, grob und stumpf gezähnt, blaugrün; Bl.stand rispig, reichblütig; Blb. unscheinbar, bald abfallend; Staubfäden oben verdickt, hellviolett, selten weiß; Früchtchen an lg. Stielen hängend, 3kantig geflügelt. ✳ 5–7. △ Auenwälder, Hochstaudenfluren, in den Alpen bis über 2000 m; zerstreut. Hauptsächlich Mitteleuropa, südlich bis Nordspanien, Pyrenäen, Peleponnes.

Kreuzblütengewächse / Cruciferae oder Brassicaceae

3   Wildes Silberblatt, *Lunaria rediviva* L., Pfl. 30–140 cm; B. herzförmig, gestielt, gezähnt, die unteren fast gegenständig; Bl. 4zählig, wohlriechend; Kronb. 12–20 mm lg., hellviolett, lila oder weiß; Kelchb. 5–6 mm lg.; Schoten elliptisch bis br. lanzettlich, an beiden Enden zugespitzt, 4–8 cm lg. ✳ 5–7. △ Schlucht- und Bergwälder, schattige, luftfeuchte Hänge; ziemlich selten. Fast ganz Europa.

4   Finger-Zahnwurz, *Dentaria pentaphyllos* L. (*D. digitata* Lam.), Pfl. 25–50 cm; Rhizom fleischig, mit zahnartigen Niederb.schuppen (bei allen Arten der Gattung *Dentaria*); St.b. wechselständig, handförmig 3–5zählig gefiedert, Fiederb. ei-lanzettlich, gesägt; Kronb. 4, rosa oder violett, 12–18 mm lg. ✳ 4–6. △ Krautreiche Buchen- und Buchen-Tannenwälder, Schluchtwälder; zerstreut. Gebirge Mittel- und Südeuropas, (westlich). – Ähnlich ist die **Fieder-Zahnwurz,** *heptaphyllos* L., aber B. 7zählig gefiedert; Krone weiß oder blaßlila. ✳ 4–5. △ Laub- und Mischwälder.

Schmetterlingsblütengewächse / Fabaceae oder Papilionaceae

5   Wald-Platterbse, *Lathyrus sylvestris* L., Pfl. 100–200 cm, niederliegend, aufsteigend oder kletternd; B. mit 3nervigen, 5–14 cm lg. und 5–15 mm br. Fiederb. und endständiger, verzweigter Ranke; St. und B.stiel br. geflügelt; Flügel der B.stiele schmäler als die des St.; Bl.stand 3–6blütig, etwa so lg. gestielt wie das Tragb.; Krone 12–18 mm, gelblichgrün, rot überlaufen; Hülse 5–7 cm lg. ✳ 7–8. △ Waldränder, Waldwege, sonnige Hecken, Steinschutt; ziemlich häufig. Fast ganz Europa, nördlich bis Südskandinavien. – Ähnlich ist die **Breitblättrige Platterbse,** *L. latifolius* L., aber B.fiedern 5nervig, 15–50 mm br., B.stiel ebenso br. geflügelt wie der St.; Stiele der Bl.traube viel länger als das Tragb.; Bl. karminrot. ✳ 6–7.; sonnige Hecken; selten; Zierpfl., gelegentlich verwildert; Südeuropa. – Bei der **Verschiedenblättrigen Platterbse,** *L. heterophylla* L. haben die unteren B. 2, die oberen B. 4 oder 6 Fiederb.; St. und B.stiele br. geflügelt; Krone purpurrot; sonnige Hecken, Steinschutt; selten; hauptsächlich Mittelgebirge Mitteleuropas, nördlich bis Südschweden.

Rotes Waldvögelein, *Cephalanthera rubra* (L.) Rich., s. S. 86

1

2

3

4

5

Tafel 46 Wälder, Waldränder, Gebüsche, Auen

Seidelbastgewächse / Thymelaeaceae

1 Gewöhnlicher Seidelbast, *Daphne mezereum* L., Strauch 30–150 cm, blüht bevor die B. erscheinen; Zweige rutenförmig, an der Spitze beblättert; B. lanzettlich, 5–12 cm lg., hellgrün; Bl. duftend, rosa, 10–14 mm br., 4zipfelig, zu 1–3 über den Narben vorjähriger B. im oberen Teil der Zweige ährenartig angeordnet sitzend; Frucht rot, kugelig, 6–10 mm br. ✳ 3–4. Giftig! Geschützt! △ Laub- und Mischwälder, Hochstaudenfluren, Felsschutt; in den Alpen über 2000 m; verbreitet. Fast ganz Europa. – Der **Lorbeer-Seidelbast,** *D. laureola* L. hat immergrüne, derbe B. und gelbgrüne Bl. in 5blütigen, b.achselständigen Trauben; Frucht schwarz; wärmeliebende Laubwälder; sehr selten; Rheingebiet, Schweizer Jura, Alpen, West- und Südeuropa. Geschützt! GefGr. 4!

Lippenblütengewächse / Labiatae oder Lamiaceae

2 Wald-Ziest, *Stachys sylvatica* L., Pfl. 30–100 cm, unangenehm riechend; St. abstehend behaart; B. gestielt, herzförmig, grob, spitz gezähnt, behaart; Bl. in quirlartigen, 6blütigen, übereinanderstehenden Teilbl.ständen; Krone 12–15 mm lg., schmutzig violett, mit fast doppelt so lg. Unterlippe; Kelch 4–7 mm lg., dicht behaart. ✳ 6–9. △ Laubwälder, Auenwälder; verbreitet. Europa, im Süden nur in Gebirgen.

Braunwurzgewächse / Scrophulariaceae

3 Echter Ehrenpreis, *Veronica officinalis* L., Pfl. 10–30 cm, niederliegend, nur Bl.stand aufrecht; St. rauhhaarig; B. eiförmig, kurz gestielt, dunkelgrün, stumpf gekerbt; Bl. in scharf abgesetzten, achselständigen Trauben mit sehr kleinen Tragb.; Kelch 4blättrig; Krone hellviolett, 6–7 mm br.; Fruchtkapsel 3eckig bis herzförmig, drüsenhaarig. ✳ 6–8. △ Wälder, Waldränder, Heiden, Magerrasen, saure Böden; verbreitet; früher Arzneipfl. Europa.

4 Schuppenwurz, *Latraea squamaria* L., Pfl. 10–25 cm, blaßviolett oder rötlich, mit schuppenförmigen, rötlichen, kleinen B.; Bl. 10–15 mm lg., rötlich, in 1seitswendiger, reichblütiger Traube. ✳ 3–4. △ Auen- und Schluchtwälder; zerstreut; Wurzelschmarotzer auf Erle, Hasel, Buche oder Pappel. Fast ganz Europa.

Kardengewächse / Dipsacaceae

5 Wald-Knautie, Wald-Witwenblume, *Knautia sylvatica* (L.) Duby, Pfl. 30–100 cm; St. oft borstig behaart; B. länglich eiförmig, langspitzig, ganzrandig oder gekerbt; Bl. in flachen, 3–4 cm br. Köpfen, umgeben von einer grünen Hochb.hülle; Kopfboden ohne Spreub.; Krone der Einzelbl. 4teilig, lila; äußere Bl. etwas größer. ✳ 6–9. △ Schattige Waldränder, Auenwälder, Hochstaudenfluren; ziemlich häufig. Hauptsächlich Gebirge Mitteleuropas.

Korbblütengewächse / Compositae oder Asteraceae

6 Gemeiner Alpenlattich, *Homogyne alpina* (L.) Cass., Pfl. 10–30 cm; St. fast b.los, 1köpfig; Grundb. lg. gestielt, unterseits kahl, nur auf den Nerven behaart, herz-nierenförmig, gezähnt-gekerbt; Bl. hellviolett; Hüllb. wollig, vorne braunrot; Pappus schneeweiß. ✳ 5–8. △ Bergfichtenwälder, Zwergstrauchgebüsch, Silikatmagerrasen; verbreitet. Gebirge Mittel- und Südeuropas. – Ähnlich ist der **Filzige Alpenlattich,** *H. discolor* (Jacq.) Cass., aber B. rundlich-nierenförmig, unterseits weißfilzig; Pappus schmutzig weiß; Schneeböden und Schneetälchen von 1400 bis 2600 m der Ostalpen. GefGr. 4!

Hasenlattich, *Prenanthes purpurea* L., s. S. 90

Tafel 47   Äcker, Schutt- und Kiesplätze, Wege

Liliengewächse / Liliaceae

1   Große Traubenhyazinthe, *Muscari racemosum* (L.) Mill., Pfl. 10–20 cm; B. zu 3–6, schmal linealisch, halbstielrund, schlaff, oberseits rinnig, länger als der St.; Bl.traube dicht, 3–6 cm lg.; Bl. länglich eiförmig, duftend, blau, mit weißem Saum, 4–5 mm lg. ✳ 4–5. Geschützt! △ Weinberge, Gärten, sonnige Böschungen, Halbtrockenrasen; zerstreut bis selten. Mittel- und Südeuropa. GefGr. 3! – Ähnlich ist die **Kleine Traubenhyazinthe,** *M. botryoides* (L.) Mill., aber B. br. lanzettlich, zur Spitze hin verbreitert, bis 8 mm br., steif aufrecht, fast so lg. wie der St.; Bl. kugeligeiförmig; geruchlos; Magerrasen, Bergwiesen, Eichenwälder; ziemlich selten; Mittel- und Süddeutschland, Südeuropa. Geschützt! GefGr. 3!

Hahnenfußgewächse / Ranunculaceae

2   Feld-Rittersporn, *Consolida regalis* S. F. Gray (*Delphinium consolida* L.), Pfl. 20–40 cm, 1jährig; B. 1- bis mehrfach 3zählig, in schmale, etwa 1 mm br. Zipfel zerteilt; Bl. dunkelblau, in wenigblütigen Trauben, mit 25 mm lg. Sporn, dieser aus 2 verwachsenen Nektarb. gebildet; Bl.stiele länger als die Hochb.; Fruchtknoten 1; Frucht kahl. ✳ 5–8. △ Äcker, Wegränder; verbreitet. Mittel- und Südeuropa, nördlich bis Südskandinavien. – Ähnlich ist der **Orientalische Rittersporn,** *C. orientalis* (Gay) Schrödinger, aber Bl. in reichblütigen Trauben; Frucht weichhaarig; Äcker, Bahngelände; selten.

Veilchengewächse / Violaceae

3   Wildes Stiefmütterchen, *Viola tricolor* L., Pfl. sehr variabel, 10–40 cm; B. herzförmig, gesägt, Nebenb. gefingert, mit lanzettlichen Mittellappen; Krone länger als der Kelch, blauviolett und gelb; Sporn fast 2mal so lg. wie die Kelchanhängsel. ✳ 5–10. △ Äcker, Brachland, Wegränder; verbreitet. Fast ganz Europa.

Borretschgewächse / Boraginaceae

4   Borretsch, Gurkenkraut, *Borago officinalis* L., Pfl. 20–60 cm, mit Pfahlwurzel; B. und St. abstehend behaart; B. eiförmig-elliptisch, in den geflügelten Stiel verschmälert, dieser herablaufend; Bl.stand doldenartig; Krone himmelblau, 2–3 cm br., mit weißen Schlundschuppen; Kelchb. schmal lanzettlich; Staubbeutel dunkel. ✳ 6–8. △ Gewürz- und Heilpfl., häufig in Gärten gepflanzt und öfters in wintermilden Klimagebieten verwildert; Weinberge, Schutt; ursprünglich Südeuropa.

5   Blauer, Gewöhnlicher Natternkopf, *Echium vulgare* L., Pfl. steif borstlich behaart, 30–80 cm; B. länglich-lanzettlich, steifborstig; Krone unregelmäßig, 2lippig, 15–20 mm lg., blau, mit schiefer Kronmündung; Bl.knospen rot; Staubb. ungleich lg. ✳ 6–8. △ Sonnige Unkrautfluren, Wege, Kiesgruben, Steinbrüche; häufig. Europa. – Der **Italienische Natternkopf,** *E. italicum* L., hat weiße bis blaßviolette, 8–12 mm lg. Krone und dicht lg.borstig behaarten Kelch; Unkrautgesellschaften im Mittelmeerraum.

6   Acker-Krummhals, *Anchusa arvensis* (L.) M. Bieb. (*Lycopsis arvensis* L.), Pfl. dicht borstlich behaart, 20–40 cm; B. länglich, 10–15 cm lg., ausgeschweift gezähnt, meist etwas wellig; Krone blaßblau, 7–10 mm br., mit weißer, gekrümmter Röhre; Nüßchen feinwarzig, runzelig. ✳ 5–9. △ Weinberge, Äcker, sandige Plätze; wärmeliebend; zerstreut. Europa.

Gundelrebe, *Glechoma hederaceum* L., s. S. 94
Echtes Bohnenkraut, *Satureja hortensis* L., s. S. 94

Tafel 48   Äcker, Schutt- und Kiesplätze, Wege

Braunwurzgewächse / Scrophulariaceae

1   Dreiteiliger Ehrenpreis, *Veronica triphyllos* L., Pfl. aufrecht, stark drüsenhaarig, 5–15 cm; B. tief 3–5teilig, sitzend, gekerbt, dunkelgrün; St.b. in kleine Tragb. übergehend, obere einfacher als die unteren; Bl. in lockeren Trauben; Krone 6–9 mm br., tiefblau; Kelchzipfel zur Fruchtzeit 6–8 mm lg.; Fruchtkapsel verkehrt-herzförmig, dicht drüsenhaarig. ✳ 3–5. △ Äcker, Sandtrockenrasen; kalkmeidend; zerstreut. Hauptsächlich Mittel- und Südeuropa.

2   Persischer Ehrenpreis, *Veronica persica* Poiret, Pfl. niederliegend, 10–30 cm; B. 3eckig-eiförmig, grob gezähnt, kurz gestielt; St.b. nach oben kaum verkleinert; Bl. einzeln, b.achselständig; Krone 8–12 mm br., blau, untere Kronb. heller; Kelchzipfel ei-lanzettlich; Fruchtkapsel 8–10 mm br. und 4–6 mm lg., stumpfwinkelig ausgerandet. ✳ 1–12. △ Äcker, Weinberge, Gärten; häufig. Fast ganz Europa.

3   Efeu-Ehrenpreis, *Veronica hederifolia* L., Pfl. 8–30 cm; B. 3–7lappig, efeuähnlich, rundlich, lg. gestielt; Krone 6–9 mm br., hellblau, dunkel geadert; Kelchzipfel br. herzförmig, lg. gewimpert; Fruchtkapsel fast kugelig-2knotig. ✳ 3–5. △ Äcker, Weinberge, Wege, Hecken, Waldschläge; verbreitet. Fast ganz Europa.

Glockenblumengewächse / Campanulaceae

4   Acker-Glockenblume, *Campanula rapunculoides* L., Pfl. 30–100 cm, mit Ausläufern; St. kurz rauhhaarig; untere B. gestielt, kurz-eiförmig, gezähnt, obere B. lanzettlich, sitzend; Bl. nickend, in 1seitswendiger Traube; Krone trichterförmig, 2–3 cm lg., hellviolett, am Rand meist gewimpert. ✳ 6–9. △ Wald- und Wegränder, Hecken, Äcker, lichte Eichen- und Kiefernwälder; zerstreut. Fast ganz Europa.

5   Gewöhnlicher Frauenspiegel, *Legousia speculum-veneris* (L.) Chaix, Pfl. 10–30 cm; B. länglich oder verkehrt eiförmig, Rand schwach gewellt, rauh; Bl.stand lockerrispig; Krone radförmig, 20–25 mm br., violett; Kelchzipfel linealisch, so lg. wie Fruchtknoten und Krone. ✳ 6–8. △ Getreidefelder, kalkreiche Äcker; zerstreut. Mittel- und Südeuropa. GefGr. 3! – Ähnlich ist der **Kleinblütige Frauenspiegel,** *L. hybrida* (L.) Delarbre, aber Krone 6–15 mm br., weitglockig, purpurn; Kelchzipfel lanzettlich, halb so lg. wie Fruchtknoten, länger als Krone; Getreidefelder, wärmeliebend; selten; Mittel- und Süddeutschland, Südeuropa. GefGr. 2!

Korbblütengewächse / Compositae oder Asteraceae

6   Kornblume, *Centaurea cyanus* L., Pfl. 30–80 cm, weißfilzig behaart; St. mehrfach verzweigt, kantig; B. lanzettlich, 2–5 mm br., die untersten fiederspaltig; Bl.köpfe einzeln, 2–3 cm br.; Randbl. blau, ausgebreitet, viel länger als die violetten Scheibenbl.; Hülle eiförmig, 10–15 mm lg. ✳ 6–10. △ Getreidefelder, Schutt; früher häufig, heute seltener werdend. Europa, ursprünglich Südosteuropa.

7   Gewöhnliche Wegwarte, *Cichorium intybus* L., Pfl. sparrig-ästig, 30–120 cm; St. steif, gerieft; St.b. br. lanzettlich, ganzrandig oder entfernt gezähnt, halbst.umfassend; Grundb. fiederspaltig gesägt, löwenzahnähnlich, dunkelgrün, unterseits, besonders auf den Nerven rauhhaarig; Bl.köpfe 3–5 cm br., blau, meist sitzend. ✳ 7–10. △ Weg- und Ackerränder, Schutt; häufig. Fast ganz Europa. – Die **Endivie,** *C. endivia* L. hat br. eiförmige, st.umfassende St.b. und kahle, schwach gezähnte, hellgrüne, oft wellige Grundb.; Bl.köpfe 3–6 cm br.; in zahlreichen Rassen als Salatpfl. kultiviert und gelegentlich verwildert; ursprünglich Südeuropa.

Acker-Gauchheil, *Anagallis arvensis* L., s. S. 68
Gundelrebe, *Glechoma hederaceum* L., s. S. 94
Echtes Bohnenkraut, *Satureja hortensis* L., s. S. 94

Tafel 49   Trockenrasen, Magerrasen, steinige Hänge, Mauern

Liliengewächse / Liliaceae

1 Schopfige Traubenhyazinthe, *Muscari comosum* (L.) Mill., Pfl. 30–70 cm; B. lineal, 10–25 mm br., fein gezähnelt; Bl. in 10–25 cm lg., lockerer Traube, oben mit einem Schopf aufrechter, blauvioletter, lg.gestielter unfruchtbarer Bl.; fruchtbare Bl. 5–7 mm, dunkelblau, mit weißen Zähnen. ✳ 4–5. Geschützt! △ Kalkmagerrasen, Wegraine, Äcker; wärmeliebend; selten. Süddeutschland, Südeuropa. GefGr. 2!

Schmetterlingsblütengewächse / Fabaceae oder Papilioaceae

2 Saat-Luzerne, *Medicago sativa* L., Pfl. 30–80 cm, aufrecht, fast kahl; B. 3zählig, B.chen 2–3 cm lg., vorne gezähnt und stachelspitz; Bl. in kopfigen Trauben, blau oder violett, 8–12 mm lg., Hülse locker 2–3mal gewunden. ✳ 6–9. △ Magerrasen, Wege, Böschungen, als Futterpfl. angebaut; häufig. Europa.

Leingewächse / Linaceae

3 Stauden-Lein, Dauer-Lein, *Linum perenne* L., Pfl. 20–80 cm, mit mehreren St.; B. lanzettlich, 1–2 mm br., 1–3nervig, am Rand rauh; Bl. hellblau; Kronb. 1–2 cm lg., sich überdeckend (beim **Alpen-Lein,** *L. alpinum* Jacq. Kronb. sich nur am Grund überdeckend), innere Kelchb. länger und breiter als die äußeren. ✳ 6–8. Geschützt! △ Trockenrasen, trockne Kieferwälder; selten. Süddeutschland, Südeuropa. GefGr. 1!

Enziangewächse / Gentianaceae

4 Frühlings-Enzian, *Gentiana verna* L., Pfl. 3–10 cm, mit grundständiger B.rosette; B. lanzettlich, spitz, 1–3nervig, bis 3 cm lg.; St.b. kleiner; St. aufrecht, 1blütig; Krone tiefblau, stieltellerförmig, mit abstehenden Zipfeln, dazwischen mit je einem 2spitzigem Anhängsel. ✳ 3–8. Geschützt! △ Kalk-Magerrasen, trockne bis feuchte, steinige oder rein tonige Böden, auch Flachmoore, im Alpenraum und Vorland zerstreut. Gebirge Mittel- und Südeuropas. GefGr. 3!

5 Kreuz-Enzian, *Gentiana cruciata* L., Pfl. 15–50 cm; B. lanzettlich, meist 3nervig, bis 10 cm lg., B.paare scheidig verwachsen; Bl. zu 1–3 in den Achseln der obersten B.; Krone 4zählig, eng glockenförmig, blau, außen grünlich. ✳ 7–8. Geschützt! △ Kalkmagerrasen, lichte Kiefern- und Eichenwälder, Weg- und Waldränder; selten. Hauptsächlich Mitteleuropa, im Süden nur in den Gebirgen. GefGr. 3!

6 Gefranster Enzian, *Gentiana ciliata* L. (*Gentianella c.* (L.) Borkh.) Pfl. 10–25 cm; St. 4kantig; B. lineal-lanzettlich, 1nervig; Bl. 4teilig, blau; Kronzipfel am Rand gefranst. ✳ 6–9. Geschützt! △ Kalkmagerrasen, lichte Föhrenwälder, subalpine Steinrasen; zerstreut. Mitteleuropa und Gebirge Südeuropas. GefGr. 3!

Tafel 50 Trockenrasen, Magerrasen, steinige Hänge, Mauern

Lippenblütengewächse / Labiatae oder Lamiaceae

1 Heide-Günsel, *Ajuga genevensis* L., Pfl. 10–30 cm, zottig behaart, ohne Ausläufer; Grundb. lg. gestielt; obere B. 3lappig oder tief gekerbt, oft blau angelaufen; Bl. dunkelblau; Krone 12–18 mm lg., Oberlippe sehr kurz, 2teilig, Unterlippe viel länger, 3teilig; Staubb. 4. ✳ 4–6. △ Kalkmagerrasen, sonnige Hänge, Wegraine, auch in Unkrautgesellschaften; zerstreut. Hauptsächlich Mittel- und Südeuropa.

2 Große Brunelle, *Prunella grandiflora* (L.) Scholl., Pfl. 10–30 cm; B. länglich-eiförmig, 2–6 cm lg., die oberen oft fiederspaltig, locker behaart; Bl. 20–25 cm lg., blauviolett, Bl.röhre gekrümmt. ✳ 6–8. △ Kalkmagerrasen, sonnige Waldränder, lichte Wälder; zerstreut. Hauptsächlich Mitteleuropa, nördlich bis Südschweden, südlich bis Nordostspanien, Poebene, Bulgarien.

3 Kleine oder **Gewöhnliche Brunelle,** *Prunella vulgaris* L., Pfl. 10–25 cm, mit oberirdischen Ausläufern; B. länglich-eiförmig, spärlich behaart, 2–4 cm lg.; Bl.stand ährenartig oder kopfig; Kelch 2lippig, Oberlippe mit 3 kurzen, ungleichen, stachelspitzen Zähnen, Unterlippe mit 2 lanzettlichen, begrannten Zähnen; Krone blauviolett, 8–15 mm lg., etwa 2mal so lg. wie der Kelch. ✳ 6–9. △ Wiesen und Weiden, Moorwiesen, Waldwege, Ufer; häufig. Europa.

4 Wiesen-Salbei, *Salvia pratensis* L., Pfl. 30–60 cm; St. armblütig; B. hauptsächlich grundständig, lg. gestielt; B.spreite oval, 6–12 cm lg., unregelmäßig gekerbt; Bl. zu je 4–8 quirlständig; Krone 20–25 mm lg., dunkelblau, mit sichelförmiger Oberlippe; Bl.stand drüsig. ✳ 4–8. △ Kalkmagerrasen, Halbtrockenrasen, sonnige Fettwiesen, Wegränder; verbreitet. Hauptsächlich in Mittel- und Südeuropa, heute auch in Nordeuropa eingebürgert.

Glockenblumengewächse / Campanulaceae

5 Kugelige Teufelskralle, *Phyteuma orbiculare* L., Pfl. 10–30 cm; Grundb. lanzettlich oder herz-eiförmig, lg. gestielt, kerbig gezähnt; St.b. ei-lanzettlich, obere sitzend; alle B. unterseits mit schwach hervortretendem Adernetz; Bl.köpfe kugelig, blau; Kronröhre 10–15 mm lg.; Kronzipfel 5, bandförmig, anfangs an der Spitze und am Grund verwachsen, spitz, später nur noch am Grund verwachsen; Narben meist 3; Hüllb. eiförmig spitz, etwa so lg. wie die Bl. ✳ 5–7. (Formenreiche Art mit mehreren Kleinarten). △ Sonnige Kalkmagerrasen, auch Moorwiesen, in den Alpen bis über 2500 m. Mittel- und Südeuropa. GefGr. 3! – Ähnlich ist die **Zarte Teufelskralle,** *Ph. tenerum* R. Schulz, aber B. unterseits mit deutlich hervortretendem Adernetz; Hüllb. viel kürzer als die Bl.; Narben meist 2; Trockenrasen; selten; Südwestdeutschland, Südwesteuropa. GefGr. 2!

Gamander-Ehrenpreis, *Veronica chamaedrys* L., s. S. 98
Wiesen-Knautie, *Knautia arvensis* (L.) Coult, s. S. 100
Wiesen-Glockenblume, *Campanula patula* L., s. S. 100

Tafel 51   Trockenrasen, Magerrasen, steinige Hänge, Mauern

Glockenblumengewächse / Campanulaceae

1   Büschel-Glockenblume, *Campanula glomerata* L., Pfl. 20–60 cm, kurzhaarig; St. 1fach; B. ei-lanzettlich, stumpf gezähnt, untere B. mit herzförmigem oder abgerundetem Grund, gestielt, obere B. sitzend; Bl. am St.ende und in den Achseln der oberen B. gebüschelt; Krone trichter- bis glockenförmig, blau, 15–30 mm lg.; Kelchzipfel schmal lanzettlich, spitz. ✳ 6–9. △ Kalkmagerrasen, Wald- und Wegränder; verbreitet. Mitteleuropa, nördlich bis Südschweden, südlich bis Mittelitalien. – Ähnlich ist die **Borstige Glockenblume,** *C. cervicaria L.,* aber Pfl. stechend steifhaarig; untere B. allmählich in den Stiel verschmälert; Kelchzipfel stumpf; Griffel länger als die Krone; lichte Eichen- und Kiefernwälder, Moorwiesen; wärmeliebend; selten; Südskandinavien, Mitteleuropa, südlich bis Mittelitalien. GefGr. 1!

2   Rundblättrige Glockenblume, *Campanula rotundifolia* L., Pfl. 10–40 cm; grundständige B. rundlich, herz- oder nierenförmig, zur Bl.zeit meist verwelkt; St.b. schmal lineal; Bl. in lockeren Rispen oder einzeln, 10–20 mm lg., hellblau oder violett; Kelchzipfel schmal lanzettlich. ✳ 6–9. △ Magerrasen, Heiden, Wald- und Wegränder, lichte Eichenwälder; verbreitet. Europa, im Süden in den Gebirgen.

Korbblütengewächse / Compositae oder Asteraceae

3   Blauer Lattich, *Lactuca perennis* L., Pfl. 20–60 cm; St. kahl, hohl, oben verzweigt; B. kahl, blaugrün, fiederteilig, mit lanzettlichen Abschnitten; Bl.köpfe in lockerer Rispe; Hüllb. schmal weiß berandet; Krone blau bis lila, 2 cm lg.; Frucht schwarz, mit Schnabel 10–15 mm lg. ✳ 5–6. △ Sonnige Trockenrasen, Felsbänder, Mauern; selten. Süddeutschland, Südeuropa. – Ebenfalls blaublütig ist der **Tataren-Lattich,** *L. tatarica* (L.) C. A. May. mit rotpunktierten Hüllb.; Frucht grünlichbraun, gefleckt; Dünen der Ostseeküste.

4   Berg- oder **Kalk-Aster,** *Aster amellus* L., Pfl. kurz steifhaarig, 20–50 cm; B. elliptisch, die oberen lanzettlich, ganzrandig, rauhhaarig; Bl.köpfe zu mehreren am St., mit blauvioletten Zungenbl. und gelben Röhrenbl.; Hüllb. etwas abstehend. ✳ 8–10. Geschützt! △ Lichte Kiefernwälder, sonnige Waldränder und Gebüsche, Halbtrockenrasen; zerstreut bis selten. Mittel- und Südosteuropa.

Tafel 52 Gewässer, Moore, Sümpfe

Schwertliliengewächse / Iridaceae

1 Sibirische Schwertlilie, *Iris sibirica* L., Pfl. 30–80 cm; B. unter 1 cm br., kürzer als der 1–3blütige St.; Bl. blau bis violett, gegen den Grund gelb; äußere 3 Bl.b. 4–5 cm lg., innere kürzer, aber die Narben weit überragend; Fruchtkapsel 3–4 cm lg., querrunzelig. ✳ 5–6. Geschützt! △ Moorwiesen, Gräben; durch Kulturmaßnahmen seltener geworden. Fast ganz Europa, nördlich bis Südskandinavien, südlich bis Mittelitalien. GefGr. 2!

Enziangewächse / Gentianaceae

2 Lungen-Enzian, *Gentiana pneumonanthe* L., Pfl. 15–50 cm, ohne grundständige B.rosette; B. linealisch, bis 5 cm lg., meist 1nervig; Bl. in den Achseln der obersten B.; Krone eng glockenförmig, 5teilig, blau, innen mit 5 grün punktierten Streifen. ✳ 7–9. Geschützt! △ Moorwiesen, Flachmoore; ziemlich selten. Europa, nördlich bis Südskandinavien, im Süden nur in den Gebirgen. GefGr. 3!

Borretschgewächse / Boraginaceae

3 Sumpf-Vergißmeinnicht, *Myosotis palustris* L., Pfl. 20–100 cm; St. stumpfkantig, dicht beblättert, schief aufwärts oder waagrecht-abstehend behaart; B. länglich-eiförmig, 2–10 cm lg., 5–20 mm br., behaart; Bl.stand ohne B.; Krone 4–8 mm br., blau; Kelch spärlich angedrückt behaart, Haare nie hakig. ✳ 5–9. △ Naßwiesen, Gräben, Ufer; verbreitet. Europa.

Lippenblütengewächse / Labiatae oder Lamiaceae

4 Sumpf-Helmkraut, *Scutellaria galericulata* L., Pfl. 10–40 cm; B. oval bis lanzettlich, seicht gezähnt; Bl. in 1seitswendigen Paaren in den Achseln der oberen B.; Krone 12–20 mm lg., blau, kürzer als die Tragb.; Kronröhre aufwärts gekrümmt. ✳ 6–9. △ Naßwiesen, Gräben, Ufer, Verlandungsgesellschaften; verbreitet. Europa. – Auch in Moorwiesen und an Ufern, im Aussehen ähnlich ist das **Spießblättrige Helmkraut,** *S. hastifolia* L., aber B. ganzrandig, untere B. spießförmig; Krone 20–22 mm lg., länger als die Tragb.; selten. GefGr. 1! – Das **Kleine Helmkraut,** *S. minor* Huds. hat 6–7 mm lg., rotviolette Bl. mit gerader Kronröhre; Feuchtwiesen, Bruchwälder, kalkmeidend; selten. GefGr. 3!

Braunwurzgewächse / Scrophulariaceae

5 Bach-Ehrenpreis, Bachbunge, *Veronica beccabunga* L., Pfl. 20–60 cm, fleischig; B. br. elliptisch bis rundlich, 1–4 cm lg., kurz gestielt, unregelmäßig stumpf gesägt; Bl. in gegenständigen Trauben; Krone himmelblau. ✳ 5–9. △ Ufer, Gräben, Quellen; verbreitet. Europa. – Ähnlich ist der **Wasser-Ehrenpreis,** *V. anagallis-aquatica* L., aber B. länglich-lanzettlich, mit schwach herzförmigem Grund sitzend, fast ganzrandig; Krone blaßlila, rotviolett geadert; Bachröhricht, Gräben.

Tafel 53   Wälder, Waldränder, Gebüsche, Auen

Liliengewächse / Liliaceae

1   Zweiblättriger Blaustern, Sternhyazinthe, Meerzwiebel, *Scilla bifolia* L., Pfl. 10–20 cm; Zwiebeln meist mit 1 runden St. und 2 st.umfassenden, bis 10 cm lg. B.; Bl.stand 2–8blütig; Bl.b. 6, frei, sternförmig abstehend, 6–12 mm lg., 2–3 mm br., hellblau, selten weiß oder rosa. ✳ 3–4. Geschützt! △ Laubwälder, Auenwälder, Gebüsche; ziemlich selten. Mittel- und Süddeutschland, Alpen und Vorland, Süd- und Südosteuropa.

Hahnenfußgewächse / Ranunculaceae

2   Leberblümchen, *Hepatica nobilis* Mill. (*Anemone hepatica* L.), Pfl. 5–15 cm; B. grundständig, überwinternd, 3lappig, oberseits grün, unterseits oft rotbraun oder violett; St. zu mehreren, behaart, mit je 1 Bl.; Bl.b. 6–10, blau, seltener rosa oder weiß, dicht unter der Bl. 3 grüne Hochb., die einen Scheinkelch bilden. ✳ 3–4. Geschützt! △ Buchen-, Eichen-, Nadelmischwälder; zerstreut. Fast ganz Europa.

3   Gewöhnliche Akelei, *Aquilegia vulgaris* L., Pfl. 30–80 cm; grundständige B. lg. gestielt, doppelt 3teilig, oft blaugrün, Abschnitte rundlich, 3schnittig; oberste B. sitzend, 3lappig; Bl. blauviolett, 3–5 cm lg., mit lg. Sporn; Staubb. zahlreich, kaum aus der Bl. ragend. ✳ 5–7. Geschützt! △ Laubwälder, Gebüsche, Waldränder, Trockenrasen; wärmeliebend; zerstreut. Fast ganz Europa.

Veilchengewächse / Violaceae

4   Hain-Veilchen, *Viola riviniana* Rchb., Pfl. 5–30 cm, mit aufrechten, oberirdischen St. und grundständiger B.rosette; St. und B. kahl; B. lg. gestielt, br. herzförmig bis fast nierenförmig, dunkelgrün, 3–5 cm lg., am Rand gekerbt; Nebenb. lanzettlich, kammartig gefranst; Bl. in den Achseln von St.b.; Krone hellviolett, 14–22 mm lg.; Kronb. sich meist überdeckend; Sporn weißlich, dick, 3 mm lg., an der Spitze gefurcht; Anhängsel der spitzen Kelchb. 2–3 mm lg., oft ausgerandet. ✳ 4–6. △ Laub- und Mischwälder mit Eiche, Birke, Hainbuche, Föhre; verbreitet. Fast ganz Europa. – Ähnlich ist das **Hunds-Veilchen,** *V. canina* L., aber St. ohne grundständige B.; St. liegend oder aufsteigend; St.b. derb, eiförmig, lanzettlich, mit herzförmigem Grund; Krone blauviolett, Sporn 5–7 mm lg., gelblich oder weißlich; Silikatmagerrasen, Heiden, Waldränder; kalkmeidend; Europa.

5   Wald-Veilchen, *Viola reichenbachiana* Jord. (*V. sylvestris* Lamk.), Pfl. 10–20 cm, mit aufrechten, oberirdischen St. und grundständiger B.rosette, ähnlich Hain-Veilchen, aber Krone rötlichviolett, 12–15 mm lg.; Kronb. sich nicht überdeckend; Sporn dunkelviolett, schlank, 4–6 mm lg., mit gerundeter Spitze; Anhängsel der spitzen Kelchb. 1–2 mm lg. ✳ 3–5. △ Laub- und Nadelmischwälder; verbreitet; Südschweden, Mittel- und Südeuropa.

Hundsgiftgewächse / Apocynaceae

6   Kleines Immergrün, *Vinca minor* L., Pfl. 10–20 cm, weitkriechend; B. ledrig, immergrün, lanzettlich, kahl; Bl. einzeln in den B.achseln, 1–2 cm lg. gestielt; 5zählig; Krone hellblau, 2–3 cm br.; Fruchtknoten oberständig. ✳ 4–5. △ Laubwälder, Gebüsche; Zierpfl.; zerstreut. Mittel- und Südeuropa, nördlich bis Dänemark.

Borretschgewächse / Boraginaceae

7   Echtes Lungenkraut, *Pulmonaria officinale* L., Pfl. 15–30 cm; Grundb. herz-eiförmig, meist weiß gefleckt, plötzlich in den lg. Stiel verschmälert; obere St.b. oval, st.umfassend; Bl.stand steifhaarig; Bl. rosa, dann blau, 1 cm br. ✳ 3–5. △ Krautreiche Laubmischwälder, Gebüsche, Waldränder; verbreitet. Fast ganz Europa.

Tafel 54   Wälder, Waldränder, Gebüsche, Auen

Borretschgewächse / Boraginaceae

1 Blauer Steinsame, *Lithospermum purpurocaeruleum* L., Pfl. 30–60 cm, dicht behaart, mit Ausläufern; B. lanzettlich, unterseits nur Mittelnerv sichtbar (nicht fiedernervig); Krone 5zählig, zuerst rotviolett, dann tiefblau, mit 14–20 mm lg. Röhre; Teilfrüchtchen glatt, glänzend weiß. ✳ 4–6. △ Sonniges Eichengebüsch, lichte Laubwälder; ziemlich selten. Mittel- und Südeuropa.

2 Wald-Vergißmeinnicht, *Myosotis sylvatica* (Ehrh.) Hoffm., Pfl. 15–45 cm, dicht behaart; Grundb. kurz gestielt, ei-lanzettlich; Kelch etwa 5 mm lg., zu ²/₃ verwachsen, mit linealischen Zipfeln und abstehenden, vorne hakig gebogenen Haaren besetzt; Krone flach, ausgebreitet, 6–10 mm br., blau; Fruchtstiel 5 mm lg. ✳ 5–7. △ Waldränder, krautreiche Laubwälder, Bergwiesen, Hochstaudenfluren; zerstreut. Fast ganz Europa, nördlich bis Südschweden, südlich bis Apennin und Balkanhalbinsel.

Nachtschattengewächse / Solanaceae

3 Bittersüßer Nachtschatten, *Solanum dulcamara* L., Pfl. 30–200 cm, unten verholzt, oft kletternd; B. br. lanzettlich, ungeteilt oder am Grund mit 1–2 Lappen; Bl.stand doldig-traubig; Krone 5teilig, flach ausgebreitet, 1 cm br., violett; Frucht eine rote Beere. ✳ 6–8. △ Auenwälder, Ufer, Kahlschläge; ziemlich häufig. Fast ganz Europa.

Braunwurzgewächse / Scrophulariaceae

4 Großer Ehrenpreis, *Veronica teucrium* L., Pfl. aufsteigend bis aufrecht, 15–60 cm; B. eiförmig, grob gesägt, am Grund abgerundet, sitzend; Bl. in gegenständigen, dichten, später sich verlängernden Trauben; Kelch 5blättrig; Krone hellblau, 10–13 mm br. ✳ 6–7. △ Sonnige Waldränder, Gebüsch, lichte Eichen- und Kiefernwälder, Magerrasen; zerstreut. Hauptsächlich Mitteleuropa, südlich bis Mittelspanien, Mazedonien, östlich bis Kaukasus. – Sehr ähnlich ist der **Österreichische Ehrenpreis,** *V. austriaca* L., aber B. lanzettlich, in den kurzen Stiel verschmälert, Krone dunkelblau; sonnige Kalkmagerrasen; selten. GefGr. 2!

Glockenblumengewächse / Campanulaceae

5 Nesselblättrige Glockenblume, *Campanula trachelium* L., Pfl. 30–100 cm; St. steifhaarig, scharfkantig; B. 3eckig, eiförmig, nesselb.artig gesägt, die unteren lg. gestielt; Bl. trichterförmig, violettblau, 3–4 cm lg., in lg., beblätterter Traube; Bl.stiele am Grund mit 2 Hochb. ✳ 7–8. △ Krautreiche Laubwälder, Kahlschläge, Gebüsche; verbreitet. Fast ganz Europa. – Ähnlich ist die **Breitblättrige Glockenblume,** *C. latifolia* L., aber St. stumpfkantig, weichhaarig; B. ei-länglich, gesägt, mit kurzem, geflügeltem Stiel; krautreiche Bergmischwälder und Schluchtwälder; selten; Alpen und Vorland, Jura, Schwarzwald, Vogesen, Eifel. Geschützt!

6 Pfirsichblättrige Glockenblume, *Campanula persicifolia* L., Pfl. 30–80 cm; Grundb. derb, dunkelgrün, untere B. ei-länglich, in den Stiel verschmälert, obere B. lanzettlich, sitzend, fein gesägt; Bl. weitglockig, 2–4 cm lg. und br., blaßblau, in armblütiger Traube; Kelchb. lanzettlich. ✳ 6–8. △ Sonnige, krautreiche Laub- und Nadelwälder, Wald- und Wegränder; verbreitet. Europa.

5

6

1

2

3

4

Tafel 55   Äcker, Schutt- und Kiesplätze, Wege

Osterluzeigewächse / Aristolochiaceae

1   Osterluzei, *Aristolochia clematitis* L., Pfl. 30–70 cm; St. unverzweigt, hin und her gebogen; B. ei-herzförmig, hellgrün, 6–10 cm lg.; Bl. zu 2–8 in B.achseln, mit gebogener, am Grund bauchiger Röhre, gelblich; Staubb. 6. ✳ 5–6. △ Weinberge, Gebüschsaum; wärmeliebend; giftig! Heilpfl.; ziemlich selten. Mittel- und Südeuropa.

Hahnenfußgewächse / Ranunculaceae

2   Acker-Hahnenfuß, *Ranunculus arvensis* L., Pfl. 1jährig, 20–60 cm; B. stark zerteilt, mit 3spaltigen, linealischen oder lanzettlichen Abschnitten; Bl. hellgelb, 4–12 mm br.; Kelchb. aufgerichtet; Früchtchen zu 3–8, je 5–6 mm lg., auffällig stachelig, mit kantigem Rand und gekrümmtem Schnabel. ✳ 5–7. △ Lehmige, tonige Getreideäcker; zerstreut bis selten. Europa. GefGr. 2!

3   Kriechender Hahnenfuß, *Ranunculus repens* L., Pfl. 10–40 cm, mit lg., an den Knoten wurzelnden Ausläufern; Grundb. 3teilig, mittlerer Abschnitt lg. gestielt, alle Abschnitte 3spaltig, gezähnt; Bl. 2–3 cm br., dottergelb; Bl.stiele gefurcht; Schnabel der Früchtchen kurz, gerade. ✳ 5–8. Giftig! △ Äcker, Brachland, Ufer, Wiesen, Auenwälder; häufig. Europa.

Mohngewächse / Papaveraceae

4   Schöllkraut, *Chelidonium majus* L., Pfl. mit gelbem Milchsaft, 30–70 cm; B. fiederteilig, unterseits blaugrün, mit ovalen, stumpf gezähnten Abschnitten; Bl. 1–2 cm br., gelb, in 2–8blütigen Dolden; Kelchb. 2; Narbe 2lappig; Frucht eine 2–5 cm lg. Schote. ✳ 5–9. Giftig! △ Unkrautfluren, Wald- und Wegränder, Mauern; verbreitet. Südskandinavien, Mittel- und Südeuropa.

Kreuzblütengewächse / Cruciferae oder Brassicaceae

5   Raps, Kohlrübe, *Brassica napus* L., Pfl. 60–120 cm; alle B. blaugrün, bereift, fast kahl, halbst.umfassend, fiederteilig, mit jederseits 1–4 ovalen Seitenabschnitten und viel größerem Endabschnitt; Kronb. gelb, 10–14 mm lg., doppelt so lg. wie die aufrecht abstehenden Kelchb.; Bl.stiele wenig länger als die Bl.; offene Bl. die Bl.knospen nicht überragend; Schote linealisch, 5–10 mm lg., Schotenwand 1nervig. ✳ 4–9. △ Öl-, Gemüse- und Futterpfl., an Wegen und Schuttplätzen verwildert. – Ähnlich ist der **Rübenkohl,** oder **Rübsen,** *B. rapa* L., aber Rosettenb. grasgrün, St.b. etwas blaugrün, alle B. st.umfassend, meist stark behaart; offene Bl. die Bl.knospen überragend; Kronb. 7–11 mm lg.; Kelchb. waagrecht abstehend; seit der jüngeren Steinzeit als Öl-, Gemüse- und Futterpfl. gebaut. – Der **Schwarze Senf,** *B. nigra* (L.) Koch hat gestielte, fiederteilige B. mit unregelmäßig gezähnten Abschnitten; obere B. ungeteilt; Kronb. 6–9 mm lg., gelb; Schoten 4kantig, 1–2 cm lg., mit 2–3 mm lg. Schnabel, an 2–3 mm lg. Stielen, dem St. dicht angedrückt; Schutt, Ufer, feuchte Äcker; häufig; seit der Römerzeit als Senflieferant gebaut.

6   Acker-Senf, *Sinapis arvensis* L., Pfl. 30–60 cm; B. buchtig gezähnt, untere fast leierförmig, rauhhaarig; Kronb. schwefelgelb, 8–12 mm lg.; Kelchb. 5–6 mm lg., fast waagrecht abstehend; Schoten 2–4 cm lg. und 2–3 mm br., fast kahl, mit 10–15 mm lg., kaum abgeflachtem Schnabel; Schotenwand 3–5nervig; Samen schwarz. ✳ 6–10. △ Äcker, Brachland; häufig. Fast ganz Europa. – Ähnlich ist der **Weiße Senf,** *S. alba* L., aber B. leierförmig-fiederspaltig; Kronb. hellgelb, 7–10 mm lg.; Schoten steifhaarig, meist gekrümmt, mit stark abgeflachtem Schnabel; Samen gelblich; Äcker, Schutt; zerstreut; Kulturpfl., zur Öl- und Senfgewinnung gebaut.

Sommer-Adonisröschen, *Adonis aestivalis* L., s. S. 66

Tafel 56 Äcker, Schutt- und Kiesplätze, Wege

Kreuzblütengewächse / Cruciferae oder Brassicaceae

1 Acker-Rettich, Hederich, *Rhaphanus rhaphanistrum* L., Pfl. rauhhaarig, 1jährig, 30–80 cm; untere B. mit schmalen Fiederlappen und großem Endlappen, obere B. ungeteilt; Bl. 2–3 cm br., weiß oder blaßgelb, meist violett geadert, Kelchb. aufrecht; Schoten 2–10 cm lg., perlschnurartig gegliedert, mit lg., samenlosem Schnabel. ✳ 5–9. △ Äcker, Getreidefelder, Schutt; häufig. Europa.

2 Färber-Waid, *Isatis tinctoria* L., Pfl. 50–120 cm, oberwärts blaugrün, bereift; untere St.b. gestielt, lanzettlich, obere St.b. pfeilförmig st.umfassend; Bl. gelb, 3–6 mm br., in dichten verzweigten Bl.ständen; Schötchen hängend, flach, keilförmig, geflügelt, zur Reife schwarz, 10–25 mm lg., 3–7 mm br. ✳ 5–6. △ Wege, Dämme, Steinbrüche, Kalkmagerrasen; wärmeliebend; zerstreut. Fast ganz Europa.

3 Echtes Barbarakraut, *Barbaraea vulgaris* R. Br., Pfl. 30–90 cm; untere B. gestielt, gefiedert, jederseits mit 2–5 ei-länglichen Fiedern und großer, rundlicher Endfieder, obere B. sitzend, tief gezähnt; Bl. gelb, 7–9 mm br.; Kronb. doppelt so lg. wie die Kelchb.; Schoten aufrecht-abstehend, 15–25 mm lg., auf dünnen, 4–6 mm lg. Stielen. ✳ 5–7. △ Wege, Dämme, Ufer, Kiesbänke, Flußauen; häufig. Europa. – Ähnlich ist das **Steife Barbarakraut,** *B. stricta* Andrz., aber untere B. jederseits mit 1–2 Seitenfiedern und ei-länglicher Endfieder, Schoten steif-aufrecht, dem St. angedrückt; Flußufer, Schutt; selten.

4 Wilde Sumpfkresse, *Rorippa silvestris* (L.) Bess., Pfl. mit Ausläufern, kahl, 15–60 cm; B. gefiedert, jederseits mit 3–7 gezähnten oder nochmals fiederteiligen Abschnitten; Bl. 4–6 mm br., goldgelb; Schoten schmal linealisch, 8–20 mm lg., deren Stiele waagrecht bis aufrecht. ✳ 6–9. △ Ufer, Wege, feuchte Äcker und Ruderalstellen; ziemlich häufig. Europa.

5 Weg-Rauke, *Sisymbrium officinale* (L.) Scop., Pfl. 30–60 cm; untere B. tief bis fast auf den Mittelnerv fiederteilig, Abschnitte 3eckig bis eiförmig, gezähnt, obere B. ungeteilt oder mit nur 2 seitlichen Lappen; Bl. gelb, 3–6 mm br.; Schoten linealisch, zugespitzt, 1–2 cm lg., dem St. angedrückt. ✳ 5–8. △ Wege, Schutt, Dämme, Ufer; häufig. Europa. – Artenreiche Gattung; ähnliche Arten, aber mit abstehenden Schoten sind: **Orientalische Rauke,** *S. orientale* L., Pfl. grauhaarig; obere B. gestielt, 3teilig bis ungeteilt; Schoten 4–10 cm lg., deren Stiele 4–7 mm lg., fast so dick wie die Schote; Wege, Schutt; zerstreut; wärmeliebend. – **Hohe** oder **Ungarische Rauke,** *S. altissimum* L.; Pfl. grün, unten abstehend steifhaarig; obere B. meist sitzend, fiederteilig; Grundb. bis zum Mittelnerv fiederteilig, mit 1 mm br. Abschnitten; Bl. weißlich gelb; Kelchb. zur Bl.zeit abstehend, die 2 äußeren an der Spitze gehörnt; Schoten 5–10 cm lg., deren Stiele 5–10 mm lg.; Schutt, Wege; wärmeliebend; zerstreut; ursprünglich Osteuropa; heute in den wärmeren Gebieten weit verbreitet.

1

2

3

4

5

Tafel 57   Äcker, Schutt- und Kiesplätze, Wege

Resedengewächse / Resedaceae

1 Wilde Resede, *Reseda lutea* L., Pfl. 20–50 cm; B. 1–2fach fiederteilig, mit schmalzipfeligen, am Rand welligen, knorpelig gezähnten Abschnitten; B.stiele schmal geflügelt; Bl. hellgelb, geruchlos, in ährenförmigen Trauben; Kronb. 6, die oberen 2 länger, 4–5 mm lg.; Kelchb. 6, 2–3 mm lg. ✳ 6–9. △ Wege, Dämme, Schutt, Steinbrüche; häufig. Mittel- und Südeuropa. – Ähnlich ist die **Färber-Resede,** *R. luteola* L., aber Pfl. 60–120 cm; B. ungeteilt, schmal lanzettlich, wellig; Bl. 4teilig, in lg., dünner, ährenförmiger Traube; Unkrautfluren; zerstreut; Mittel- und Südeuropa, vereinzelt bis Südskandinavien.

Rosengewächse / Rosaceae

2 Kriechendes Fingerkraut, *Potentilla reptans* L., Pfl. mit bis 1 m lg., kriechenden, an den Knoten wurzelnden St.; B. lg. gestielt, 5–7zählig gefingert, Fiedern grob gesägt; Bl. in den B.achseln einzeln stehend, goldgelb, 1–2 cm br.; Kronb. 5, ausgerandet. ✳ 6–8. △ Wegränder, Böschungen, Äcker, Schutt, Hecken; oft mit folgender Art zusammen; häufig. Europa.

3 Gänse-Fingerkraut, *Potentilla anserina* L., Pfl. mit bis 80 cm lg., oft rötlichen Ausläufern, an den Knoten wurzelnd; B. gefiedert, oberseits grün, unterseits silberhaarig, 5–25 cm lg., mit 6–10 ei-länglichen, größeren Fiederpaaren und abwechselnd kleineren Fiederpaaren; Fiedern grob gezähnt; Bl. einzeln, lg. gestielt, gelb, 2–3 cm br.; Kronb. 5, rundlich. ✳ 5–7. △ Wege, Ufer, Schutt, Dünen, Brachland; häufig. Fast ganz Europa.

Sauerkleegewächse / Oxalidaceae

4 Europäischer Sauerklee, *Oxalis europaea* Jord. (*O. stricta* auct.), Pfl. aufrecht, 10–30 cm; B. 3zählig, kleeb.artig, gegen- oder quirlständig; Bl. hellgelb, 8–10 mm br., zu 1–6 in lg.gestielten, achselständigen, doldenähnlichen Bl.ständen; Kronb. vorne abgerundet; Bl.stiele nach dem Verblühen aufrecht. ✳ 6–9. △ Äcker, Gärten, Wege; häufig. Europa.

Wolfsmilchgewächse / Euphorbiaceae

5 Sonnenwend-Wolfsmilch, *Euphorbia helioscopia* L., Pfl. 10–40 cm; St.b. wechselständig, verkehrt-eiförmig bis keilförmig, hellgrün, kurz gestielt, vorne fein gezähnt, 2–4 cm lg.; Bl.dolde 5strahlig; Hüllb. den St.b. ähnlich; Drüsen des Bl.bechers gelb, rundlich-oval; Fruchtkapsel glatt. ✳4–11. △ Äcker, Gärten, Weinberge, nährstoffreiche Böden; häufig. Europa.

Johanniskrautgewächse / Hypericaceae

6 Liegendes Johanniskraut, *Hypericum humifusum* L., Pfl. 5–15 cm; St. fadenförmig, kriechend, fast 2kantig; B. eiförmig, 10–15 mm lg., unterseits am Rand mit schwarzen, sitzenden Drüsen; Kronb. 4–8 mm lg., gelb, am Rand mit schwarzen Drüsen; Kelchb. länglich, ganzrandig; Staubb. 15–20. ✳ 6–10. △ Feuchte Äcker, Wege, Waldschläge, Ufer; verbreitet. Südskandinavien, Mittel- und Südeuropa.

Veilchengewächse / Violaceae

7 Acker-Stiefmütterchen, *Viola arvensis* Murray, Pfl. 5–20 cm, sehr ähnlich dem Wilden Stiefmütterchen (s. S.108); Nebenbl. mit ei-lanzettlichen bis eiförmigen, gekerbt-gesägten Mittellappen; Krone cremfarben und meist noch etwas violett, etwa so lg. wie der Kelch; Sporn etwa so lg. wie die Kelchanhängsel. ✳ 4–10. △ Äcker, Wege, Schutt; häufig. Europa.

1

6

4

2

7

3

5

Tafel 58 Äcker, Schutt- und Kiesplätze, Wege

Nachtkerzengewächse / Oenotheraceae oder Onagraceae

1 Gewöhnliche Nachtkerze, *Oenothera biennis* L., Pfl. aufrecht, meist unverzweigt, 50–100 cm; B. ei-lanzettlich, 8–15 cm lg., gesägt oder ganzrandig; Bl.stand aufrecht; Bl. tellerförmig; Kronb. 3–6 cm lg., gelb; Bl.röhre 2–5 cm lg. ✳ 6–8. (Formenreiche Sammelart mit mehreren Kleinarten). △ Sandige, kiesige Plätze, Dämme, Steinbrüche, Sandtrockenrasen; verbreitet. Ursprünglich Nordamerika, heute fast ganz Europa. – Ähnlich ist die **Kleinblütige Nachtkerze,** *Oe. parviflora* L., aber B.stand nickend; Kronb. 1–2 cm lg.; Bl.röhre 1,5–3 cm lg.; trockne Ruderalstellen; verbreitet. (Formenreiche Sammelart mit mehreren Kleinarten).

Doldengewächse / Umbelliferae oder Apiaceae

2 Gewöhnlicher Pastinak, *Pastinaca sativa* L., Pfl. 40–120 cm; St. glänzend, kantig gefurcht; B. gelbgrün, 1fach gefiedert, mit ei-länglichen, gelappten oder grob gezähnten, etwa 5 cm lg. Fiedern; Bl. gelb; Hüllb. und Hüllchenb. meist fehlend; Dolde 5–15strahlig; Frucht eiförmig, 5–8 mm lg., br.geflügelt. ✳ 6–9. Ssp. *urens* (Req.) Celak. ist grau behaart, matt; Pfl. mit sparrigem Wuchs, bis 250 cm; St. rund; Bl.dolde 5–7strahlig und ssp. *sylvestris* (Mill.) Rouy et Cam. ist ebenfalls grau behaart, aber St. kantig gefurcht und Dolde 7–15strahlig. △ Steinbrüche, Unkrautfluren, Wege, Wiesen; verbreitet. Ursprünglich Westasien, seit dem Altertum als Futter- und Heilpfl. angebaut, heute fast ganz Europa.

Lippenblütengewächse / Labiatae oder Lamiaceae

3 Bunter Hohlzahn, *Galeopsis speciosa* Mill., Pfl. 30–80 cm; St. unter den verdickten Knoten steifhaarig; Krone 25–40 mm lg., hellgelb, Mittellappen der Kronunterlippe violett. ✳ 6–10. △ Wege, Äcker, Waldschläge; zerstreut. Fast ganz Europa. – Der **Weiche Hohlzahn,** *G. pubescens* Besser hat wenig verdickte, kurz- und weichhaarige, armdrüsige Knoten; B. oberseits anliegend, unterseits abstehend weichhaarig; Krone 18–25 mm lg., dunkelrot, mit gelbem Schlund, 2–3mal so lg. wie der Kelch; Äcker, Waldschläge; zerstreut; Südskandinavien, Mitteleuropa, südlich bis Mittelitalien, Bulgarien, (östlich).

Braunwurzgewächse / Scrophulariaceae

4 Kleinblütige Königskerze, *Verbascum thapsus,* L., Pfl. 20–70 cm; B. ei-länglich, filzig behaart, bis 40 cm lg., am St. herablaufend, dieser dadurch geflügelt; Bl. kurz gestielt, in ährigen Knäueln; Krone weit-trichterig, 15–22 mm br., hellgelb; die 3 oberen Staubfäden weißwollig, die unteren 2 kahl. ✳ 7–9. △ Schutt, Dämme, Ufer, Waldlichtungen; ziemlich häufig. Europa. – Ähnlich ist die **Mehlige Königskerze,** *V. lychnitis* L., aber B. nicht herablaufend, oberseits fast kahl, unterseits sternhaarig, graustaubig filzig; Bl. weiß oder hellgelb, 10–15 mm br.; Gebüschsäume, Kalkmagerrasen, trockne Ruderalstellen; verbreitet; Mittel- und Südeuropa.

5 Großblütige Königskerze, *Verbascum densiflorum* Bertol. (*V. thapsiforme* Schrader), Pfl. 30–200 cm; ähnlich *V. thapsus;* B. gelbgrün, wollig behaart, gekerbt, lg.spitzig, am St. herablaufend; Bl.stand unten kurz verzweigt; Krone flach, 30–35 mm br., hellgelb. ✳ 7–9. Sonnige Unkrautfluren, Waldschläge, Wegränder; zerstreut. Mittel- und Südeuropa.

5

3

2

4

1

Tafel 59 Äcker, Schutt- und Kiesplätze, Wege

Braunwurzgewächse / Scrophulariaceae

1 Gewöhnliches Leinkraut, *Linaria vulgaris* Mill., Pfl. 20–60 cm; B. wechselständig, dicht stehend, linealisch bis lanzettlich, 3–8 cm lg.; Bl.stand reichblütig; Krone mit lg., geradem Sporn, 15–30 mm lg., schwefelgelb, mit orangefarbenem Schlund. ✳ 6–10. △ Sonnige Unkrautfluren, Bahndämme, Steinbrüche, Waldschläge; verbreitet. Europa.

Korbblütengewächse / Compositae oder Asteraceae

2 Huflattich, *Tussilago farfara* L., Pfl. 5–20 cm; Bl. vor den B. erscheinend; Bl.schaft 1köpfig, mit rötlichen Schuppen; Bl.kopf 2–3 cm br., gelb; Hüllb. 1reihig; B. grundständig, in Herden, rundlich-herzförmig, 10–30 cm br., schwärzlich gezähnt, unterseits graufilzig; B.stiel oben rinnig (im Gegensatz zu *Petasites*). ✳ 2–4. △ Wege, Kiesgruben, Schutt, Äcker, Ufer, Erdanrisse; häufig. Europa.

3 Gemeines Greiskraut, *Senecio vulgaris* L., Pfl. 10–30 cm; B. fiederteilig, meist kahl, mit länglichen, gezähnten etwas fleischigen Lappen; Bl.köpfe 10 mm lg. und 4–5 mm br.; Außenhüllb. 8–12, an der Spitze schwarz, etwa ¼ so lg. wie die 21 grünen, kahlen, spitzen Hüllb.; Strahlenbl. meist fehelnd. ✳ 2–11. △ Äcker, Gräben, Wege, Schutt, Waldschläge; häufig. Europa.

4 Rainfarn, *Tanacetum vulgare* L. (*Chrysanthemum vulgare* (L.) Bernh.), Pfl. 60–120 cm; B. fiederteilig, 5–25 cm lg., Fiedern jederseits zu 8–12, lanzettlich, fiederschnittig gesägt; Bl.köpfe 7–12 mm br., in Schirmrispen, goldgelb; Strahlenbl. fehlend; Hüllb. hellgrün, hautrandig, kahl. ✳ 7–9. △ Wege, Schutt, Dämme, Ufer; häufig. Europa.

5 Großes Flohkraut, *Pulicaria dysenterica* (L.) Bernh., Pfl. 30–60 cm; B. eiförmig, mit herzförmigem Grund st.umfassend, oft wellig, gezähnt, unterseits graufilzig, 3–8 cm lg.; Bl.köpfe 15–30 mm br., in lockeren Rispen; Strahlenbl. gelb, ausgebreitet, 2mal so lg. wie die grüne, drüsenhaarige Hülle. ✳ 7–8. △ Trittrasen, Wege, Moorwiesen, Gräben, Naßweiden; zerstreut. Mittel- und Südeuropa. – Ähnlich ist das **Kleine Flohkraut,** *P. vulgaris* Gaertn., aber Pfl. 10–30 cm, 1jährig; Strahlenbl. aufgerichtet, nur etwa so lg. wie die Scheibenbl.; Bl.köpfe etwa 10 mm br., schmutzig gelb; obere St.b. mit abgerundetem Grund sitzend; feuchte Unkrautfluren, Ufer, Gräben; zerstreut bis selten; Südskandinavien, Mittel- und Südeuropa. GefGr. 3!

6 Rauhe Gänsedistel, *Sonchus asper* (L.) Hill., Pfl. 30–80 cm; St. ästig; B. derb, dunkelgrün, glänzend, oft ungeteilt, stachelig gezähnt, am Grund mit abgerundeten, anliegenden Öhrchen; Bl.köpfe sattgelb, in lockeren Rispen; Hülle fast kahl; Frucht mit 3 Längsrippen, zwischen den Rippen glatt. ✳ 6–10. △ Äcker, Gärten, Schutt; verbreitet. Europa. – Ähnlich ist die **Kohl-Gänsedistel,** *S. oleraceus* L., aber B. blaugrün, matt, ungleich gezähnt, nicht stachelig, mit vorgestreckten, spitzen Öhrchen; Frucht mit 3 Längsrippen, zwischen den Rippen querrunzelig; Unkrautfluren; verbreitet; fast ganz Europa, ursprünglich Südeuropa. – Die **Zarte Gänsedistel,** *S. tenerrimus* L. hat kahle, dunkelgrüne, bis auf den Mittelnerv fiederteilige B.; Abschnitte nochmals fiederteilig oder mit stumpfen Zähnen; obere St.b. am Grund mit 2 spitzen Öhrchen, die unteren B. gestielt; Hülle kahl; Schutt, Mauern, Felsen; Südeuropa.

Tafel 60   Trockenrasen, Magerrasen, steinige Hänge, Mauern

Hahnenfußgewächse / Ranunculaceae

1 Knolliger Hahnenfuß, *Ranunculus bulbosus* L., Pfl. 10–40 cm, meist abstehend behaart; St. am Grund knollig verdickt; Grundb. 3teilig, Abschnitte bis zur Mitte nochmals 3teilig und gesägt; Bl. 2–3 cm br., gelb; Kelchb. zurückgeschlagen, lg. behaart; Bl.stiele gefurcht; Früchtchen mit kurzem, gekrümmtem Schnabel. ✳ 5–7. △ Kalkmagerrasen, magere Wiesen, Böschungen; ziemlich häufig. Europa.

2 Frühlings-Adonisröschen, *Adonis vernalis* L., Pfl. 10–30 cm; B. fast ungestielt, mehrfach fiederteilig, dicht stehend, mit 1 mm br. Zipfeln; Bl. 4–8 cm br.; Kronb. 10–20, goldgelb. ✳ 4–5. Geschützt! △ Trockenrasen, Wiesensteppen, Kiefernwälder; selten. Mittel-, Süd- und Osteuropa. GefGr. 2!

Kreuzblütengewächse / Cruciferae oder Brassicaceae

3 Brillenschötchen, *Biscutella laevigata* L., Pfl. 15–30 cm; Rosettenb. keilförmig, länglich, in den B.stiel verschmälert, ganzrandig oder gezähnt, steifhaarig oder kahl; St.b. wenige; Bl. 4zählig; Kelchb. gelbgrün; Kronb. gelb, 4–8 mm lg.; Schötchen brillenförmig. ✳ 5–8. Geschützt! △ Steinschutt, Sandtrockenrasen, felsige Hänge, Flußkies der Alpenflüsse, Quellmoore; zerstreut. Mittel- und Südeuropa.

4 Kelch-Steinkraut, *Alyssum alyssoides* (L.) Nath. (*A. calycinum* L.), Pfl. 5–20 cm, 1jährig; B. länglich eiförmig, in den kurzen Stielen verschmälert, 2 cm lg., beiderseits durch Sternhaare grau; Bl. klein; Kelchb. 1,5–2,5 mm lg., sternhaarig; Kronb. 2–4 mm lg., gelb, nach dem Verblühen weiß; Schötchen fast kreisrund, 3–6 mm, flach behaart, 4samig. ✳ 4–9. △ Sonnige Kalkmagerrasen, Steinbrüche, sandige Brachen; zerstreut. Hauptsächlich Mittel- und Südeuropa.

5 Berg-Steinkraut, *Alyssum montanum* L., Pfl. 10–20 cm, am Grund verholzend; B. schmal-lanzettlich, bis 2 cm lg., sternhaarig; Krone goldgelb, 4–6 mm lg.; Bl.stand anfangs doldentraubig; Schötchen 4–6 mm lg., fast kreisrund, behaart. ✳ 3–5. Geschützt! △ Sonnige, meist kalkreiche Trockenrasen, Felsfluren; ziemlich selten. Mittel- und Südeuropa. – Das **Felsen-Steinkraut** oder die **Steinkresse,** *A. saxatile* L., hat br.-lanzettliche, entfernt gezähnte, graufilzige, bis 5 cm lg. B. und einen rispigen Bl.stand; Schötchen kahl; Kalk- und Silikatfelsfluren; ziemlich selten; Mittel- und Südosteuropa. Geschützt! GefGr. 4!

Dickblattgewächse / Crassulaceae

6 Felsen-Mauerpfeffer, *Sedum reflexum* L. (*S. rupestre* L.), 15–35 cm, am Grund verholzt, bogig aufsteigend, nichtblühende Triebe dicht beblättert; B. stielrund, 1–2 cm lg., stachelspitz, am Grund gespornt; blühende Triebe sind locker beblättert; Bl.stand doldenartig; Kronb. 6–7 mm lg., zitronengelb gefärbt; Kelchb. 3–4 mm lg., kahl. ✳ 6–8. △ Sandtrockenrasen, Mauern, Felsspalten; zerstreut. Fast ganz Europa. – Ähnlich ist der **Ockergelbe Mauerpfeffer,** *S. ochroleucum* Chaix, aber Kronb. gelblichweiß, 8–10 mm lg. und Kelchb. 5–7 mm lg., drüsenhaarig; Kalkfelsen, Weinberge, selten; hauptsächlich Südeuropa.

7 Scharfer Mauerpfeffer, Fetthenne, *Sedum acre* L., Pfl. 5–15 cm, reich verzweigt, bogig aufsteigend, rasenbildend; B. dick, eiförmig, am Grund abgerundet, ohne Sporn, 4 mm lg. und 3 mm br., stumpf, in 6 Längsreihen, meist scharf schmeckend; Kronb. 6–7 mm lg., fein zugespitzt, goldgelb. ✳ 6–7. △ Sandtrockenrasen, Felsbänder, Mauern, trockne Kiefernwälder; verbreitet. Europa. – Ähnlich ist der **Milde Mauerpfeffer,** *S. sexangulare* L., aber B. walzig, linealisch, am Grund gespornt, nie scharf schmeckend; Kronb. 3–5 mm lg.; Sandtrockenrasen, Mauern; zerstreut; Südskandinavien, Mittel- und Südeuropa.

Tafel 61 Trockenrasen, Magerrasen, steinige Hänge, Mauern

Rosengewächse / Rosaceae

1 Silber-Fingerkraut, *Potentilla argentea* L., Pfl. 10–40 cm, aufrecht oder niederliegend; B. 5–7zählig gefingert, unterseits weißfilzig, Fiederb. am Rand umgerollt, grob tief gezähnt; Bl.stand rispig; Bl. 1–1,5 cm br., Kronb. gelb, gestutzt oder ausgerandet, wenig länger als die lanzettlichen Kelchb. ✳ 6–8. △ Silikatmagerrasen, Sandboden, Wege, Dämme; ziemlich häufig. Fast ganz Europa.

2 Frühlings-Fingerkraut, *Potentilla tabernaemontani* Aschers. (*P. verna* auct.), Pfl. 5–15 cm, mit bl.losen Rosettentrieben, Pfl. daher lockere Polster bildend; B. 5–7zählig gefingert, beiderseits grün, behaart, Nebenb. der Grundb. linealisch, die der St.b. eilanzettlich; Bl. hell- bis dunkelgelb, 1–2 cm br.; Griffel nach oben keulig verdickt. ✳ 4–6. △ Sandige Trockenrasen, trockne Kiefernwälder, Felshänge, verbreitet. Mitteleuropa, nördlich bis Südskandinavien, südlich bis Südfrankreich.

Schmetterlingsblütengewächse / Fabaceae oder Papilionaceae

3 Regensburger Zwergginster, Geißklee, *Chamaecytisus ratisbonensis* (Schaef.) Rothm. (*Cytisus r.* Schaef.), Pfl. 10–30 cm; Äste liegend, vorne aufsteigend, angedrückt seidenhaarig; B. 3zählig, gestielt; Bl. meist zu 2, b.achselständig, kurz gestielt; Kelch röhrenförmig, 2mal so lg. wie br.; Krone 1–2 cm lg., goldgelb, Fahne rotbraun. ✳ 5–6. △ Trockenrasen, Waldsäume, lichte Kiefernwälder; ziemlich selten. Mittel- und Südeuropa, (östlich, in Süddeutschland am Lech die Westgrenze).

4 Deutscher Ginster, *Genista germanica* L., Pfl. 20–50 cm; ältere Zweige b.los, dornig, liegend bis aufsteigend; junge Zweige dornenlos, beblättert, aufrecht, abstehend behaart, mit endständigen, reichblütigen Bl.trauben; B. 1fach, lanzettlich, 1–1,5 cm lg., grasgrün, ohne Nebenb.; Kelch behaart; Krone 7–11 mm lg., Fahne kahl, kürzer als das kurz behaarte Schiffchen; Hülsen 7–12 mm lg., behaart. ✳ 5–6. △ Heiden, Waldränder, Böschungen; zerstreut. Mittel- und Osteuropa, nördlich bis Südschweden, südlich bis Norditalien. – Der **Englische Ginster,** *G. anglica* L. hat armblütige, end- und seitenständige Trauben, kahle Bl.zweige, Kelche und Hülsen; B. graugrün; Zweige dornig; Magerweiden und -rasen, Heiden, Kiefernwälder; kalkmeidend; zerstreut bis selten; hauptsächlich Westeuropa, Nordwestdeutschland, Schwarzwald, nördlich bis Südschweden.

5 Färber-Ginster, *Genista tinctoria* L., Pfl. 30–60 cm, aufrecht, dornenlos; B. lanzettlich, 1–4 cm lg., am Grund mit 2 kleinen, schmal lanzettlichen Nebenb.; Bl. in endständigen Trauben, gelb; Krone 8–16 mm lg., kahl; Hülse 2–3 cm lg., kahl. ✳ 6–8. △ Magerrasen, Wald-, Wegränder, lichte Eichenwälder; ziemlich häufig. Mittel- und Südeuropa, nördlich bis Südschweden. – Der **Haus-Ginster,** *G. pilosa* L. ist ebenfalls dornenlos, aber Bl. zu 1–2 b.achselständig; B.unterseite, Fruchthülse und Kronenaußenseite seidig behaart; Pfl. 10–30 cm, niederliegend; Heiden, Trockenrasen; kalkmeidend; zerstreut; West- und Mitteleuropa, nördlich bis Südschweden, südlich bis Nordspanien, Mittelitalien.

6 Sichelklee, *Medicago falcata* L., Pfl. 20–50 cm, niederliegend bis aufsteigend; B. 3zählig, B.chen vorne in der Ausrandung stachelspitz; Bl. etwa 1 cm lg., in fast kugeligen Trauben; Fruchthülse sichelförmig, 8–15 mm lg. ✳ 6–9. △ Trockenrasen, Kalkmagerrasen, trockne Wald- und Wegränder; zerstreut. Fast ganz Europa, nördlich bis Südskandinavien.

7 Hopfenklee, Gelbklee, *Medicago lupulina* L., Pfl. 10–40 cm; B. 3zählig, unterseits anliegend behaart; B.chen mit Spitzchen (im Gegensatz zu *Trifolium dubium*); Bl.köpfe 10–50blütig; Bl. 3–5 mm lg.; Hülse nierenförmig, ohne Stacheln, 2–3 mm lg. ✳ 5–10. △ Magerrasen, Wegränder, Äcker; verbreitet. Europa.

Tafel 62 Trockenrasen, Magerrasen, steinige Hänge, Mauern

Schmetterlingsblütengewächse / Fabaceae oder Papilionaceae

1 Zwerg-Schneckenklee, *Medicago minima* (L.) Burtal., Pfl. 5–25 cm, niederliegend bis aufsteigend; B. 3zählig, seidig behaart; Nebenb. ganzrandig oder mit kurzen Zähnen; Bl. 3–5 mm lg., gelb, in 3–8blütigen Köpfchen; Hülsen schneckenförmig gerollt, stark dornig, mit 2–6 engen Windungen, 3–5 mm br. (ohne Dornen). ✳ 5–6. △ Kalkmagerrasen, Sanddünen, Schafweiden, Wege; ziemlich selten. Mittel- und Südeuropa.

2 Feld-Klee, *Trifolium campestre* Schreb., Pfl. 10–20 cm; B. 3zählig, mittleres B.chen länger gestielt als die seitlichen; Nebenb. eiförmig, am Grund verbreitert, kürzer als der B.stiel; Bl.köpfe dicht, 20–40blütig, 7–10 mm lg.; Bl. 5 mm lg., hellgelb, verblüht hellbraun. ✳ 6–9. △ Kalkmagerrasen, Wege, Äcker; ziemlich häufig. Europa.

3 Wundklee, *Anthyllis vulneraria* L., Pfl. 15–30 cm, mit Pfahlwurzel; B. gefiedert, Endfieder größer, seitliche Fiederb. oval bis lanzettlich; Grundb. oft nur mit Endfieder; Bl.stand dicht, kopfig; Krone 1–2 cm lg., hellgelb bis orangegelb; ✳ 5–8. Sehr formenreich: Bei ssp. *alpestris* (Kit.) A. et Gr. (3 b). Kelch 13–16 mm lg., zottig behaart, Krone goldgelb; Grundb. nur mit großer, elliptischer Endfieder, kahl, fleischig. – Bei dem **Strand-Wundklee,** ssp. *maritima* Schweigg. Kelch 8–11 mm lg., Krone orangerot, St. stark ästig, dicht seidig behaart; B. oberseits kahl, unterseits grau seidenhaarig bis filzig; St.b. mit 3–5 Paar lineal-lanzettlicher Fiederb. – Bei dem **Gemeinen Wundklee,** ssp. *vulneraria* (3 a) St. wenig verzweigt, kurz anliegend behaart; B. beiderseits behaart, St.b. und Grundb. mit vergrößerter Endfieder und 3–5 Paar elliptischer Fiederb.; Krone leuchtend gelb. ✳ 5–8. △ Kalkmagerrasen, Wege, Steinbrüche; alpine Steinrasen (ssp. *alpestris*); Sanddünen der Nord- und Ostsee (ssp. *maritima*); ziemlich häufig.

4 Gewöhnlicher Hornklee, *Lotus corniculatus* L., Pfl. 5–30 cm, bogig aufsteigend; St. markig oder engröhrig; B. mit 5 ovalen Fiederb., das untere B.chenpaar dicht am St., von den übrigen 3 B.chen entfernt; Bl. 6–14 mm lg., in 3–8blütigen, kopfigen Dolden, gelb; Schiffchen mit rechtwinkeligem Knie, Schiffchenspitze oft rötlich. ✳ 5–8. △ Wiesen, Weiden, Magerrasen, Steinbrüche; verbreitet. Europa. – Ähnlich ist der **Sumpf-Hornklee,** *uliginosum* Schkuhr, aber St. weitröhrig, hohl; Dolde 8–12-blütig, Schiffchen mit stumpfwinkeligem Knie; nasse Wiesen, Ufer.

5 Spargelschote, *Tetragonolobus maritimus* (L.) Roth (*Lotus siliquosus* L.), Pfl. 10–25 cm, niederliegend; B. mit 5 graugrünen, etwas fleischigen B.chen, das untere Paar dicht am St. und etwas kleiner; Bl. zu 1 oder 2 in den B.achseln, lg.gestielt, blaßgelb, 2–3 cm lg.; Hülse 4kantig oder 4flügelig, 4–5 cm lg. und 3 mm br. ✳ 5–6. △ Kalkmagerrasen, lichte Kiefernwälder, Moorwiesen, salzertragend; zerstreut. Mittel- und Südeuropa, nördlich vereinzelt bis Südskandinavien. GefGr. 3!

6 Hufeisenklee, *Hippocrepis comosa* L., Pfl. 5–20 cm; lg. gestielt, mit 5–15 ovalen bis schmal lanzettlichen Fiederb.; Dolde 4–10blütig; Krone gelb, 8–12 mm lg.; Hülse 1–3 cm lg., abstehend oder etwas hängend, mit hufeisenförmigen Gliedern. ✳ 5–7. △ Sonnige Kalkmagerrasen, lichte Kiefernwälder; ziemlich häufig.

Kreuzblumengewächse / Polygalaceae

7 Zwergbuchs, *Polygala chamaebuxus* L., Pfl. 10–20 cm, niederliegend bis aufsteigend, unten verholzt; B. lederig, immergrün, unterseits hellgrün; Bl. 13–15 mm lg., schmetterlingsbl.förmig, zu 1–2 in den Achseln der oberen B., gelb, oft rot überlaufen; Kelchb. gefärbt, kronb.artig, die 2 inneren (Flügel) groß, 10–15 mm lg.; Kronb. 5, das untere (Schiffchen) groß, mit fransigem Anhängsel. ✳4–6. △ Kalkmagerrasen, trockne Kiefernwälder; zerstreut. Gebirge Mittel- und Südeuropas.

1

2

7

4

5

3b

3a

6

Tafel 63 Trockenrasen, Magerrasen, steinige Hänge, Mauern

Wolfsmilchgewächse / Euphorbiaceae

1 Warzen-Wolfsmilch, *Euphorbia brittingeri* Opiz. (*E. verrucosa* L.,), Pfl. 20–50 cm, bogig aufsteigend; B. wechselständig, oval, sitzend, fein gezähnt, hellgrün; Scheindolde meist 5strahlig; Hochb.hülle der Einzelbl.stände oval, nicht verwachsen, kurz gestielt; Drüsen des Bl.bechers oval, gelb; Frucht 3–4 mm lg., mit halbkugeligen oder zylindrischen Warzen. ✳ 5–6. △ Kalkmagerrasen, sonnige Böschungen; zerstreut. Mittel- und Südeuropa.

2 Zypressen-Wolfsmilch, *Euphorbia cyparissias* L., Pfl. 15–35 cm; B. wechselständig, schmal linealisch, 2–3 mm br., hellgrün; nichtblühende Triebe dicht beblättert, tannenwedelartig; Scheindolde 9–15strahlig; Hochb.hülle der Einzelbl.stände hellgelb, später rot, nicht verwachsen; Drüsen des Bl.bechers halbmondförmig, 2hörnig, gelb; Frucht warzig, dadurch fein punktiert. ✳ 4–6. △ Magerrasen, Wege, Böschungen; häufig. Oft von Rostpilzen befallen (Zwischenwirt des Erbsenrostes, *Uromyces pisi*). Europa.

Johanniskrautgewächse / Hypericaceae

3 Echtes Johanniskraut, *Hypericum perforatum* L., Pfl. 30–60 cm; St. 2kantig, markig; B. ei-länglich, dicht durchscheinend punktiert; B. 5zählig; Kelchb. lanzettlich, spitz, 4–5 mm lg., länger als der Fruchtknoten; Kronb. goldgelb, 10–15 mm lg. ✳ 7–8. △ Magerrasen, Brachland, sonnige Waldränder; verbreitet. Europa. – Ähnlich sind: **Geflecktes Johanniskraut,** *H. maculatum* Crantz mit 4kantigem, hohlem St. und stumpflichen, elliptischen Kelchb.; B. nicht oder wenig durchscheinend punktiert; Krone goldgelb; Silikatmagerrasen; kalkmeidend; verbreitet; Europa.

Cistrosengewächse / Cistaceae

4 Gewöhnliches Sonnenröschen, *Helianthemum nummularium* (L.) Mill., Pfl. 10–30 cm; B. lederig, eiförmig, Rand nach unten umgerollt, unterseits graufilzig, mit lanzettlichen Nebenb.; Bl. 15–25 mm br., gelb. ✳ 6–9. △ Kalkmagerrasen, trockne Kiefernwälder; ziemlich häufig. Mittel- und Südeuropa.

Röte- oder Krappgewächse / Rubiaceae

5 Echtes Labkraut, *Galium verum* L., Pfl. 20–70 cm; St. oben mit 4 erhabenen Linien; B. zu 6–12 quirlig, linealisch, 1 mm br., 1nervig, am Rand umgerollt, unterseits weichhaarig; Bl. in vielblütigen, dichten, rispenartigen, kaum unterbrochenen Bl.ständen; Krone 4teilig, gelb, 2–4 mm br., mit 4 spitzen Zipfeln. ✳ 6–9. △ Kalkmagerrasen, Wegränder, Föhrenwälder, auch Moorwiesen; häufig. Europa. – Sehr ähnlich ist *G. wirtgenii* F. Schultz, aber B. bis 2 mm br., kaum ungerollt, unterseits kahl, Bl.stand locker, unterbrochen; Trockenwiesen; Südwestdeutschland, Täler der Zentral- und Südalpen.

Lippenblütengewächse / Labiatae oder Lamiaceae

6 Berg-Gamander, *Teucrium montanum* L., Pfl. niederliegend, 5–35 cm, aromatisch riechend; B. schmal lanzettlich, 5–20 mm lg., ganzrandig, immergrün, lederig, unterseits dicht weißfilzig; Bl. am Ende der Zweige kopfig gehäuft, weißlich oder hellgelb; Kelch fast regelmäßig 5zähnig; Krone nur mit 5teiliger Unterlippe. ✳ 6–9. △ Sonnige Kalkmagerrasen, Fels-, Schuttfluren; zerstreut. Mittel- und Südeuropa.

2

6

1

3

4

5

Tafel 64   Trockenrasen, Magerrasen, steinige Hänge, Mauern

Lippenblütengewächse / Lamiaceae oder Labiatae

1 Aufrechter Ziest, *Stachys recta* L., Pfl. 20–60 cm; B. eiförmig-lanzettlich, rauhhaarig, untere gestielt, obere sitzend; Bl.quirl 6–10blütig; Kelchzähne 3eckig, mit kahler Stachelspitze. ✳ 6–10. △ Kalkmagerrasen, sonnige Waldränder, lichte Kiefern- und Eichenwälder; zerstreut. Mittel- und Südeuropa. – Ähnlich ist der **Einjährige Ziest,** *S. annua* L., aber Pfl. 10–30 cm, alle B. gestielt; Bl.quirl 4–6blütig; Kelchzähne lanzettlich, mit behaarter Spitze; Äcker, Weinberge, selten; hauptsächlich Süddeutschland, Südosteuropa. GefGr. 3!

Korbblütengewächse / Compositae oder Asteraceae

2 Gold-Aster, *Aster linosyris* (L.) Bernh., Pfl. 15–45 cm; B. linealisch, 1–2 mm br., 1nervig; Bl.köpfe 8–10 mm br., in doldenartiger Traube; Zungenbl. fehlend, Röhrenbl. goldgelb; Pappus gelblich; Früchte 3 mm lg. ✳ 8–9. △ Sandtrockenrasen, Trocken- und Halbtrockenrasen, sonnige Hänge, Waldränder; ziemlich selten. Mittel- und Südeuropa.

3 Sand-Strohblume, *Helichrysum arenarium* (L.) Moench, Pfl. 10–30 cm, weißwollig; Rosettenb. spatelförmig, gestielt; St.b. linealisch, stumpf, sitzend, alle B. wollig behaart; Bl.köpfe 6–7 mm br., kugelig, in dichter, endständiger Schirmtraube; Hüllb. glänzend goldgelb oder orange; Zungenbl. fehlend, Röhrenbl. gelblich. ✳ 7–8. Geschützt! △ Sandtrockenrasen, lichte Kiefernwälder, Wegränder, Dünen; zerstreut bis selten. Mittel- und Südeuropa. GefGr. 2! – Ähnlich sind noch: **Gewöhnliches Sonnengold** oder **Immortelle,** *H. stoechas* (L.) DC., aber B. linealisch, mit eingerolltem Rand, beim Zerreiben curry-artig riechend; Hülle halbkugelig, innere Hüllb. 2mal so lg. wie die äußeren; Felsensteppen; Südwesteuropa. – **Italienisches Sonnengold,** *H. italicum* (Roth) Guss. mit zylindrischer bis glockenförmiger Hülle; innere Hüllb. 3–4mal so lg. wie die äußeren; B. mit umgerolltem Rand; Südwesteuropa.

4 Weiden-Alant, *Inula salicina* L., Pfl. 25–80 cm; St. kahl; B. länglich-lanzettlich, mit herzförmigen Grund st.umfassend, kahl am Rand gewimpert, netznervig; Bl.köpfe 25–35 mm br.; Hüllb. lanzettlich, am Rand bewimpert, Spitze zurückgebogen; äußere Bl. zungenförmig, innere röhrenförmig, gelb. ✳6–10. △ Halbtrockenrasen, Moorwiesen, Waldränder; zerstreut. Mittel- und Osteuropa, südlich bis Oberitalien.

5 Raukenblättriges Greiskraut, *Senecio erucifolius* L., Pfl. 30–120 cm; B. im Umriß eiförmig, tief 1–2fach fiederteilig, mit linealischen B.zipfeln; Bl.köpfe etwa 1,5 cm br.; in doldenartiger Rispe; Hülle meist glockenförmig, dazu noch eine 4–6blättrige Außenhülle; randliche Bl. zungenförmig, 6–8 mm lg., gelb; Frucht 1–2 mm lg., 6–8rippig, Pappus 6 mm lg. ✳ 8–10. △ Kalkmagerrasen, Halbtrockenrasen, trockne Moorwiesen, Raine; häufig. Europa, nördlich bis Südskandinavien. – Sehr ähnlich ist das **Jakobs-Greiskraut,** *Senecio jacobaea* L., aber B. mit breiteren B.abschnitten und größerem Endlappen; Außenhülle 1–3blättrig; Wegraine, Gebüsche, Waldränder; verbreitet; Fast ganz Europa.

3

2

1

4

5

Tafel 65 Trockenrasen, Magerrasen, steinige Hänge, Mauern

Korbblütengewächse / Compositae oder Asteraceae

1 Weidenblättriges Ochsenauge, *Buphthalmum salicifolium* L., Pfl. 20–60 cm; B. ei-lanzettlich, seidenhaarig, ganzrandig oder fein gezähnt; Bl.köpfe 3–6 cm br., einzeln, endständig; Bl.kopfboden mit lanzettlichen Spreub.; randliche Bl. zungenförmig, 2–3 mm br., gelb, innere Bl. röhrenförmig, zahlreich; randständige Frucht geflügelt-3kantig. ✻ 6–9. △ Kalkmagerrasen, Waldränder, lichte Eichen- und Kiefernwälder; verbreitet. Gebirge Mittel- und Südeuropas.

2 Arnika, Bergwohlverleih, *Arnica montana* L., Pfl. 20–50 cm, mit grundständiger, meist 4blättriger Rosette; St.b. gegenständig, eiförmig, spitz; Bl.köpfe 1 (selten bis 5), 5–8 cm br.; randliche Bl. zungenförmig, 2–3 cm lg. und 4–6 mm br. ✻ 6–7. Geschützt! △ Silikatmagerrasen, Moorwiesen; in den Alpen bis etwa 2500 m; zerstreut. Hauptsächlich Gebirge Mitteleuropas, nördlich bis Südschweden, südlich bis Nordspanien, Pyrenäen. GefGr. 3!

3 Färberkamille, *Anthemis tinctoria* L., Pfl. 20–50 cm, aufrecht oder aufsteigend; B. gefiedert, mit kammförmig gesägten Fiederb., behaart; Bl.köpfe 2–5 cm br.; Bl.kopfboden halbkugelig, mit lanzettlichen, spitzen Spreub.; Randbl. zungenförmig, 8–15 mm lg., gelb, innere Bl. röhrenförmig; Hüllb. filzig, dachziegelig; Hülle halbkugelig. ✻ 6–9. △ Trockenrasen, Wegränder, Felssteppen; zerstreut; früher wurden die Bl. zum Färben verwendet. Europa.

4 Golddistel, *Carlina vulgaris* L., Pfl. 15–40 cm; St. mehrköpfig; B. länglich-lanzettlich, buchtig dornig gezähnt, wellig; Bl.köpfe 2–3 cm br.; innere Hüllb. strohgelb. ✻ 7–9. △ Sonnige Magerrasen, Weg- und Waldränder, lichte Eichen- und Kiefernwälder; verbreitet. Europa.

5 Kleines Habichtskraut, Mausohr, *Hieracium pilosella* L., Pfl. 5–25 cm, mit oberirdischen, entfernt und klein beblätterten Ausläufern; St. b.los oder nur mit 1–2 schuppigen B., 1köpfig; grundständige B. schmal eiförmig, ganzrandig, unterseits graufilzig; Hüllb. 1–2 mm br., linealisch, graufilzig; nur mit Zungenbl., diese hellgelb, außen oft rot gestreift; Früchte 1–2,5 mm lg., mit weißem Pappus. ✻ 5–10. △ Magerrasen, Heiden, lichte Föhrenwälder. Fast ganz Europa. – Ähnlich ist das **Öhrchen-Habichtskraut,** *H. auricula* L., aber St. 2–5köpfig, b.los oder nur mit 1 B.; Pfl. 10–25 cm, mit Ausläufer, deren B. gegen die Ausläuferspitze größer werdend; Grundb. spatelförmig, blaugrün, am Rand und am Grund behaart; Magerrasen, Moorwiesen; verbreitet.

Tafel 66   Fettwiesen und -weiden

Hahnenfußgewächse / Ranunculaceae

1 Scharfer Hahnenfuß, *Ranunculus acris* L., Pfl. 30–100 cm, anliegend behaart oder kahl; Grundb. 3–5teilig, die Abschnitte nochmals tief in lineal-lanzettliche Zipfel zerteilt; Bl.stiele rund (nicht gefurcht); Bl. 5zählig, 2–3 cm br.; Kelchb. den Kronb. anliegend; Früchtchen mit kurzem Schnabel. ✳ 5–9. △ Wiesen, Weiden, Wegränder; häufig. Europa.

Rosengewächse / Rosaceae

2 Gewöhnlicher Frauenmantel, *Alchemilla vulgaris* L., Pfl. 10–30 cm; B. rundlich, 2–12 cm br., zu $^1/_3$–$^2/_3$ in 7–11 gezähnte, halbkreisförmige, trapezförmige oder 3eckige Lappen geteilt, kahl, zerstreut bis dicht anliegend oder abstehend behaart; Behaarung des St. und des reich verzweigten Bl.standes ebenso variabel; Bl. 2–4 mm br., gelbgrün, in lockeren Knäueln; Kronb. fehlend, Kelchb. 2reihig, 4 innere und 4 äußere; Staubb. 4. ✳ 5–8. (Äußerst formenreiche Sammelart mit zahlreichen Kleinarten). △ Fettwiesen und -weiden, Naßwiesen, Quell- und Hochstaudenfluren, Waldränder; verbreitet. Fast ganz Europa.

Schmetterlingsblütengewächse / Fabaceae oder Papilionaceae

3 Wiesen-Platterbse, *Lathyrus pratensis* L., Pfl. 30–100 cm; B. mit 2 länglich-lanzettlichen, parallelnervigen Fiederb. und Endranke; Nebenb. fast so groß wie die Fiederb.; St. kantig; Bl. 10–15 mm lg., gelb, in 3–10blütigen Trauben. ✳ 6–8. △ Fettwiesen, Moorwiesen, Ufer, Waldränder; verbreitet. Fast ganz Europa.

Lippenblütengewächse / Labiatae oder Lamiaceae

4 Zottiger Klappertopf, *Rhinanthus alectorolophus* (Scop.) Poll., Pfl. 10–60 cm; St. 1fach oder verzweigt, oben zottig behaart; St.b. oval bis ei-lanzettlich, scharf gesägt, kurzhaarig, gegenständig; Bl. einzeln in den Achseln bleichgrüner, zottig behaarter Tragb., diese mit gleichmäßigen, spitzen Zähnen (beim **Begrannten Klappertopf,** *Rh. aristatus* Celak. mit plötzlich stark aufwärtsgekrümmter Kronröhre und kahlem Kelch, Tragb. am Grund mit grannenartig zugespitzten Zähnen); Kelch zottig behaart; Krone 18–23 mm lg., mit aufwärts gebogener Röhre, gelb; Zahn der Oberlippe länger als br., blauviolett, 1–2 mm lg. ✳ 5–7. △ Fettwiesen, Halbtrockenrasen, Getreidefelder; verbreitet. Hauptsächlich Mitteleuropa. – Ähnlich ist auch der **Große Klappertopf,** *Rh. serotinus* (Schönh.) Oborny mit ebenfalls leicht gekrümmter Kronröhre, aber St. fast kahl; Kelch und Tragb. kahl, letztere lg. zugespitzt, ungleich gezähnt. ✳ 5–9. △ Feuchte Wiesen; verbreitet.

Korbblütengewächse / Compositae oder Asteraceae

5 Wiesen-Bocksbart, *Tragopogon pratensis* L., Pfl. 30–70 cm; B. schmal lanzettlich, lg. zugespitzt, ganzrandig; Stiele unter den Bl.köpfen nicht oder kaum verdickt; Hüllb. meist 8, 2–3 cm lg., über dem Grund eingeschnürt; Bl.köpfe 3–5 cm br., nur mit Zungenbl., gelb; Frucht geschnäbelt, Pappushaare federig, ineinander verwebt. ✳ 5–7. (Formenreich, mit mehreren Kleinarten. △ Fettwiesen, Wegränder, Halbtrockenrasen; verbreitet. Fast ganz Europa.

6 Gemeiner oder **Wiesen-Löwenzahn,** *Taraxacum officinale* Web., Pfl. 10–40 cm, mit lg. Pfahlwurzel; B. rosettenständig, länglich, stark gelappt, fiederspaltig oder gezähnt, grasgrün; St. 1köpfig, hohl, b.los; äußere Hüllb. der 3–6 cm br. Bl.köpfe zurückgeschlagen, linealisch; Bl. gelb; Frucht lg. geschnäbelt. ✳ 4–7. △ Fettwiesen und -weiden, Wege, Äcker, Schutt; häufig. Europa.

Tafel 67 Gewässer, Moore, Sümpfe

Schwertliliengewächse / Iridaceae

1 Wasser-Schwertlilie, *Iris pseudacorus* L., Pfl. 50–100 cm, mit dickem Rhizom; B. schwertförmig, 1–3 cm br., kürzer als die runde, mehrblütige St.; Bl. gelb; äußere 3 Bl.b. 4–8 cm lg., eiförmig, innere 3 Bl.b. linealisch, viel kürzer, die Narben nicht überragend; Fruchtkapsel stumpf 3kantig, 4–5 cm lg. ✳ 5–6. Geschützt! △ Sümpfe, Ufer, Gräben, Altwasser, Verlandungsgesellschaften; verbreitet. Fast ganz Europa.

Seerosengewächse / Nymphaeaceae

2 Gelbe Teichrose, Mummel, *Nuphar lutea* (L.) Sm., Wasserpfl. mit dickem, verzweigtem Rhizom; B. schwimmend, br. eiförmig, 10–30 cm lg., Seitennerven nicht miteinander verbunden; B.stiele bis 3 m lg.; Bl. 3–5 cm br.; Bl.b. 5, gelb, außerdem 7–24 spatelförmige, gelbe Nektarb.; Narbenscheibe 15–20strahlig, in der Mitte trichterförmig vertieft; Frucht birnenförmig. ✳ 6–8. Geschützt! △ Nährstoffreiche, stehende oder langsam fließende Gewässer bis in 4 m Wassertiefe; ziemlich häufig. Fast ganz Europa. – Ähnlich ist die **Kleine Teichrose,** *N. pumila* (Timm) DC., aber Bl. 2–3 cm br.; B. 5–12 cm lg.; Narbenscheibe 8–10strahlig, sternförmig ausgerandet, flach; nährstoffarme Moor- und Gebirgsseen, selten; Eiszeitrelikt. Geschützt! GefGr. 1!

Hahnenfußgewächse / Ranunculaceae

3 Sumpf-Dotterblume, *Caltha palustris* L., Pfl. 15–40 cm; St. hohl, mehrblütig; B. herz- bis nierenförmig, gekerbt, dunkelgrün, glänzend, bis 15 cm br.; Bl.b. 5, innen glänzend, leuchtend gelb. ✳ 4–6. △ Sumpfwiesen, Ufer, Gräben, Auenwälder, in den Alpen bis über 2400 m; verbreitet, aber durch Entwässerungen mancherorts gefährdet. Europa.

4 Brennender Hahnenfuß, *Ranunculus flammula* L., Pfl. 10–50 cm; untere B. elliptisch, obere lanzettlich, sitzend, bis 10 cm lg.; St. niederliegend bis aufsteigend, nur an den unteren Knoten wurzelnd (beim Ufer-Hahnenfuß, *R. reptans* L., St. an allen Knoten wurzelnd); Bl. 8–15 mm br. gelb. ✳ 6–10. Giftig! △ Sumpfwiesen, Gräben, Schlammböden, Erstbesiedler; verbreitet. Fast ganz Europa. – Ähnlich ist der **Zungen-Hahnenfuß,** *R. lingua* L., aber Bl. 3–4 cm br., B. bis 25 cm lg.; Pfl. 50–150 cm; Ufer, Gräben, auf schlammigem Boden; selten. Fast ganz Europa. Geschützt! GefGr. 3!

5 Trollblume, *Trollius europaeus* L., Pfl. 30–60 cm; B. handförmig geteilt, deren Abschnitte 3teilig, mit ungleichen Zipfeln; Bl. zu 1–3, kugelförmig, 3–5 cm br.; Bl.hüllb. 10–15, gelb. ✳ 5–7. Geschützt! △ Sumpfwiesen, Flachmoore, Bachränder, Bergwiesen; in den Alpen bis 2400 m; zerstreut. Nord- und Mitteleuropa, Gebirge Südeuropas. GefGr. 3!

1

2

3

4

5

Tafel 68   Gewässer, Moore, Sümpfe

Primelgewächse / Primulaceae

1 Gewöhnlicher Gilbweiderich, *Lysimachia vulgaris* L., Pfl. 50–150 cm; St. rundlich, zottig; B. gegenständig oder zu 3 quirlständig, ei-lanzettlich, bis 14 cm lg., drüsig punktiert; Bl. in kurzen, gestielten Trauben oder Rispen; Kronb. oval, 7–12 mm lg., gelb; Kronzipfel am Rand kahl; Kelchzipfel rötlich berandet. ✳ 6–8. △ Quellen, Gräben, Ufer, Streuwiesen, Erlenbruch-, Auenwälder; verbreitet. Europa. – Ähnlich ist der **Drüsige Gilbweiderich** oder **Tüpfelstern,** *L. punctata* L., aber Kronzipfel drüsig bewimpert; Kelchzipfel grün; St. 4kantig, drüsig-weichhaarig; B. zu 3–4 quirlständig, lanzettlich-eiförmig, bis 10 cm lg. ✳ 6–8; Zierpfl. und gelegentlich an Ufern und in Auenwäldern verwildert; Ost- und Südosteuropa, Ostbayern, Ostalpen.

Borretschgewächse / Boraginaceae

2 Karlszepter, *Pedicularis sceptrum-carolinum* L., Pfl. 30–100 cm, stattlichste Art der Gattung; B. 10–30 cm lg., bis auf den Mittelnerv fiederteilig; Bl.stand locker, lang; Krone hellgelb, 3 cm lg.; Unterlippe rot gerandet, Oberlippe sichelförmig. ✳ 6–8. Geschützt! △ Moorwiesen, Flachmoore; selten. Nord- und Mitteleuropa. GefGr. 1!

Wasserschlauchgewächse / Lentibulariaceae

3 Gewöhnlicher Wasserschlauch, *Utricularia vulgaris* L., Pfl. meist frei schwimmend, untergetaucht, 10–200 cm lg., nur Bl. über dem Wasser; B. 2–8 cm lg., mehrfach in haarförmige Abschnitte zerteilt, daran 1–4 mm große Fangbläschen oder Schläuche zum Einfangen von Plankton (zusätzliche Ernährung); Bl. zu 3–15 in Trauben, leuchtend gelb, 13–20 mm lg. ✳ 6–8. △ Stehende oder langsam fließende, meist nährstoffreiche Gewässer, Gräben; zerstreut bis selten. Europa.

Korbblütengewächse / Compositae oder Asteraceae

4 Wasser-Greiskraut, *Senecio aquaticus* Huds., Pfl. 15–60 cm; B. fiederteilig, gelbgrün, mit nach vorne gerichteten, schmalen Abschnitten und großem Endlappen; Grundb. oft ungeteilt; Bl.köpfe 2–3 cm br., in doldenartiger Rispe, mit 1–3blättriger, kurzer Außenhülle; Zungenbl. 10–12 mm lg., gelb. ✳ 6–8. △ Naß- und Moorwiesen, Gräben, Quellen; häufig. Fast ganz Europa. – In Verlandungsgesellschaften mit Seggen und Röhrichte wächst das **Sumpf-Greiskraut,** *S. paludosus* L., Pfl. 80–150 cm; B. lineal-lanzettlich, scharf gesägt, unterseits graufilzig, 8–14 cm lg.; Bl.köpfe 3–4 cm br., gelb, zu 10–30 in doldenartiger Rispe, mit 10–20 Zungenbl.; zerstreut. GefGr. 3!

2

3

1

4

Tafel 69 Wälder, Waldränder, Gebüsche, Auen

Bäume und Sträucher

Sauerdorn- oder Berberitzengewächse / Berberidaceae

1 Berberitze, Sauerdorn, *Berberis vulgaris* L., sommergrüner Strauch, bis 3 m; Langtriebe mit 1–7, meist 3teiligen Dornen, in deren Achseln Kurztriebe mit Büscheln von verkehrt-eiförmigen, stechend gewimperten, 2–6 cm lg. B.; Bl. 6zählig, in vielblütigen, hängenden Trauben; Kelchb. und Kronb. gelb; Beere länglich, rot, 8–11 mm lg. ✴ 5–6. △ Hecken, Waldränder, Auenwälder, lichte Laub- und Kiefernwälder; zerstreut. Zwischenwirt des Getreiderostes. Hauptsächlich Mittel- und Südeuropa, nördlich bis Südskandinavien.

Ahorngewächse / Aceraceae

2 Berg-Ahorn, *Acer pseudoplatanus* L., Baum bis 30 m; B. über 10 cm br., 5lappig, mit spitzen Buchten und ungleich grob gezähnten Abschnitten, unterseits graugrün; Bl. gelbgrün, in hängenden 5–15 cm lg. Trauben; Kelchb. und Kronb. 5, frei; jede Teilfrucht mit einem 4–6 cm lg. Flügel, diese zusammen einen spitzen Winkel bildend. ✴ 5–6. △ Schluchtwälder, Buchen-Mischwälder; Bergwälder, in den Alpen oft bis fast zur Waldgrenze; ziemlich häufig. Mittel- und Südeuropa.

3 Spitz-Ahorn, *Acer platanoides* L., Baum bis 30 m; B. über 10 cm br., 3–7lappig, beiderseits dunkelgrün, glänzend; B.lappen lg. zugespitzt, mit spitzen Zähnen und gerundeten Buchten; Bl. gelbgrün, mit den B. erscheinend, in abstehenden, doldenartigen Rispen; die Flügel der Frucht einen stumpfen Winkel bildend bis fast waagrecht abstehend. ✴ 4–5. △ Krautreiche Laubwälder mit Eiche, Linde, Ulme; in den Alpen selten über 1000 m; zerstreut. Südschweden, Mitteleuropa, südlich bis Pyrenäen, Apennin, Griechenland. – Ähnlich ist die **Bastard-Platane,** *Platanus hybrida* Brot. (Platanengewächse / Platanaceae), B. handförmig, 3–5teilig, Lappen spitz, ganzrandig oder mit großen, spitzen, gebogenen Zähnen, Mittellappen am Grund breiter als lg.; Rinde in Schuppen abblätternd; Bl. in dichten, kugeligen, 1geschlechtigen, 1 cm br., hängenden Köpfen; als Parkbaum gepflanzt; Bastardart aus *P. occidentalis* (heimisch in Nordamerika) und *P. orientalis* (heimisch in Südosteuropa, Asien). – Die **Morgenländische Platane,** *P. orientalis* L., hat 5–7lappige, gezähnte B.; Mittellappen am Grund schmäler; Auenwälder; frostempfindlich; Südosteuropa.

4 Feld-Ahorn, *Acer campestre* L., Baum oder Strauch 3–15 m; B. 5–8 cm br. (3–) 5lappig, Lappen stumpf, in mittleren jederseits mit einem großen, stumpfen Zahn, die beiden seitlichen meist ganzrandig; Bl. in doldigen, aufrechten Bl.ständen; Bl.stiele und Bl.hülle dicht behaart; Früchte anfangs filzig behaart, deren Flügel waagrecht abstehend. ✴ 5–6. △ Auenwälder, Eichen-Hainbuchenwälder, Hecken; in den Alpen kaum über 1000 m; häufig. Mittel- und Südeuropa. – Ähnlich sind noch: **Schneeballblättriger Ahorn,** *A. opulifolium* All. (*A. opalus* aut.), Baum bis 12 m; B. mit 3 grob stumpf gekerbten Lappen, unterseits graugrün; Bl. in sitzenden Dolden, vor den B. erscheinend; wärmeliebende Eichenwälder; Südschwarzwald, Schweizer Jura, Alpen, Cevennen, Pyrenäen, Südwesteuropa; GefGr. 4!

Kreuzdorngewächse / Rhamnaceae

5 Echter, Purgier-Kreuzdorn, *Rhamnus cathartica* L., Strauch 1–3 m; Zweige und B. gegenständig; Zweigspitzen meist dornig; B. rundlich bis br. eiförmig, 4–6 cm lg., jederseits mit 2–3 bogenförmigen Seitennerven; B.stiel viel länger als die Nebenb.; Bl. zu 2–8 in den B.achseln, gelbgrün, 4zählig, 4–5 mm br.; Beere 6–8 mm br., schwarz. ✴ 5–6. △ Sonnige Hecken, Waldränder, lichte Wälder, Magerweiden; zerstreut; Südskandinavien, Mittel- und Südeuropa.

152

Tafel 70 Wälder, Waldränder, Gebüsche, Auen

Bäume und Sträucher

Lindengewächse / Tiliaceae

1 Winter-Linde, *Tilia cordata* Mill., Baum bis 25 m; B. herzförmig, 3–8 cm br., gesägt, oberseits matt, dunkelgrün, unterseits blaugrün, in den Nervenwinkeln rostrot oder gelblich behaart, sonst kahl; B.stiele kahl, Triebe kahl; Bl.stand 4–10blütig, dessen flügelartiges Tragb. 4–8 cm lg.; Bl. 5zählig; Kronb. 4–8 mm lg., gelblich-weiß; junge Zweige und Knospen olivgrün bis rötlich; Frucht dünnwandig, lederig, undeutlich kantig. ✷ 6–7. △ Laubmischwälder mit Eiche, Hainbuche, Ahorn, Ulme; in wintermilden Klimalagen; zerstreut; in den Alpen kaum über 1000 m. Südskandinavien, Mittel- und Südeuropa. – Die **Krim-Linde,** *T. euchlora* Koch, eine Bastardart, hat glänzende, dunkelgrüne B. und B.zähne mit Grannenspitze; junge Zweige und Knospen gelbgrün, im Winter gelb-rot; Allee- und Parkbaum.

2 Sommer-Linde, *Tilia platyphyllos* Scop. (*T. grandifolia* Ehrh.), Baum bis 30 m; B. 5–15 cm br., oberseits meist kurzhaarig, unterseits in den Nervenwinkeln büschelig weißbärtig, sonst kurzhaarig; B.stiel behaart; Triebe behaart; Bl.stand 2–5blütig, mit flügelartigem, 5–12 cm lg. Tragb.; Frucht dickwandig, holzig, 5kantig. ✷ 6. △ Laubwälder; zerstreut. Mittel- und Südeuropa.

Hartriegelgewächse / Cornaceae

3 Kornelkirsche, *Cornus mas* L., Strauch 2–6 m; junge Zweige grün; B. gegenständig, ei-lanzettlich, 5–8 cm lg., beiderseits grün, unterseits in den Nervenwinkeln behaart, mit 3–4 Nervenpaaren; Bl. gelb, vor den B. erscheinend, an Kurztrieben zu 10–20 in kugeligen Dolden, diese mit 4blättriger, gelbgrüner Hochb.hülle; Kronb. 2–3 mm lg.; Frucht länglich, 1–2 cm lg., rot, saftig. ✷ 3–4. △ Lichte Eichenwälder, Gebüsche; häufig gepflanzt und verwildert, selten ursprünglich; Mittel- und Südosteuropa.

Geißblattgewächse / Caprifoliaceae

4 Trauben-Holunder, *Sambucus racemosa* L., Strauch 1–4 m; St.mark gelbbraun; B. beiderseits hellgrün, mit länglich lanzettlichen Fiederb.; Bl.stand eine eiförmige Rispe, mit den B. erscheinend; Krone grünlichgelb; Beeren rot und eßbar. ✷ 4–5. △ Nadel- und Mischwälder, Kahlschläge, Schutthalden; in den Alpen bis ca. 2000 m; verbreitet. Mitteleuropa, südlich bis Pyrenäen, Norditalien, Bulgarien.

1

4

3

2

Tafel 71 Wälder, Waldränder, Gebüsche, Auen

Aronstabgewächse / Araceae

1 Gefleckter Aronstab, *Arum maculatum* L., Pfl. 15–40 cm; B. pfeilförmig, 10–20 cm lg., grün, selten gefleckt; Bl. klein, an einem Kolben sitzend, unten die ♀, dann die ♂, darüber zu Sperrhaken umgewandelte Bl.; Kolben oben bl.los, violett, ganzer Kolben (mit Bl.) umgeben von einer 10–25 cm lg., tütenförmigen, gelbgrünen Hochb.scheide (Spatha); Beere rot. ✽ 4–6. Giftig! △ Auenwälder, Laubmischwälder, Hecken; häufig. Gleitfallenblumen (Bestäubung erfolgt durch Fliegen). Mittel- und Südeuropa.

Liliengewächse / Liliaceae

2 Wald-Gelbstern, *Gagea lutea* (L.) Ker-Gawl. (*G. sylvatica* Loud.), Pfl. 10–30 cm, nur mit 1 Zwiebel, Nebenzwiebeln fehlend; mit 1 grundständigem B., 6–12 mm br.; Bl.stand doldenartig; Bl.b. frei, sternförmig abstehend, gelb. ✽ 4–5. △ Auenwälder, Laubwälder, Gebüsche, Obstgärten; verbreitet. Fast ganz Europa.

Knabenkrautgewächse oder Orchideen / Orchidaceae

3 Frauenschuh, *Cypripedium calceolus* L., Pfl. 15–50 cm; B. eiförmig bis länglich, 6–12 cm lg., st.umfassend, hellgrün, am Rand und auf den Nerven fein behaart; Bl. zu 1–2, auffällig, groß; Bl.b. rotbraun, lanzettlich, die beiden unteren auf $^4/_5$ verwachsen; Lippe pantoffel- oder schuhförmig, gelb und dunkel geadert und gefleckt, 3–4 cm lg. und bis 3 cm br.; Staubb. 2 (übrige Gattungen nur mit 1 Staubb.). ✽ 5–7. Geschützt! △ Lichte, gras- und krautreiche Laub- und Nadelwälder, Gebüsche, kalkhaltige Böden; in den Alpen bis etwa 1600 m (selten höher); selten, vielerorts ausgerottet. Hauptsächlich Nord- und Mitteleuropa, im Mittelmeerraum fehlend. GefGr. 2!

Hahnenfußgewächse / Ranunculaceae

4 Gelbes Windröschen, *Anemone ranunculoides* L., Pfl. 10–20 cm; Grundb. zur Bl.zeit noch fehlend; St.b. 3, fast quirlständig, kurz gestielt oder fast sitzend, 4–8 cm lg., bis zum Grund 3teilig, Abschnitte grob gezähnt oder eingeschnitten; Bl. 2 cm br., meist zu 2; Bl.b. 5, gelb, außen behaart; Früchtchen dicht borstig kurzhaarig. ✽ 4–5. △ Auenwälder, feuchte Laubmischwälder; ziemlich selten. Fast ganz Europa, nördlich bis Südskandinavien, südlich bis Nordspanien, Mittelitalien, Albanien.

5 Scharbockskraut, *Ranunculus ficaria* L. (*Ficaria verna* Huds.), Pfl. 5–20 cm, niederliegend, oft an den Knoten wurzelnd; B. rundlich-herzförmig, entfernt stumpf gezähnt, stark glänzend; Bl. gelb, 2–3 cm br.; Blb. 3, kelchb.artig; Nektarb. 8–12, kronb.artig, ei-länglich, gelb. ✽ 3–5. △ Auenwälder, Mischwälder, Obstgärten, Hecken; verbreitet. Europa.

1

2

4

3

5

Tafel 72 Wälder, Waldränder, Gebüsche, Auen

Hahnenfußgewächse / Ranunculaceae

1 Wolliger Hahnenfuß, *Ranunculus lanuginosus* L., Pfl. 30–70 cm, abstehend dicht behaart; grundständige B. handförmig geteilt, Abschnitte mit br. eiförmigen, gesägten Zipfeln; Bl.stiele rund, nicht gefurcht; Bl. orangegelb, 2–2,5 cm br.; Früchtchen mit hakig gebogenem bis eingerolltem Schnabel; Fruchtboden kahl. ✳ 5–7. △ Mischwälder, Auen- und Schluchtwälder; zerstreut. Mittel- und Südeuropa, (östlich). – Der **Wald-** oder **Hain-Hahnenfuß,** *R. nemorosus* DC. hat längs gefurchte Bl.stiele und 3teilige Grundb. (formenreich); krautreiche Eichen- und Buchenmischwälder, Bergwiesen, Trockenrasen; zerstreut.

Kreuzblütengewächse / Cruciferae oder Brassicaceae

2 Weiße oder **Quirlblättrige Zahnwurz,** *Dentaria enneaphyllos* L., Pfl. 20–30 cm; St.b. zu 3, fast quirlständig, 3zählig; Krone gelblichweiß. ✳ 4–5. △ Buchen- und Buchen-Tannenwälder; selten. Gebirge Mittel- und Südeuropas, (östlich).

Steinbrechgewächse / Saxifragaceae

3 Wechselblättriges Milzkraut, *Chrysosplenium alternifolium* L., Pfl. 5–20 cm, rasenbildend, mit fadenförmigen Ausläufern; Grundb. rundlich-nierenförmig, 2–5 cm br., am Grund tief herzförmig, gekerbt, lg. gestielt; St.b. ähnlich, wechselständig; St. 3kantig; Bl.stand doldenartig, mit gelblichen Hochb.; Bl.hülle 1fach, 4zählig, grünlichgelb, 5–6 mm br.; Staubb. 8. ✳ 3–5. △ Auenwälder, Schluchtwälder, Ufer; ziemlich häufig. Fast ganz Europa, südlich bis Mittelitalien. – Ähnlich ist das **Gegenblättrige Milzkraut,** *Ch. oppositifolium* L., aber St. 4kantig, B. gegenständig. ✳ 4–5. △ Quellfluren, Schluchtwälder; zerstreut.

Rosengewächse / Rosaceae

4 Echte Nelkenwurz, *Geum urbanum* L., Pfl. 30–60 cm; Grundb. lg. gestielt, gefiedert, mit großer Endfieder, alle Fiederb. grob gezähnt und eingeschnitten; Nebenb. groß, b.artig; St. mehrblütig; Bl. 5zählig, aufrecht, ausgebreitet, 1–2 cm br.; Kronb. gelb, so lg. wie die inneren Kelchb.; Griffel hakig gekrümmt, unten kahl, oben federig. ✳ 5–9. △ Laubmischwälder, Gebüsche, Mauern, schattige Zäune; verbreitet. Fast ganz Europa.

Schmetterlingsblütengewächse / Fabaceae oder Papilionaceae

5 Besenginster, *Sarothamnus scoparius* (L.) Koch (*Cytisus s.* (L.) Link), Zwergstrauch 50–200 cm, mit aufrechten, verzweigten St. und rutenförmigen, 4–5kantigen, grünen Zweigen; untere B. 3zählig, obere B. 1fach, lanzettlich, 5–20 mm lg.; Bl. zu 1–2, b.achselständig; Kelch kahl; Krone 20–25 mm lg., gelb; Griffel sehr lg., spiralig eingerollt; Hülse 3–5 cm lg., behaart. ✳ 5–6. △ Waldränder, Kahlschläge, bodensaure Eichenwälder und Heiden; kalkmeidend; häufig. Südskandinavien, Mittel- und Südeuropa, (westlich).

Wolfsmilchgewächse / Euphorbiaceae

6 Mandelblättrige Wolfsmilch, *Euphorbia amygdaloides* L., Pfl. 30–60 cm, mit vielen nichtblühenden, dicht beblätterten St., diese verholzen und treiben im nächsten Jahr blühende St.; B. wechselständig, ei-lanzettlich, 3–6 cm lg., wintergrün, unter dem Bl.stand gedrängt stehend; Bl.stand reichästig; Drüsen des Hüllbechers halbmondförmig; die beiden Hochb. der Einzelbl.stände zu einem rundlichen B. verwachsen; Fruchtkapsel kahl, fein punktiert, 3furchig. ✳ 4–5. △ Krautreiche Laubwälder mit Buche, Eiche, Hainbuche; zerstreut. Mittel- und Südeuropa.

Tafel 73   Wälder, Waldränder, Gebüsche, Auen

Springkrautgewächse / Balsaminaceae

1   Echtes Springkraut, Rühr mich nicht an, *Impatiens noli-tangere* L., Pfl.
30–80 cm; St. ästig; B. wechselständig, eiförmig, stumpf gezähnt, 3–10 cm lg.; Bl. zu
1–4, hängend, 2–3 cm lg. mit gekrümmtem Sporn, goldgelb; Fruchtkapsel spindelförmig, 2–3 cm lg., zur Reife aufspringend. ✳ 7–8. △ Auen, Schluchtwälder, feuchte
Laubwälder; häufig. Fast ganz Europa, südlich bis Mittelitalien.

2   Kleinblütiges Springkraut, *Impatiens parviflora* DC., Pfl. 30–60 cm; B. eiförmig,
zugespitzt, scharf gezähnt; Bl. 8–10 mm lg., in aufrechter, 4–10blütiger Traube,
hellgelb, mit geradem Sporn; Fruchtkapsel keulenförmig, 15–20 mm lg. ✳ 6–9.
△ Waldränder, Hecken, nährstoffreiche Laubwälder, Gärten. Ursprünglich Asien,
etwa seit 1840 aus botanischen Gärten verwildert; häufig.

Primelgewächse / Primulaceae

3   Gewöhnliche Schlüsselblume, Wald-Primel, *Primula elatior* (L.) Hill., Pfl.
10–20 cm; B. grundständig, 10–20 cm lg., allmählich in den geflügelten Stiel verschmälert, unregelmäßig gezähnt; Bl. in vielblütiger, 1seitswendiger Dolde; Kelch
8–13 mm lg., eng anliegend, schlank, mit lanzettlichen Kelchzähnen; Krone hellgelb,
mit flachem Saum. ✳ 3–5. Geschützt! △ Krautreiche Laubwälder, Auen- und
Schluchtwälder, Bergwiesen; häufig. Mitteleuropa.

4   Frühlings-, Wiesen-Schlüsselblume, *Primula veris* L. (*P. officinalis* L.), Pfl.
10–20 cm; B.spreite vom geflügelten Stiel scharf abgesetzt; Kelch bauchig, glockig,
mit eiförmigen Kelchzähnen; Krone dottergelb, mit roten Schlundflecken und glok-
kig vertieftem Saum. ✳ 4–6. △ Waldränder, Eichenwälder, Kalkmagerrasen; verbreitet. Mitteleuropa.

5   Hain-Gilbweiderich, *Lysimachia nemorum* L., Pfl. 10–30 cm, niederliegend bis
aufsteigend; St. am unteren Teil wurzelnd; B. gegenständig, eiförmig, zugespitzt,
2–3 cm lg., kurz gestielt; Bl. einzeln in den Achseln der oberen B., 10–15 mm br.,
gelb; Kelchzipfel pfriemlich. ✳ 5–8. △ Feuchte Laubmischwälder, Waldwege, quellige Waldstellen; zerstreut. Fast ganz Europa.

6   Pfennigkraut, *Lysimachia nummularia* L., Pfl. 10–50 cm, niederliegend, weit kriechend; B. gegenständig, rundlich oder elliptisch, stumpf; Bl. in den Achseln der
mittleren B., gelb, 1–2 cm br.; Kelchzipfel herzförmig. ✳ 5–8. △ Auenwälder, Ufer,
Gräben, feuchte Wiesen und Weiden; verbreitet. Fast ganz Europa, im Mittelmeerraum fehlend.

Tafel 74 Wälder, Waldränder, Gebüsche, Auen

Borretschgewächse / Boraginaceae

1 Knoten-Beinwell, *Symphytum tuberosum* L., Pfl. 25–50 cm, mit unregelmäßig, knollig verdicktem Rhizom, ohne Ausläufer; St. 1fach oder nur oben ästig; B. eiläng- lich, 3–12 cm lg., allmählich in den Stiel verschmälert, kaum herablaufend (im Ge- gensatz zum Gemeinen Beinwell); Bl. 15–20 mm lg., blaßgelb; Schlundschuppen die Kronzipfel nicht überragend. ✳ 4–5. △ Krautreiche Laubwälder, Auenwälder, Hoch- staudengebüsch; zerstreut bis selten. Süddeutschland, Alpen und Vorland, Süd- europa. – Ähnlich ist der **Knollen-Beinwell,** *S. bulbosum* C. Schimper, aber Pfl. mit Ausläufern, Rhizom dünn, mit kugeligen Knollen; B. plötzlich in den Stiel verschmä- lert; Schlundschuppen die Kronzipfel überragend; Parkanlagen, Waldränder, Wein- berge; verwildert; Südeuropa.

Lippenblütengewächse / Lamiaceae oder Labiatae

2 Goldnessel, *Galeobdolon luteum* Huds. (*Lamium galeobdolon* L.), Pfl. 20–50 cm, mit oberirdischen Ausläufern; B. ei-lanzettlich, spitz, gezähnt, 3–8 cm lg.; Bl. zu mehreren in den Achseln der oberen B.; Krone 15–25 mm lg., gelb, Unterlippe mit roten Flecken; bei ssp. *galeobdolon* ist der St.grund nur an den Kanten behaart, die obersten B. eiförmig, gekerbt und die Bl.halbquirle 2–3blütig; bei ssp. *montanum* (Pers.) Hayek ist der St.grund ringsum behaart, die obersten B. lanzettlich und scharf gezähnt und die Bl.halbquirle 4–8blütig. ✳ 4–7. △ Laub- und Nadelwälder; verbrei- tet. Fast ganz Europa.

3 Klebriger Salbei, *Salvia glutinosa* L., Pfl. 50–120 cm, drüsenhaarig, klebrig; Bl. lg. gestielt, Spreite am Grund spießförmig, grob gezähnt, 8–15 cm lg.; Bl.stand aus vielen quirlartigen, 4–6blütigen Teilbl.ständen; Bl. 3–10 mm lg. gestielt, hellgelb, rotbraun punktiert, 3–5 cm lg.; Staubb. 2; Kelch eng glockenförmig, klebrigdrüsig behaart. ✳ 7–10. △ Laubwälder, Bergmischwälder, Kahlschläge, Hochstauden- fluren; zerstreut. Gebirge Mittel- und Südeuropas.

Korbblütengewächse / Compositae oder Asteraceae

4 Mauerlattich, *Cicerbita muralis* (L.) Dum. (*Lactuca m.* L.), Pfl. 40–80 cm; St. hohl, oben rispig verzweigt; B. tief fiederteilig, mit eckigen Seitenfiedern und großen Endlappen, dunkelgrün, oft rot überlaufen; Bl.köpfe 5blütig, in lockeren Rispen; Bl. blaßgelb; ✳ 7–8. △ Krautreiche Laub- und Nadelwälder, Kahlschläge, schattige Mauern; verbreitet. Fast ganz Europa.

Tafel 75 Äcker, Schutt- und Kiesplätze, Wege

Süßgräser / Gramineae oder Poaceae

1 Taube Trespe, *Bromus sterilis* L., Pfl. 30–80 cm; B. 3–5 mm br., behaart; B.häutchen zerschlitzt und gefranst; B.scheiden weichhaarig; St. oben kahl; Rispe locker, allseitswendig, mit rauhen Ästen; Ährchen 2–3 cm lg., zur Spitze hin verbreitert; Granne länger ald die Deckspelze; untere Hüllspelze klein, 1nervig, obere größer, 3nervig. ✳ 6–7. △ Trockne Wegränder, Schutt, Mauern; häufig. Fast ganz Europa. – Ähnlich ist die **Dach-Trespe,** *Bromus tectorum* L., aber St. oben behaart, Rispe 1seitswendig, obere Äste weichhaarig; Wege, Dämme, Kiesgruben; Südskandinavien, Mittel- und Südeuropa. GefGr. 3! – Die **Acker-Trespe,** *B. arvensis* L., hat meist rotviolett überlaufene Ährchen; beide Hüllspelzen fast gleich lg., die untere 3–5nervig, die obere 7–9nervig; Wege, Schutt, Getreidefelder; Europa. GefGr. 3!

2 Einjähriges Rispengras, *Poa annua* L., Pfl. 5–25 cm, rasenbildend; B. flach, oberseits in der Mitte mit Doppelrinne (Schispur); B.häutchen 2–4 mm lg., weißlich, Rispe 2–5 cm lg., untere Rispenäste 1–2, glatt, waagrecht abstehend; Deckspelzen meist grün. ✳ Ganzjährig. △ Wege, Trittrasen, Äcker, Gärten; häufig. Europa. – Ähnlich ist das **Läger-Rispengras,** *Poa supina* Schrad., aber Deckspelzen meist braunviolett überlaufen, B.häutchen 0–2 cm lg.; Trittrasen und Lägerfluren der Gebirge Europas.

3 Gemeine Quecke, *Agropyron repens* (L.) P. B., Pfl. 30–150 cm, mit lg. Ausläufern; B. grün oder blaugrün, flach, 3–8 mm br., oberseits rauh, am Grund mit st.umfassenden Öhrchen; Ährchen flach, die Breitseite der Ährenachse zugewandt. ✳ 6–8. △ Äcker, Schutt, Wege, Dämme, Ufer, Flußauen; häufig. Europa.

4 Gemeiner Windhalm, *Apera spica venti* (L.) P. B., Pfl. 30–100 cm; B. 3–4 mm br., beiderseits rauh, flach; B.häutchen bis 6 mm lg.; Rispe bis 30 cm lg., lockerblütig, mit lg. Ästen; Ährchen 2–3 mm lg., 1blütig, mit 5–7 mm lg. Granne. ✳ 6–7. △ Getreideäcker, Ruderalstellen; kalkmeidend; verbreitet. Fast ganz Europa. – Der **Unterbrochene Windhalm,** *A. interrupta* (L.) P. B. hat flache oder eingerolle, etwa 1 mm br. B. mit 1–2 mm lg. B.häutchen; Rispe eng zusammengezogen, unregelmäßig unterbrochen, mit kurzen, aufrechten Ästen; Granne 10–15 mm lg.; Pfl. 20–40 cm; sandige, trockne Böden, Brachland; selten; Mittel- und Süddeutschland, Südeuropa.

1

2

3

4

Tafel 76   Äcker, Schutt- und Kiesplätze, Wege

Brennesselgewächse / Urticaceae

1 Große Brennessel, *Urtica dioica* L., Pfl. 2häusig, mit Brennhaaren, 30–120 cm; St. kantig, aufrecht; B. gegenständig, länglich, mit herzförmigem Grund, grob gesägt, dunkelgrün, 5–10 cm lg.; B.stiel flaumig behaart; Bl.rispen länger als der B.stiel. ✳ 7–10. △ Wege, Schutt, Auenwälder, Waldränder; häufig. Europa. – Ähnlich ist die **Kleine Brennessel,** *U. urens* L., aber Pfl. 1häusig, B. eiförmig, stumpflich, hellgrün, 2–4 cm lg.; Bl.rispe kürzer als die B.stiele; Gärten, Äcker, Unkrautfluren; häufig. Europa. – Die **Pillen-Brennessel,** *U. pilulifera* L. hat kugelige, gestielte Bl.stände; Schuttplätze; selten; Mittel- und Süddeutschland, Südeuropa.

Knöterichgewächse / Polygonaceae

2 Stumpfblättriger Ampfer, *Rumex obtusifolius* L., Pfl. 50–120 cm; B. länglich eiförmig, mit herzförmigem Grund, 10–30 cm lg.; innere Bl.b. jederseits mit 3–8 Zähnen, 1 oder alle 3 mit Schwielen. ✳ 6–8. △ Unkrautfluren, Schutt, Wege, Wiesen; häufig. Europa. – Ähnlich sind noch: **Knäuel-Ampfer,** *R. conglomeratus* Murray, B. lg. gestielt, länglich eiförmig, 5–20 cm lg.; Pfl. 30–80 cm, bis zur Spitze beblättert, zwischen den Bl.knäueln mit lanzettlichen Hochb.; innere 3 Bl.b. länglich, schmal, ganzrandig, ohne Zähne, 2–3 mm lg., alle 3 mit Schwielen; Ufer, Gräben, feuchte Äcker; verbreitet; Südskandinavien, Mittel- und Südeuropa. – **Blut-Ampfer,** *R. sanguineus* L., Bl.stand nur am Grund beblättert, nur 1 Bl.b. mit Schwiele, alle 3 Bl.b. ganzrandig; Auenwälder, Waldschläge; zerstreut; Südskandinavien, Mittel- und Südeuropa.

3 Krauser Ampfer, *Rumex crispus* L., Pfl. 30–120 cm; B. länglich lanzettlich, bis 30 cm lg., am Rand wellig-kraus; Bl.stand reichblütig; innere Bl.b. br. eiförmig, mit herzförmigem Grund, meist alle 3 mit Schwielen. ✳ 6–8. △ Unkrautfluren, Äcker, Gräben, Ufer, Wiesen, Weiden; häufig. Europa.

4 Kleiner Sauerampfer, *Rumex acetosella* L., Pfl. 10–30 cm; B. sauer schmeckend, lanzettlich-lineal, am Grund mit auswärts gerichteten Spießecken; Bl.stand lockerblütig; Bl. 1geschlechtig; Bl.hüllb. ohne Schwielen. ✳ 5–8. △ Magerrasen, Äcker, Wege, Heiden, Sandböden; kalkmeidend; verbreitet. Europa.

5 Gemeiner Windenknöterich, *Fallopia convolvulus* (L.) Löve (*Polygonum convolvulus* L.), Pfl. 15–100 cm; St. hin- und hergebogen oder windend, kantig; B. 3eckig bis pfeilförmig; Bl. hellgrün, zu 1–5 in B.achseln oder in wenigblütigen, ährenartigen Bl.ständen; äußere Bl.b. gekielt; Frucht 4–5 mm lg., 3kantig. ✳ 7–10. △ Äcker, Gärten, Schuttplätze, verbreitet. Europa.

6 Echter Buchweizen, *Fagopyrum esculentum* Moench (*F. sagittatum* Gilib.), Pfl. 15–60 cm; St. meist rot, wenig verzweigt; B. spieß- oder pfeilförmig, untere lg. gestielt, obere fast sitzend, meist länger als br.; Bl. 3–4 mm lg., zu mehreren in b.achselständigen Bl.ständen; Bl.b. 5, weiß oder rosa; Frucht 3kantig, 5–6 mm lg., an den Kanten glatt. ✳ 7–10. △ Äcker, Schutt, Wegränder, kalkmeidend; zerstreut. Ursprünglich aus Zentralasien stammend, heute fast ganz Europa. – Ähnlich ist der **Tataren-Buchweizen,** *F. tataricum* (L.) Gaertn., aber St. grün bleibend; B. meist breiter als lg.; Bl. grünlich; Frucht mit ausgeschweift gezähnten Kanten; Äcker, Wege; kalkmeidend; selten. Fast ganz Europa.

Vogel-Knöterich, *Polygonum aviculare* L., s. S. 58

Tafel 77   Äcker, Schutt- und Kiesplätze, Wege

Gänsefußgewächse / Chenopodiaceae

1 Vielsamiger Gänsefuß, *Chenopodium polyspermum* L., Pfl. 10–50 cm, liegend bis aufsteigend; St. 4kantig, oft rot überlaufen; B. länglich eiförmig, lg. gestielt, ganzrandig, 2–5 cm lg.; Bl.stand beblättert; Same schwarz glänzend, 1 mm br., in der offenen Fruchthülle sichtbar. ✳ 7–9. △ Unkrautfluren, Ufer, nährstoffreiche Äcker, Weinberge, verbreitet. Fast ganz Europa.

2 Weißer Gänsefuß, *Chenopodium album* L., Pfl. 20–120 cm; B. und St. blau- oder graugrün, St. manchmal rot überlaufen; B. vielgestaltig, eiförmig-rhombisch bis lanzettlich, spitz, meist gezähnt, beiderseits mehlig bestäubt; Bl.stand pyramidenförmig, fast b.los; Bl.hülle 5teilig, mehlig, weißlichgrün. ✳ 7–9. △Unkrautfluren, Schutt, Äcker, Ufer, Schläge; häufig. Europa. – Der **Graugrüne Gänsefuß,** *Ch. glaucum* L. hat oberseits dunkelgrüne, unterseits dicht bestäubte, hell bläulichgrüne, länglicheiförmige, buchtig gelappte B. und nicht mehlig bestäubten, dichten Bl.stand; Unkrautfluren; zerstreut; fast ganz Europa.

Wegerichgewächse / Plantaginaceae

3 Breit-Wegerich, *Plantago major* L., Pfl. 5–30 cm; B. eiförmig-elliptisch, 5–9nervig; Spreite vom B.stiel scharf abgesetzt, dunkelgrün, derb; Bl. unscheinbar, in schmaler, bis 15 cm lg. Ähre; Krone 4teilig, gelblichweiß; Staubbeutel anfangs lila, dann gelblich. ✳ 6–10. △ Wege, Trittrasen, Weiden; häufig. Europa. – Ähnlich ist der **Kleine Wegerich,** *P. intermedia* Gilib., aber Pfl. kleiner, B. allmählich in den Stiel verschmälert, 3–5nervig, Ährenstiel bogig aufsteigend, Ähre kurz; feuchte Äcker, Seeufer; verbreitet; Europa.

Korbblütengewächse / Compositae oder Asteraceae

4 Gewöhnlicher Beifuß, *Artemisia vulgaris* L., Pfl. reich verzweigt, unangenehm riechend, 60–120 cm; B. 1–2fach gefiedert, mit lanzettlichen, 3–8 mm br. Abschnitten, oberseits dunkelgrün, unterseits weißwollig, am Grund geöhrt; Abschnitte der oberen St.b. tief gesägt; Bl.köpfe eiförmig, 3–4 mm lg., rötlichbraun, in reichästigen Rispen; äußere Hüllb. eiförmig, filzig, br. hautrandig. ✳ 7–9. △ Wege, Schutt, Ufer, Auengebüsch; häufig; Gewürzpfl. Europa. – Ähnlich sind noch: **Ostasiatischer Beifuß,** *A. verlotorum* Lamotte, aber Pfl. aromatisch riechend, mit lg. Ausläufern; Abschnitte der oberen St.b. ganzrandig (B. aber sonst wie bei *A. vulgaris*); Bl.köpfe kugelig; Hüllb. linealisch, verkahlend; Ufer, Wege, Schutt; ziemlich selten; ursprünglich Ostasien, sich in Mittel- und Südeuropa ausbreitend. – Der **Wermut,** *A. absinthium* L. ist ein 30–80 cm hohe, aromatisch riechende, bitter schmeckende, am Grund verholzende Pfl. mit graufilzigen St. und 2–3fach fiederteiligen B.; Abschnitte der B. 2–3 mm br.; Bl.köpfe 3–4 mm br., nickend, mit gelben Bl.; Wege, Schutt, sonnige Mauern; zerstreut; alte Arznei- und Gewürzpfl.; hauptsächlich Mittel- und Südeuropa. – Der **Feld-Beifuß,** *A. campestris* L. hat anfangs locker graufilzig behaarte, später verkahlende, 2–3fach fiederteilige B. mit schmal lanzettlichen, stachelspitzigen, 0,5–1 mm br. Abschnitten; Bl.köpfe eiförmig, 2–3 mm br., rotbraun, mit kahlen Hüllb.; Pfl. niederliegend bis aufsteigend, 30–80 cm; trockne sandige Magerrasen, Dünen, Dämme; zerstreut.

5 Sumpf-Ruhrkraut, *Gnaphalium uliginosum* L., Pfl. filzig, reich verzweigt, 5–20 cm; B. schmal lanzettlich, beiderseits filzig; sitzend, 1–4 cm lg.; Bl.köpfe 3–4 mm lg., gelblich, ohne Spreub., zu 3–10 in dichten Knäueln, von abstehenden Hochb. weit überragt; Hüllb. kahl, hellbraun. ✳ 7–9. △ Wege, Ufer, feuchte Äcker, Gräben; verbreitet. Fast ganz Europa.

Tafel 78 Trockenrasen, Magerrasen, steinige Hänge, Mauern

Süßgräser, Gramineae oder Poaceae

1 Aufrechte Trespe, *Bromus erectus* Huds., Pfl. dichtrasig, 30–100 cm; St. aufrecht; untere B. borstlich gefaltet, obere B. flach, 2–4 mm br., entfernt gewimpert; B.häutchen 1–2 cm lg., untere B.scheiden mit zerstreuten, abstehenden Haaren; Rispe aufrecht, 10–15 cm lg., mit lg. Ästen; Ährchen vielblütig, etwas zusammengedrückt, flach, 2–4 cm lg.; untere Hüllspelze 1nervig, obere 3nervig; Deckspelze mit kurzer Granne. ✳ 5–10. △ Trockenwiesen, sonnige Böschungen, Magerrasen; ziemlich häufig; Südskandinavien, Mittel- und Südeuropa.

2 Zittergras, *Briza media* L. Pfl. 20–50 cm; B. 2–5 mm br., am Rand rauh; B.häutchen 1 mm lg., abgerundet; Ährchen herzförmig, 3–12blütig, 5–7 mm lg., hängend, Spelzen ohne Grannen; Rispenäste dünn, wellig. ✳ 5–6. △ Halbtrockenrasen, Magerrasen, fast ganz Europa. – Das **Große Zittergras,** *B. maxima* L., hat 1–2 cm lg., silbrigweiße Ährchen an sehr lg., dünnen, überhängenden Stielen; Trockenhänge, Südeuropa; Zierpfl.

3 Borstgras, *Nardus stricta* L., Pfl. 10–30 cm, dichte, graugrüne Horste bildend; Wurzelstock brettartig fortwachsend; B. borstenförmig, eingerollt, rauh, am Grund von dicht gebüschelten B.scheidenresten umgeben; Ähre 3–8 cm lg., 1seitswendig; Ährchen 1blütig, 7–15 mm lg., begrannt. ✳ 5–6. △ Magerrasen und -weiden, Heiden; häufig. Europa, im Süden nur in den Gebirgen.

4 Schaf-Schwingel, *Festuca ovina* L., Pfl. 10–40 cm, sehr vielgestaltig, stets dichte Horste bildend; Grundb. und St.b. borstlich gerollt oder gefaltet, meist haardünn; B.häutchen sehr kurz; B.scheiden fast bis zum Grund offen; Bl.rispe 3–12 cm lg., zusammengezogen, mit aufrechten Ästen; Ährchen 4–7 mm lg.; Deckspelzen meist begrannt. ✳ 5–8. (Formenreiche Sammelart mit vielen Kleinarten). △ Mager- und Trockenrasen, Eichen- und Kiefernwälder; die Kleinarten mit unterschiedlicher Häufigkeit und Verbreitung.

5 Bewimpertes Perlgras, *Melica ciliata* L., Pfl. 20–70 cm, graugrün; B. 2–3 mm br., oberseits dicht kurzhaarig; B.häutchen 2–4 mm lg., zerschlitzt; untere B.scheiden kahl; Ährenrispe 6–14 cm lg., starr, aufrecht, locker, meist 1seitswendig; Ährchen 5–7 mm lg.; Deckspelzen dicht mit 2–3 mm lg., steifen Haaren bewimpert. ✳ 5–6. △ Sonnige Felsbänder, Mauern, Trockenrasen; wärmeliebend; selten, im Süden häufig. Südskandinavien, Mittel- und Südeuropa. – Das **Siebenbürger Perlgras,** *M. transsilvanica* Schur hat rein grüne, unterseits gekielte B.; untere B.scheiden zottig behaart; Ährenrispe dicht, allseitswendig; Trockenrasen, Felsen, selten; Süd- und Mitteldeutschland, Vogesen, Wallis, Vintschgau, Südosteuropa.

6 Großes Schillergras, Kammschmiele, *Koeleria pyramidata* (Lamk.) P. B. (*K. cristata* aut.), Pfl. 30–80 cm; B. flach, 2–3 mm br., abstehend bewimpert; Rispe schmal, pyramidenförmig, 5–12 cm lg.; Ährchen 3blütig, 6–8 mm lg.; Hüll- und Deckspelzen zugespitzt, borstig behaart; St. unter der Rispe kurzhaarig. ✳ 6–7. △ Kalkmagerrasen, Wegränder, lichte Kiefernwälder; verbreitet. Südskandinavien, Mitteleuropa. – Ähnlich ist das **Zierliche Schillergras,** *K. macrantha* (Ledeb.) Schult. (*K. gracilis* Pers.), aber B. der nichtblühenden Triebe eingerollt, nicht bewimpert; Rispe fast zylindrisch; Ährchen 2blütig, 4–5 mm lg.; Trockenrasen; zerstreut. – Das **Blaugraue Schillergras,** *K. glauca* (Schkuhr) DC., hat blaugrüne, kahle rauhe B., zwiebelartig verdickten St.grund und abgerundete Deckspelzen; selten. <u>GefGr. 2!</u>

Tafel 79   Fettwiesen und -weiden

Süßgräser / Poaceae oder Gramineae

1   Glatthafer, *Arrhenatherum elatius* (L.) J. et C. Presl, Pfl. 50–150 cm; B. flach, 4–8 mm br., oberseits kurzhaarig, B.scheiden kahl; B.häutchen kurz, gestutzt, gezähnt; Rispe 10–20 cm lg.; Ährchen 8–12 mm lg., 2blütig, nur mit 1 geknieten Granne; untere Hüllspelze 1-, obere 3nervig. ✳ 6–7. △ Fettwiesen, Wegraine; ergiebiges Futtergras; häufig. Fast ganz Europa.

2   Gewöhnlicher Goldhafer, *Trisetum flavescens* (L.) P. B., Pfl. 30–80 cm, lockerrasig; St. an den Knoten und darunter behaart; B.scheiden zottig. B.spreite flach, am Rand bewimpert; B.häutchen 1–2 mm lg.; Rispe 10–20 cm lg., Äste sehr fein, mit 3–12 Ährchen; Ährchen rundlich, 5–8 mm lg., 2–3blütig, goldgelb, mit 2–3 Grannen; untere Hüllspelze 1-, obere 3nervig, Deckspelze 5nervig, 2spaltig, mit 5–7 mm lg., geknieter Granne. ✳ 5–6 und 8–9. △ Fettwiesen, Gebirgswiesen; gutes Futtergras; häufig. Fast ganz Europa.

3   Flaumhafer, *Avenochloa pubescens* (Huds.) Holub. (*Avena p.* Huds.), Pfl. 30–100 cm, in lockeren Horsten; Bl. flach, 5–10 mm br.; B.scheiden und untere B. weichhaarig; B.häutchen 3eckig, spitz, 4–6 mm lg.; Rispe 10–20 cm lg., untere Rispenäste zu 3–5; Ährchen mit 2–3 Grannen, grünlich, violett und goldgelb gescheckt; die untere Hüllspelze 1nervig, etwa 12 mm lg., obere 3nervig, etwa 16 mm lg.; Granne 10–20 mm lg., unten bandartig, gedreht. ✳ 5–6. △ Magere Wiesen, Kalkmagerrasen; häufig, Fast ganz Europa.

4   Wiesen-Lieschgras, *Phleum pratense* L., Pfl. 20–100 cm, horstbildend; B. hellgrün, rauh, 3–8 mm br.; B.häutchen 3–5 mm lg.; Ährenrispe (Scheinähre) dicht, walzenförmig, 5–20 (30) cm lg., 5–10 mm br., meist grün, mit sehr kurzen Ästen, beim Umbiegen nicht lappig; Ährchen von der Form eines Stiefelziehers; Hüllspelzen nicht verwachsen, zottig bewimpert; Granne der Hüllspelze ¼–½ so lg.; Staubbeutel violett. ✳ 6–8. △ Fettwiesen und -weiden; ziemlich häufig. Europa.

5   Wiesen-Fuchsschwanz, *Alopecurus pratensis* L., Pfl. 30–100 cm, grasgrün; B. 6–10 mm br., oberseits rauh; B.scheiden glatt, an der oberen B. etwas aufgeblasen; B.häutchen 3–5 mm lg; Ährenrispe (Scheinähre) dicht, walzenförmig, Achse verdeckt, bis 10 cm lg. und 1 cm br.; Ährchen eiförmig bis elliptisch, kurz gestielt, zu 4–6 je Rispenast; Hüllspelzen auf ⅓ verwachsen, 5 mm lg., am Kiel bewimpert; Granne der Deckspelze bis 9 mm lg., meist dicht über dem Grund eingefügt, schwach gekniet. ✳ 5–6. △ Frische und feuchte Wiesen, Ufer; häufig. Fast ganz Europa.

6   Gewöhnliches Ruchgras, *Anthoxanthum odoratum* L., Pfl. 10–50 cm, rasenbildend; B. 3–6 mm br., blaugrün, bitter schmeckend, am Grund geöhrt und mit Haarkranz; B.häutchen 1–2 mm lg., gestutzt und gezähnt; Ährchen 1blütig, zuletzt gelbbraun, mit 4 Hüllspelzen, in kurzer, schmaler und eiförmiger, 2–4 cm lg. Rispe (Ährenrispe). ✳ 4–6. △ Magere Wiesen und Weiden, lichte Laubwälder, Wegränder; häufig. Europa.

7   Wiesen-Kammgras, *Cynosurus cristatus* L., Pfl. 20–60 cm; B. 2–3 mm br., fein gerieft, oberseits glänzend, unterseits mattgrün; B.häutchen 1 mm lg.; Ährenrispe linealisch, 4–10 cm lg., 1seitswendig; Ährchen 2reihig angeordnet, grün, 3–4 mm lg.; jedes fruchtbare Ährchen mit einem unfruchtbaren, kammartigen Ährchen. ✳ 6–7 und 9–10. △ Fettweiden und -wiesen; häufig. Fast ganz Europa.

5

6

7

3

1

2

4

Tafel 80 Fettwiesen und -weiden

Süßgräser / Gramineae oder Poaceae

1 Wiesen-Schwingel, *Festuca pratensis* Huds., Pfl. 30–80 cm, dunkelgrün; B. 3–5 mm br., 10–20 cm lg., am Grund mit kahlen Öhrchen; Rispe schlank, 10–20 cm lg., 1seitswendig, vor und nach der Bl.zeit zusammengezogen; unterster Rispenast mit 4–5 Ährchen und einem kurzen Zweig am Grund mit 1(–3) Ährchen; Ährchen 9–11 m lg., meist 7–8blütig, gelbgrün oder auch violett gefleckt, grannenlos. ✳ 6–7. △ Fettwiesen und -weiden, Halbtrockenrasen, Moorwiesen; gutes Futtergras; häufig. Europa.

2 Rot-Schwingel, *Festuca rubra* L., Pfl. 30–80 cm, lockerrasig, graugrün; Grundb. borstlich, 0,5–1 mm br.; St.b. flach, 1–3 mm br., am Grund nicht geöhrt; B.häutchen kurz, gestutzt; Rispe aufrecht, 6–15 cm lg.; Ährchen 7–10 mm lg., 4–6blütig, rötlich-violett oder bräunlich; Granne der Deckspelze 1–2 mm lg., unterster Rispenast etwa ½ so lg. wie die Rispe. ✳ 6–7. △ Wiesen, Weiden, Halbtrockenrasen, Wegränder; häufig. Europa.

3 Wiesen-Rispengras, *Poa pratensis* L., Pfl. 10–80 cm, dunkelgrün; St. meist glatt; B. 3–5 mm br., flach oder gefaltet (nicht gerollt), plötzlich kahnförmig zugespitzt, mit Doppelrinne (sogenannte Schispur); B.häutchen 0,5–2 mm lg., gestutzt; Bl.rispe 5–10 cm lg., reichblütig; untere Rispenäste zu 3–5, rauh; Ährchen flach, 4–6 mm lg.; Hüllspelzen fast gleich lg., wie die Deckspelze behaart. ✳ 5–6. △ Wiesen, Weiden; gutes Futtergras; häufig. Europa.

4 Gewöhnliches Rispengras, *Poa trivialis* L., sehr ähnlich dem Wiesen-Rispengras, aber B.häutchen 3–7 mm lg., zugespitzt; Hüllspelzen sehr ungleich lg.; St. oben rauh. ✳ 5–6. △ Feuchtwiesen, Auenwälder, feuchte Äcker; häufig. Europa.

5 Wiesen-Knäuelgras, *Dactylis glomerata* L., Pfl. 30–120 cm, horstartig, graugrün; B. 4–10 mm br.; Ährchen 3–4blütig, grün, oft violett überlaufen, an den Rispenästen geknäuelt; Rispe zur Bl.zeit im Umriß 3eckig, aufrecht, mit abstehendem unterem Rispenast; Hüllspelzen derb, nicht durchscheinend. ✳ 5–7. Fettwiesen und -weiden, Wegränder, Halbtrockenrasen; häufig. Europa. – Ähnlich ist das **Wald-Knäuelgras,** *D. polygama* Horvatovszky (*D. aschersoniana* Graebn.), aber Pfl. hellgrün; B. 3–6 mm br.; Rispe schlank, meist überhängend; Ährchen 5–6blütig; Hüllspelzen weißlich, durchscheinend. ✳ 5–7; Laubmischwälder; Mitteleuropa.

6 Wolliges Honiggras, *Holcus lanatus* L., Pfl. 30–100 cm, graugrün, in dichten Horsten; St.knoten, B.scheiden und B.spreiten weichhaarig; B.häutchen 2 mm lg., gefranst; Rispe 6–12 cm lg., rötlich überlaufen; Ährchen 4–5 mm lg., Hüllspelzen am Kiel und am Rand bewimpert, weißlich, oben rötlich; Deckspelze weißglänzend, die der ♂ Bl. mit kurzer und kaum aus dem Ährchen herausragender Granne. ✳ 6–8. △ Feuchte Wiesen und Weiden, Flachmoore; häufig. Europa.

Knöterichgewächse / Polygonaceae

7 Wiesen-Sauerampfer, *Rumex acetosa* L., Pfl. 30–100 cm; Grundb. lg. gestielt, spießförmig, ei-länglich, sauer schmeckend, derb, obere B. sitzend; B.scheiden zerschlitzt oder gezähnt; Bl.stand verzweigt, locker, unterbrochen, aufrecht; Bl. 1geschlechtig, unscheinbar, klein; äußere 3 Bl.b. zur Fruchtzeit zurückgeschlagen, innere 3 Bl.b. 3–4 mm lg., rundlich oder breiter als lg., nicht gezähnt, am Grund mit roter oder grüner Schwiele. ✳ 5–7. △ Wiesen, Weiden, Wegraine; häufig. Europa. (Hier auch *R. crispus* und *R. obtusifolius,* siehe T. 76).

1

2

3

4

5

6

7

Tafel 81 Gewässer, Moore, Sümpfe

Laichkrautgewächse / Potamogetonaceae

1 Dichtes Fischkraut, Laichkraut, *Groenlandia densa* (L.) Fourr. (*Potamogeton densus* L.), Pfl. 20–40 cm; B. untergetaucht, paarweise, fast gegenständig genähert, 1–2 cm lg., lanzettlich, gesägt; Bl.ähre kurz gestielt, wenigblütig. ✳ 5–8. △ Kühle, wenig verschmutzte Gewässer; zerstreut. Fast ganz Europa. GefGr. 2!

2 Krauses Laichkraut, *Potamogeton crispus* L., Pfl. 30–20 cm, meist verzweigt; B. untergetaucht, länglich, bis 10 cm lg., wellig kraus, sitzend; Bl.ähre kurz, wenigblütig; Früchtchen am Grund miteinander verwachsen, 5–6 mm lg., mit hakig gebogenem Schnabel. ✳ 5–9. △ In stehenden oder langsam fließenden, nährstoffreichen, oft verschmutzten Gewässern bis in 3 m Tiefe; ziemlich häufig. Fast ganz Europa.

3 Durchwachsenblättriges Laichkraut, *Potamogeton perfoliatus* L., Pfl. 1–6 m, reichästig; B. untergetaucht, rundlich oval, st.umfassend, 3–7 cm lg.; Bl.ähre bis 3 cm lg., auf bis 10 cm lg. Stiel, dieser nicht dicker als der St. ✳ 6–8. △ Stehende oder langsam fließende, nährstoffreiche Gewässer bis in etwa 6 m Tiefe; zerstreut. Fast ganz Europa. – Das **Langblättrige Laichkraut,** *P. praelongus* Wulfen hat ebenfalls st.umfassende, aber länglich-lanzettliche, an der Spitze kappenförmige, 5–15 cm lg. und 2–3 cm br. B.; St. hin- und hergebogen; Ährenstiele bis 20 cm lg.; klare, unverschmutzte Gewässer; selten; GefGr. 2! – Das **Glänzende Laichkraut,** *P. lucens* L., hat ovale, spitze, glänzende, 10–25 cm lg. und 3–5 cm br., am Rand wellige, kurz gestielte, untergetauchte B.; Pfl. 1–4 m, verzweigt; Bl.ähre bis 6 cm lg., auf bis 30 cm lg. Stiel, dieser oben verdickt, und meist dicker als der St. ✳ 6–8; stehende oder langsam fließende, nährstoffreiche, oft verschmutzte Gewässer; ziemlich häufig; Europa.

4 Schwimmendes Laichkraut, *Potamogeton natans* L., Pfl. 50–150 cm; Schwimmb. ledrig, dunkelgrün oder bräunlich, oval, bis 12 cm lg., am Grund meist herzförmig; untergetauchte B. linealisch, binsenartig, zur Bl.zeit verfault; Bl.ähre bis 8 cm lg., Stiel bis 10 cm, überall gleich dick; Früchtchen 4–5 mm lg. ✳ 6–8. △ In stehenden oder langsam fließenden, nährstoffarmen Gewässern, ziemlich häufig. Europa.

Froschbißgewächse / Hydrocharitaceae

5 Kanadische Wasserpest, *Elodea canadensis* Michx., Wasserpfl., 30–60 cm, flutend oder kriechend, oft stark verzweigt, mit kurzen St.gliedern; B. meist zu 3 quirlständig, oval, 1 cm lg., 2–5 mm br., fein gezähnt; im Gebiet nur ♀ Pfl.; ♀ Bl. 6zählig, weiß, 4–5 mm br.; Vermehrung vegetativ. ✳5–8. △ Stehende und langsam fließende, nährstoffreiche Gewässer; verbreitet, oft in Massenvorkommen auftretend; Herkunft Nordamerika, seit 1840 in Europa. – Ähnlich ist die **Dichtblättrige Wasserpest,** *E. densa* (Planchon) Caspary, aber Pfl. kräftiger, 30–300 cm; B. länglich-lanzettlich, plötzlich zugespitzt, 2 cm lg., zu 4 quirlständig; nährstoffreiche, warme Gewässer; Aquarienpfl., gelegentlich verwildert; Herkunft Südamerika.

Igelkolbengewächse / Sparganiaceae

6 Ästiger Igelkolben, *Sparganium erectum* L. (*S. ramosum* Huds.), Pfl. 30–50 cm; St. ästig; B. 2zeilig, schwertförmig, 5–15 mm br., im unteren Teil 3kantig; Bl. in kugeligen, 1geschlechtigen Köpfen, die unteren ♀ und größer, die oberen ♂ und kleiner; Bl.köpfe rispig angeordnet. ✳ 7–9. △ Uferröhricht, stehende, nährstoffreiche Gewässer, auf Schlammböden; verbreitet. Europa. – Ähnlich ist der **Einfache Igelkolben,** *S. emersum* Rehm. (*S. simplex* Huds.), aber Bl.stand unverzweigt; Bl.köpfe ähren- oder traubenartig angeordnet; B. 3–6 mm br., gekielt; (formenreich), ziemlich selten.

3

6

5

1

4

2

Tafel 82 Gewässer, Moore, Sümpfe

Rohrkolbengewächse / Typhaceae

1 Breitblättriger Rohrkolben, *Typha latifolia* L., Pfl. 100–250 cm; B. 2zeilig, 10–20 mm br., beiderseits flach, blaugrün; Bl. in 10–20 cm lg., 2–3 cm br. Kolben, der untere schwarzbraun, breiter, mit ♀ Bl., der obere gelbbraun, schmäler, mit ♂ Bl; ♀ und ♂ Kolben sich berührend und fast gleich lg. ✷ 7–8. △ Stehende oder langsam fließende, nährstoffreiche Gewässer, Uferröhricht, Schlammböden, in 20–150 cm Wassertiefe; ziemlich häufig, aber durch Entwässerungsmaßnahmen seltener werdend. Fast ganz Europa, nördlich bis Südnorwegen. – Ähnlich sind noch: **Schmalblättriger Rohrkolben,** *T. angustifolia* L., aber B. 3–10 mm br., unterseits meist gewölbt; ♀ und ♂ Kolben etwa 3–5 cm voneinander entfernt; Ufer, Gräben; ziemlich selten; Europa. – **Zwerg-Rohrkolben,** *T. minima* Hoppe, Pfl. 30–70 cm; B. grasartig, 1–2 mm br., grundständig; St.b. zu B.scheiden zurückgebildet; Kolben kurz, eiförmig, 2–4 cm lg., der ♂ Kolben etwas schmäler; sehr selten. GefGr. 1!

Süßgräser / Gramineae oder Poaceae

2 Blaues Pfeifengras, *Molinia caerulea* (L.) Moench, Pfl. 50–100 cm, am Grund zwiebelartig verdickt; untere St.glieder sehr kurz, oberstes St.glied sehr lg., den ganzen oberirdischen St. bildend, St. daher knotenlos; B. blaugrün, flach, rauh, am Grund schwach bewimpert, anstelle des B.häutchens ein Haarbüschel; Rispe schmal, bis 30 cm lg., meist schieferblau, seltener violett oder grün; Ährchen 6–8 mm lg.; Deckspelzen 3–4 mm lg., unbegrannt. ✷ 6–9. △ Moorwiesen, feuchte Sand- und Moorböden, Heidemoore; in den Alpen bis über 2000 m; häufig. Fast ganz Europa.

3 Gewöhnliches Schilf, *Phragmites communis* L., Pfl. 100–400 cm, bis 4 m lg. unterirdische Ausläufer treibend; B. graugrün, 2–3 cm br.; anstelle des B.häutchens ein Haarbüschel; Rispe 15–40 cm lg., schwach 1seitswendig, bräunlich oder rötlich, zuletzt hängend; Ährchen 6–10 mm lg., 3–8blütig, am Grund der Bl. mit 1 cm lg. Seidenhaaren. Deckspelzen kahl. ✷ 7–9. △ Uferröhricht, bis in knapp 2 m Wassertiefe, Moorwiesen, feuchte Äcker, Auenwälder; oft reine, ausgedehnte Bestände bildend; häufig. Europa. Oft zur Ufersicherung von Flüssen, Bächen, Seen gepflanzt. – Ähnlich ist das **Riesenschilf,** *Arundo donax* L., Pfl. 2–5 m, mit dickem St.; B. 3–4 cm br.; B.häutchen sehr kurz; Rispe 40–70 cm lg., weißlichgrün oder violett, zuletzt silbrig; Ährchen 12 mm lg.; Deckspelzen 3spitzig, dicht mit bis 1 cm lg. Silberhaaren bedeckt; ✷ 9–12; sumpfige Stellen, Ufer, Teichränder; Südeuropa.

4 Rohr-Glanzgras, *Phalaris arundinacea* L., Pfl. schilfartig, 50–200 cm; B. 6–12 mm br., flach; B.häutchen 3–6 mm lg., oft zerschlitzt; Rispe straußförmig, 10–20 cm lg., weißlichgrün oder rötlich; Ährchen 5–7 mm lg., an den Rispenästen zu dichten Knäueln zusammengerückt, 1blütig, mit 4 Hüllspelzen. ✷ 6–7. △ Uferröhricht, Erlenbrüche, Auenwälder, oft reine Bestände bildend; häufig. Europa. Oft zur Ufersicherung von Fließgewässern angepflanzt.

1

2

3

4

Tafel 83 Gewässer, Moore, Sümpfe

Riedgrasgewächse oder Sauergräser / Cyperaceae

1 Breitblättriges Wollgras, *Eriophorum latifolium* Hoppe, Pfl. 30–60 cm, dichtrasig, ohne Ausläufer; St. stumpf 3kantig; B.scheiden der unteren B. schwarzbraun, zuletzt netznervig; St.b. schmal lanzettlich, 3–8 mm br.; Ährchen zu 4–10, deren Stiele rauh; Bl.hülle aus weichen Borsten und Haaren, zur Fruchtzeit weißwollige Köpfe bildend. ✳ 4–6. △ Flachmoore und Quellsümpfe zerstreut bis selten. Europa. GefGr. 3! – Ähnlich ist das **Schmalblättrige Wollgras,** *E. angustifolium* Honck., aber St. stielrund, Ährchenstiele glatt; St.b. rinnig gekielt, 2–6 mm br., oft rot überlaufen; Flachmoore; verbreitet. – Das **Schlanke Wollgras,** *E. gracile* Koch hat 1–2 mm br., rinnige B., rauhe Ährenstiele und stumpf 3kantigen, oft übergebogenen St.; Ährchen zu 3–4, klein; Zwischenmoore. GefGr. 1!

2 Scheuchzers Wollgras, *Eriophorum scheuchzeri* Hoppe, Pfl. 10–40 cm, rasenbildend; St. rund, mit 1 endständigen, zur Bl.zeit runden, 1 cm lg. Ährchen; St.b. glatt, ohne aufgeblasene Scheide. ✳ 6–9. △ Quellfluren, Alpenmoore; zerstreut. Alpen, Pyrenäen, Tatra, Karpaten, Skandinavien. – Ähnlich das **Scheidige Wollgras,** *E. vaginatum* L., aber St.b. am Rand rauh, mit aufgeblasener Scheide und mit 1 zur Bl.zeit eiförmigen-länglichen, bis 2 cm lg. Ährchen; Hochmoore, Kiefern- und Birkenmoore; zerstreut; fast ganz Europa.

3 Waldsimse, Flechtsimse, *Scirpus sylvaticus* L., Pfl. 30–100 cm, mit sterilen Laubsprossen; St. 3kantig, beblättert; B. 8–20 mm br., glänzend grün; Bl.stand reichästig, bis 20 cm br.; Ährchen 3–4 mm lg., schwärzlichgrün, zu 3–5 kopfig gehäuft. ✳ 5–7. △ Naßwiesen, Auenwälder, Sümpfe; häufig. Fast ganz Europa. – Ähnlich ist die **Wurzelnde Simse,** *S. radicans* Schkuhr, aber Ährchen meist einzeln, lg. gestielt; Bl.stand sehr locker; Pfl. oft steril und mit lg. bogenförmig zur Erde neigenden und an der Spitze wurzelnden Laubsprossen; Ufer, Schlammböden; selten. GefGr. 3!

4 Gewöhnliche Sumpfbinse, *Eleocharis palustris* (L.) R. et Sch., Pfl. 10–80 cm; St. b.los, stielrund, 1–4 mm br.; Ährchen endständig, 5–20 mm lg., 20–30blütig, am Grund mit 2 bl.losen Hüllspelzen, jede davon das Ährchen halbumfassend; Narbe 2. ✳ 5–8. (Formenreich, mit mehreren Kleinarten.) △ Röhrichte, Seggensümpfe, Naßwiesen, Gräben; ziemlich häufig. Europa. – Ähnlich sind noch die **Eiförmige Sumpfbinse, Teichriet,** *E. ovata* (Roth) R. et Sch., Ähre 20–30blütig, aber 3–6 mm lg., kugelig-eiförmig; Narben 2; St. dünn, fein gestreift; untere B.scheiden purpurn; Pfl. 5–15 cm, dichtrasig, ohne Ausläufer; Teichränder, Schlammböden; ziemlich selten; GefGr. 3!– **Vielstengelige Sumpfbinse,** *E. multicaulis* Sm., Ähre 20blütig, eiförmig, 10–13 mm lg., Narben 3, Pfl. dichtrasig, 10–40 cm; St. oft liegend und an der Spitze wurzelnd; Teichränder, Zwischenmoorschlenken; selten; GefGr. 2!

1

2

3

4

Tafel 84   Gewässer, Moore, Sümpfe

Riedgrasgewächse oder Sauergräser / Cyperaceae

1   Gewöhnliche Teichbinse, Seebinse, *Schoenoplectus lacustris* (L.) Palla (*Scirpus lacustris* L.), Pfl. 100–400 cm; St. stielrund, b.los, aufrecht; B. linealisch, am St.grund flutend; Ähren rotbraun, 5–10 mm lg., in scheinbar seitenständiger, kopfiger Rispe; Narben 3; Frucht 3kantig. ✻ 6–7. △ Uferröhricht stehender oder langsam fließender Gewässer; verbreitet. Europa. – Ähnlich ist die **Graue Seebinse,** *Sch. tabernaemontani*(Gmel.) Palla, aber St. graugrün, Narben 2, Frucht flach; salzhaltige Gewässer.

2   Schwarze Kopfbinse, *Schoenus nigricans* L., Pfl. dichtrasig, 15–50 cm; B. borstenförmig; grundständige B.scheiden schwarzbraun, glänzend; Bl.stand kopfig, 10–15 mm lg., aus 5–10 schwarzbraunen Ährchen bestehend, überragt von 2–5 cm lg. Tragb. ✻ 5–7. △ Kalkflachmoore; zerstreut bis selten. Europa. GefGr. 2!

3   Schneidried, *Cladium mariscus* (L.) Pohl, Pfl. 80–200 cm; St. 3kantig; B. 7–15 mm br., graugrün, am Rand und unterseits auf dem Mittelnerv gesägt, scharf schneidend; Bl.stand reich verzweigt, aus vielen rotbraunen Köpfen mit je 3–10 Ährchen gebildet, Ährchen 1–3blütig, 3–5 mm lg. ✻ 6–7. △ Uferröhricht, Gräben, Flachmoortümpel; selten. Fast ganz Europa. GefGr. 3!

4   Igel-Segge, Stern-Segge, *Carex echinata* Murray (*C. stellulata* Good.), Pfl. 10–30 cm; B. steif, graugrün, 1–2 mm br., kürzer als der scharf 3kantige St.; Ähren 3–5, kugelig, 4–6 mm lg.; Schläuche außen gewölbt, innen flach, sternförmig spreizend. ✻ 5–7. △ Flachmoore, Quellen, Gräben; häufig. Europa.

5   Wiesen-Segge, Braun-Segge, *Carex nigra* (L.) Richard (*C. fusca* aut.), Pfl. 5–40 cm; B. 2–5 mm br., graugrün; grundständige B.scheiden glänzend braun; St. oberwärts rauh; ♂ Ähren 1–2, ♀ Ähren mehrere, fast sitzend, 1–3 cm lg.; Narben 2; Schläuche 2–3 mm lg., kaum geschnäbelt; unteres Tragb. fast so lg. wie der Bl.stand. ✻ 4–6. △ Naß- und Moorwiesen, Flachmoore; häufig. Europa.

6   Steif-Segge, *Carex elata* All. (*C. stricta* Good.), Pfl. 50–120 cm, große Bulte oder Horste bildend; grundständige B.scheiden gelbbraun, netzfaserig; B. 4–5 mm br., steif graugrün; Ähren 2–6 cm lg., meist sitzend, die unterste Ähre rein ♀, die oberste rein ♂; Narben 2; Schläuche 3–4 mm lg., früh abfallend. ✻ 4–5. △ Ufer, Sümpfe, Erlenbrüche, Verlandungszone; zerstreut. Fast ganz Europa.

Tafel 85 Gewässer, Sümpfe, Moore

Riedgrasgewächse oder Sauergräser / Cyperaceae

1 Hirse-Segge, Carex panicea L., Pfl. 20–50 cm, grau- bis blaugrün; grundständige B.scheiden braun; B. 2–4 mm br., flach; ♀ Ähren 2–3 cm lg., walzlich, lockerfrüchtig; Narben 3; Schläuche kugelig-eiförmig, graugrün oder gelbbraun, mit kurzem, dickem Schnabel; Spelzen schwärzlich. ✳ 5–6. △ Flach- und Quellmoore, nasse Wiesen und Heiden; häufig. Fast ganz Europa.

2 Schnabel-Segge, Carex rostrata Stockes (C. inflata aut.), Pfl. 30–80 cm, grundständige B.scheiden braunrot, schwach netznervig; St. stumpf 3kantig; B. 3–5 mm br., rinnig, graugrün; ♀ Ähren 2–8 cm lg.; Schläuche fast waagrecht abstehend, kugelig-eiförmig, plötzlich in den 2zähnigen Schnabel verschmälert, reif bräunlich. ✳ 5–6. △ Ufer, Teiche, Gräben, Moorschlenken, Großseggengesellschaften; ziemlich häufig. Fast ganz Europa.

3 Blasen-Segge, Carex vesicaria L., Pfl. 30–80 cm, ähnlich C. rostrata, aber St. scharfkantig, rauh; grundständige B.scheiden rot, stark netznervig; B. hellgrün, 4–7 mm br., flach; Schläuche schief aufrecht, eiförmig, allmählich in den Schnabel verschmälert, reif strohgelb. ✳ 5–6. △ Ufer, Moorgräben, Verlandungsgesellschaften, Erlenbruchwälder; ziemlich häufig. Fast ganz Europa.

4 Torf-, Davall-Segge, C. davallina L., Pfl. 0–40 cm; 2häusig, ♂ und ♀ Ähren auf verschiedenen Pfl., in dichten Horsten; B. borstenförmig; B. und St. 3kantig, rauh; Fruchtschläuche der ♀ Ähre 3–5 mm lg., abstehend, lg. geschnäbelt, braun, etwas gekrümmt. ✳ 5–6. △ Kalkhaltige Quell- und Flachmoore; zerstreut. Mitteleuropa. GefGr. 3! – Ähnlich ist die **Zweihäusige Segge,** C. dioica L., aber Pfl. mit Ausläufern; St. und B. glatt; Fruchtschläuche kurz geschnäbelt, gerade; Flach- und Zwischenmoore; selten. GefGr. 2!

Tafel 86   Gewässer, Moore, Sümpfe

Binsengewächse / Juncaceae

1 Spitzblütige Binse, *Juncus acutiflorus* Ehrh., Pfl. 30–100 cm, hellgrün; B. borstlich, nicht gefurcht, St., besonders am Grund, zusammengedrückt; Bl.stand endständig, reichästig; Bl.b. 6, braun, die äußeren kürzer als die inneren, diese grannenartig lg. zugespitzt, nach außen gekrümmt; Bl.stand dicht, reich verzweigt. ✳ 7–9. △ Naßwiesen, Quellen, Gräben; verbreitet. Fast ganz Europa.

2 Flatter-Binse, *Juncus effusus* L., Pfl. 30–120 cm; St. glänzend, glatt, grasgrün; Bl.stand locker, 4–10 cm lg., scheinbar seitenständig. ✳6–8. △ Naßwiesen, Moorwiesen, Quellmoore; häufig. Europa. – Ähnlich ist die **Knäuel-Binse,** *J. conglomeratus* L., aber St. graugrün, fein gestreift, glanzlos; Bl.stand knäuelig zusammengezogen, 2–4 cm lg.; Moorwiesen, Gräben; häufig.

Aronstabgewächse / Araceae

3 Kalmus, *Acorus calamus* L., Pfl. 60–120 cm, beim Zerreiben aromatisch riechend; St. 3kantig, 2zeilig beblättert; B. 5–20 mm br., am Rand wellig; Bl.kolben (scheinbar) seitenständig, 4–10 cm lg., am Grund mit einer grünen, st.ähnlichen Bl.scheide (Spatha), dies den St. über dem Kolben fortsetzend; Bl. gelbgrün, winzig; Bl.b. 6, unter 1 mm lg. ✳ 5–7. △ Ufer, Altwasser, Gräben, nährstoffreiche Gewässer; zerstreut. Fast ganz Europa.

Hornblattgewächse / Ceratophyllaceae

4 Rauhes Hornblatt, *Ceratophyllum demersum* L., Pfl. 50–100 cm, untergetaucht; B. quirlig, 1–2mal gabelteilig, Zipfel linealisch, starr, dicht stachelig gezähnt, dunkelgrün; Bl. klein, einzeln in den B.achseln sitzend, 1geschlechtig; Bl.b. 6–12, grün; Frucht mit 2 Stacheln. ✳ 6–8. △ Stehende oder langsam fließende Gewässer, Altwasser, Teiche; ziemlich häufig. Bestäubung unter Wasser. Europa.

Wassersterngewächse / Callitrichaceae

5 Gemeiner Wasserstern, *Callitriche palustris* L., Wasserpfl. 5–40 cm, mit fadenförmigem St. und rosettigen Schwimmb.; untergetauchte B. gegenständig, ganzrandig, linealisch bis eiförmig; Bl. klein, in B.achseln, ohne Bl.b. nur mit 2 sichelförmigen Vorb., 1 Staubb. und 1 Fruchtknoten. ✳ 5–10. (Sammelart mit mehreren Kleinarten). △ Stehende und fließende Gewässer, verbreitet. Europa.

Tausendblattgewächse / Haloragaceae

6 Ähriges Tausendblatt, *Myriophyllum spicatum* L., Pfl. untergetaucht oder flutend, 20–200 cm; B.quirle meist 4zählig; B. mit 13–35 gegenständigen, borstlichen Fiedern; Bl. etwa 3 mm br., rosa, 1- oder 2geschlechtig, in aufrechter, verlängerter Ähre; Tragb. kürzer als die Bl., im oberen Teil der Ähre nicht geteilt; Pfl. 1häusig. ✳ 6–8. △ Stehende oder langsam fließende, nährstoffreiche Gewässer bis in etwa 6 m Tiefe; verbreitet. – Ähnlich ist das **Quirlblütige Tausendblatt,** *M. verticillatum* L., aber B.quirl 5–6zählig; Tragb. der Ähre fiederteilig, länger als die Bl.; verbreitet.

Tannenwedelgewächse / Hippuridaceae

7 Tannenwedel, *Hippuris vulgaris* L., Wasserpfl. 20–100 cm; St. meist aufrecht, unverzweigt, oft flutend; B. quirlständig, linealisch, untergetauchte B. schlaff, über dem Wasser stehende steif; Bl. klein, grün, b.achselständig, ohne Kronb., Staubb. 1, Fruchtknoten 1, unterständig. ✳ 6–8. △ Langsam fließende oder fast stehende, klare Gewässer; zerstreut. Europa.

Tafel 87   Wälder, Waldränder, Gebüsche, Auen

Bäume und Sträucher

Eibengewächse / Taxaceae

1 Eibe, *Taxus baccata* L., Baum, bis 20 m, oft mehrere Bäume verwachsen; Rinde anfangs rotbraun, dann graubraun, schuppig; B. immergrün, nadelförmig, flach, in einer Ebene (gescheitelt), oberseits dunkelgrün, unterseits hellgrün; Pfl. 2häusig; ♂ Bl. aus 6–14 kätzchenartig angeordneten Staubb. bestehend; ♀ Bl. aus einer endständigen Samenanlage bestehend; Same von einem fleischigen, roten Samenmantel (Arillus) umgeben. Beginn der Bl. mit 20 Jahren. ✻ 3–4. Giftig (außer Samenmantel)! Geschützt! △ Laubwälder, Buchen-Tannenwälder, Bergmischwälder mit wintermildem Klima; selten; Verjüngung durch überhöhte Schalenwildbestände (Hirsche, Rehe) gefährdet, für die die Nadeln unschädlich sind. Südskandinavien, Mitteleuropa, Gebirge Südeuropas. GefGr. 3!

Kieferngewächse / Pinaceae

2 Weißtanne, *Abies alba* Mill., Baum, bis 50 m, Krone pyramidenförmig, bei älteren Bäumen storchennestartig abgeflacht, da Seitenäste den Gipfeltrieb überragend; Rinde glatt, hellgrau; Nadeln 2–3 cm lg., flach, 2spitzig, dunkelgrün, mit scheibenartig verbreiterten, grünen Stielchen, unterseits gekielt, mit weißlichen Wachsstreifen; Zapfen aufrecht, bei der Reife fallen die Schuppen einzeln ab und die Zapfenspindel bleibt zurück. Beginn der Blüte mit 60–70 Jahren. ✻ 5–6. △ Wälder, vor allem Bergmischwälder mit Buche und Fichte in luftfeuchter Lage, frostempfindlich; verbreitet; Verjüngung durch überhöhte Schalenwildbestände gefährdet. Gebirge Mittel- und Südeuropas.

3 Fichte, Rottanne, *Picea abies* (L.) Karsten (*P. excelsa* Lk.), Baum bis 50 m, Krone spitz; Rinde rotbraun; Nadeln 4kantig, spitz, mit braunen Stielchen; Zapfen hängend, zur Reife als Ganzes abfallend; Beginn der Blüte mit 30–60 Jahren. ✻ 5–6. △ Wälder; häufig; ursprünglich nur über 800 m bestandsbildend; in den Alpen bis etwa 2000 m; durch Pflanzung weit verbreitet und andere Baumarten ersetzend. Nord- und Mitteleuropa. – Als forstlich genutzte Art oder als Zierbaum verwendet wird die **Stech-** oder **Blau-Fichte,** *P. pungens* Engelm. mit graugrünen oder silberweißen, harten, stechenden Nadeln. Herkunft Nordamerika.

4 Europäische Lärche, *Larix decidua* Mill. (*L. europaea* DC.), Baum bis 40 m, mit graubrauner, abblätternder Rinde; Nadeln hellgrün, 1–3 cm lg., im Herbst goldgelb und abfallend, weich, zu 15–30 an Kurztrieben gebüschelt; Zapfen eiförmig bis kugelig, anfangs rot, zur Reife braun, 2–5 cm lg.; Beginn der Blüte mit 30–60 Jahren. ✻ 4–5. △ Bergwälder der Alpen, Sudeten, Karpaten; lichtliebend; in den Alpen bis 2500 m; verbreitet; im Flachland vielfach angepflanzt.

4

3

3

2

1

♂

Tafel 88 Wälder, Waldränder, Gebüsche, Auen

Bäume und Sträucher

Kieferngewächse / Pinaceae

1 Wald-Kiefer, Föhre, *Pinus sylvestris* L., Baum bis 40 m; Krone kegel-, später schirmförmig; Rinde in der unteren Stammhälfte dunkelbraun, in der oberen und im Kronenraum rostrot; Nadeln zu 2 an Kurztrieben gebüschelt, grau- oder blaugrün, zugespitzt, 4–7 cm lg.; Zapfen kugel- bis eiförmig, 3–7 cm lg., deutlich gestielt, hängend; Beginn der Blüte mit 30–70 Jahren; Samenreife erst im 2. Jahr nach der Blüte. ✳ 5. △ Wälder, Dünen, Moore, steinige, trockne, sandige Böden, wo andere Hölzer nicht mehr konkurrenzkräftig sind; häufig. Europa. – Ähnlich ist die **Schwarz-Kiefer,** *P. nigra* Arnold, aber Nadeln 8–15 cm lg., schwarzgrün, mit gelblicher Spitze; Stamm und Äste dunkelgrau; Südosteuropa, aber vielerorts angepflanzt.

2 Zirbel-Kiefer, Arve, *Pinus cembra* L., Baum bis 25 m; Krone kegelförmig oder walzig; Rinde braun, junge Zweige dick, rotgelb behaart; Nadeln zu 5 an Kurztrieben gebüschelt, steif, dunkelgrün, 6–10 cm lg., 3kantig, 1,5 mm br.; Zapfen eiförmig, 5–8 cm lg., schief aufrecht oder abstehend, erst im 2. Jahr nach der Blüte reif; Fruchtschuppen bläulich, mit brauner Spitze. ✳ 6–7. △ Nadelwälder in Hochlagen und an der Waldgrenze in den Alpen und Karpaten; in den Zentralalpen häufig, in den Nordalpen selten, etwa zwischen 1200 und 2600 m.

3 Weymouths-Kiefer, Strobe, *Pinus strobus* L., Baum bis 40 m; Krone kegelförmig; Rinde grau- bis dunkelbraun; junge Zweige dünn, grünlich, anfangs fein behaart; Nadeln zu 5 an Kurztrieben gebüschelt, weich, dünn, blaugrün, 8–15 cm lg., unterseits mit 2 Wachsstreifen; Zapfen schlank, hängend, häufig leicht gekrümmt, 10–15 cm lg.; Fruchtschuppen schmal, keilförmig, an der Spitze mit gelbbrauner Verdickung; Beginn der Blüte mit etwa 30 Jahren. ✳ 5–6. △ Gärten, Parkanlagen, Forstbaum; Herkunft Nordamerika.

Tafel 89   Wälder, Waldränder, Gebüsche, Auen

Bäume und Sträucher

Zypressengewächse / Cupressaceae

1 Gewöhnlicher Wacholder, *Juniperus communis* L., säulenförmiger, aufrechter Strauch, selten baumförmig, 2–5 m; B. nadelförmig, stechend, 10–15 mm lg., graugrün; Bl. in B.achseln; ♀ Bl. mit 2–4 Fruchtschuppen; Frucht ein kugeliger, 5–9 mm br., zuerst grüner, dann im 2. Jahr nach der Blüte bläulich-schwarzer Beerenzapfen. ✳ 5–6. △ Magerweiden, felsige Hänge, lichte, trockne Wälder; ziemlich häufig. Fast ganz Europa. – Ähnlich ist der **Zwerg-Wacholder,** *J. sibirica* Lodd., aber niedriger Spalierstrauch der Gebirge und Nordeuropas, 20–50 cm; Nadeln 4–8 mm lg.; in den Alpen bis über 3000 m. – Der **Sadebaum** oder **Stink-Wacholder,** *J. sabina* L., ein niederliegender, bis 2 m hoher Strauch, hat an den älteren Zweigen schuppenförmige, 1–2 mm lg., kreuzweis gegenständige B., an den jungen Trieben nadelförmige B.; giftig! Trockenrasen, trockne, heiße Hänge der Alpen, besonders der Inneralpen, Pyrenäen, Apenninen, Karpaten und der Balkanhalbinsel; gelegentlich in Gärten angepflanzt. GefGr. 4!

Kieferngewächse / Pinaceae

2 Berg-Kiefer, Latsche, *Pinus mugo* Turra (*P. montana* Mill.), niederliegender Strauch oder bis 20 m hoher Baum; Krone kegelförmig; Rinde grau- bis schwarzbraun; Nadeln zu 2 an Kurztrieben, dunkelgrün, stumpflich, 2–5 cm lg.; Zapfen 2–5 cm lg., fast sitzend. ✳ 6–7. (Nach Wuchsform und Form der Zapfen und der Zapfenschilder werden mehrere Kleinarten unterschieden, deren genaue Abgrenzung noch nicht geklärt ist.) △ Bergwälder, in den Alpen bis etwa 2500 m (Latschenoder Krummholzzone), Hochmoore; verbreitet. Gebirge Mittel- und Südeuropas.

Gagelgewächse / Myricaceae

3 Gagelstrauch, *Myrica gale* L., Strauch 50–200 cm, 2häusig; B. lanzettlich bis verkehrt-eiförmig, kurz gestielt, schwach gesägt, stark aromatisch riechend, 2–5 cm lg. Bl. in 5–15 mm lg., aufrechten Kätzchen, die vor den B. erscheinen. ✳ 4–5. △ Heidemoore, feuchte Gebüsche; zerstreut. Norddeutschland, Nordeuropa. GefGr. 3!

Weidengewächse / Salicaceae

4 Zitter-Pappel, Espe, *Populus tremula* L., Baum 5–20 m, mit gelbbrauner, später dunkelgrauer, glatter Rinde; B. fast kreisrund, stumpflich gezähnt, an lg., dünnen, zusammengedrückten Stielen, kahl, leicht beweglich (Espenlaub); Bl. in 5–10 cm lg. Kätzchen; ♂ Bl. mit 7–17 Staubb.; ♀ Bl. mit purpurnen Narben. ✳ 3–4. △ Waldränder, lichte Wälder; verbreitet. Europa.

5 Silber-Pappel, *Populus alba* L., Baum 15–35 m, mit hellgrauer, glatter Rinde und weit ausladender Krone; junge Zweige, Knospen und B.unterseite weißfilzig; B. eiförmig, am Rand buchtig gelappt; Bl. in 5–10 cm lg. Kätzchen; Tragb. der Bl. behaart; ♀ Bl. mit gelben Narben. ✳ 3–4. △ Auenwälder, Schuttplätze; ziemlich häufig. Mittel- und Südeuropa.

6 Silber-Weide, *Salix alba* L., Baum oder Strauch, bis 20 m; Zweige gelbbraun bis rotbraun; B. lanzettlich, 5–8 cm lg., mit fein gesägtem Rand, unterseits dicht anliegend behaart (jung beiderseits seidenhaarig); Kätzchen mit den B. erscheinend; Tragb. der Bl. 1farbig; Fruchtknoten kahl, fast sitzend. ✳ 4–5. △ Ufer von Seen und Flüssen, Altwasser, Auenwälder; häufig. Mittel- und Südeuropa.

Tafel 90   Wälder, Waldränder, Gebüsche, Auen

Bäume und Sträucher

Weidengewächse / Salicaceae

1   Korb-Weide, *Salix viminalis* L., Strauch, seltener Baum, 4–10 m; Zweige grüngelb bis blaugrün, rutenförmig; B. schmal lanzettlich, fast ganzrandig, 8–15 cm lg., am Rand meist umgerollt und wellig; Kätzchen vor den B. erscheinend, walzig, dicht seidenhaarig, 10–15 mm br.; Tragb. der Bl. 2farbig, am Grund hell, vorne schwarzbraun; Fruchtknoten fast sitzend, behaart. ✳ 3–4. △ Auengebüsch; verbreitet; als Kopfweiden gepflanzt und zum Korbflechten verwendet. Fast ganz Europa.

2   Purpur-Weide, *Salix purpurea* L., Strauch 2–6 m; junge Zweige purpurn überlaufen; B. 4–12 cm lg., oberseits dunkelgrün, unterseits blaugrün, kahl; Kätzchen vor den B. erscheinend, schlank, dichtblütig; Tragb. der Bl. 2farbig, dicht behaart; Fruchtknoten sitzend, filzig behaart; Staubfäden bis zu den Staubbeuteln verwachsen, anfangs purpurn, beim Stäuben gelb, dann braun. ✳ 4–5. △ Auengebüsch, Kiesbänke der Flüsse; häufig. Mittel- und Südeuropa.

3   Ohr-Weide, *Salix aurita* L., Strauch 1–3 m; Äste sparrig; Zweige und Knospen kahl; junges Holz unter der Rinde durch Längsrippen gestriemt; B. 2–5 cm lg., rundlich-eiförmig, runzelig, am Rand wellig, unregelmäßig gezähnt, mit großen Nebenb.; Kätzchen 2 cm lg.; Tragb. der Bl. 2farbig; Fruchtknoten filzig behaart, Narben kopfig; Staubbeutel gelb. ✳ 4–5. △ Weidengebüsch, am Rand von Mooren, Seeufer, Bruchwälder; verbreitet. Nord- und Mitteleuropa, südlich bis Pyrenäen, Apennin.

4   Grau-Weide, *Salix cinerea* L., Strauch 2–5 m; junge Zweige und Knospen graufilzig; junges Holz unter der Rinde wie bei *S. aurita* gestriemt; B. br. eiförmig, 4–10 cm lg., graugrün, fein gesägt oder unregelmäßig gekerbt; Nebenb. bis 5 mm lg.; Kätzchen 4–9 cm lg.; Fruchtknoten filzig; Narben tief 2teilig, spreizend; Staubbeutel anfangs orangerot. ✳ 4–5. △ Wie *S. aurita;* häufig. Europa.

5   Sal-Weide, *Salix caprea* L., Strauch 3–9 m; Zweige rotbraun, wie die Knospen kahl; B. elliptisch, 3–10 cm lg., unterseits graugrün bis weißlich, dicht weißfilzig; Nebenb. klein; Kätzchen dick, walzlich, 4–10 cm lg., erst sitzend, später gestielt; Tragb. 2farbig, mit lg. weißen Haaren; Fruchtknoten filzig. ✳ 3–4. △ Gebüsche, Waldränder, Kiesgruben, Auenwälder; häufig. Fast ganz Europa.

6   Schwarz-Weide, *Salix myrsinifolia* Salisb. (*S. nigricans* Sm.), Strauch 2–5 m; Zweige braun bis schwarzbraun, matt; B. 3–8 cm lg., eiförmig, gesägt, oberseits dunkelgrün, glänzend, unterseits blaugrün, gegen die Spitze hin reingrün; Nebenb. groß, nierenförmig; Kätzchen fast gleichzeitig mit den B. erscheinend, eiförmig, 2–3 cm lg.; Tragb. 2farbig, zottig; Fruchtknoten kahl, gestielt. ✳ 4–5. △ Auenwälder, Bachufer, Waldränder, Moore; zerstreut. Fast ganz Europa, hauptsächlich in den Gebirgen.

Walnußgewächse / Juglandaceae

7   Echte Walnuß, *Juglans regia* L., Baum bis 25 m, mit kugeliger Krone, grauer, längsrissiger Borke; B. mit 7–9 ganzrandigen, eiförmigen, bis 15 cm lg. Fiederb.; ♂ Bl. in hängenden, 5–15 cm lg. Kätzchen; ♀ Bl. zu 2–3, endständig; Fruchtknoten unterständig, Narbe 2; Steinfrucht mit grüner, fleischiger Schale und brauner Fruchtwand (Nußschale). ✳ 5. △ Laubwälder in milden, spätfrostsicheren Lagen; Kulturpfl.; Südosteuropa, im übrigen Europa eingebürgert.

1

2

3

4

5

6

7

♂ ♀

Tafel 91 Wälder, Waldränder, Gebüsche, Auen

<u>Bäume und Sträucher</u>

Birkengewächse / Betulaceae

1 Hänge-Birke, *Betula pendula* Roth (*B. verrucosa* Ehrh.), Baum bis 25 m, unten (bis etwa 10 m) mit rissiger, wulstiger, schwärzlicher Borke mit einigen weißen Flecken, oberer Stammteil glatt, weiß; B. 3eckig-rautenförmig, lg. zugespitzt, jung klebrig, kahl; Zweige hängend, jung mit harzigen Wärzchen; ♂ Kätzchen 3–6 cm lg., ♀ 1,5–3 cm lg.; Fruchtschuppen 3lappig (Verwachsung aus Tragb. und 2 Vorb.), bei der Reife abfallend; Frucht eine geflügelte Nuß; Flügel 2–3mal so br. wie die Nuß. ✳4–5. △ Wälder, Moore, Heiden, Steinbrüche; verbreitet. Europa. – Ähnlich ist die **Moor-Birke** *B. pubescens* Ehrh., aber Rinde meist glatt, weiß, selten grau bis schwarz; junge Zweige und B. weichhaarig; B. ei- oder rautenförmig, kurz zugespitzt; Verästelung aufrecht; Flügel kaum breiter als die Nuß; Moor- und Bruchwälder, bodensaure Eichenwälder.

2 Grau-Erle, *Alnus incana* (L.) Moench, Baum bis 20 m, mit glatter (auch an alten Bäumen), hellgrauer Rinde; B. eiförmig-elliptisch, allmählich zugespitzt, doppelt gesägt, mit 7–12 Seitennervenpaaren; junge Zweige behaart; ♀ Kätzchen sitzend. ✳ 2–4. △ Auenwälder, Gebirgsbäche und Alpenflüsse; vor allem Kalkgebiete; häufig. Stickstoffanreicherung des Bodens durch stickstoffbindende Strahlenpilze, die in Wurzelknöllchen mit der Erle in Symbiose leben. Nord- und Mitteleuropa, südlich bis Mittelitalien, Balkanhalbinsel.

3 Schwarz-Erle, *Alnus glutinosa* (L.) Gaertn., Baum bis 20 m; Borke schwärzlich, rissig; B. rundlich-eiförmig, bis 10 cm lg., stumpf oder ausgerandet, mit 5–8 Seitennervenpaaren, schwach gesägt; Knospen und junge B. klebrig; ♂ und ♀ Kätzchen an denselben Zweigen, die ♀ gestielt, zapfenförmig, verholzend. ✳ 3–4. △ Auen- und Bruchwälder, Ufer; häufig. Europa.

4 Grün-Erle, *Alnus viridis* (Chaix) DC., Strauch 2–3 m; B. eiförmig, spitz, beiderseits grün, gezähnt; Zähne höher als br.; Knospen spitzlich, sitzend (bei den übrigen Arten gestielt); ♂Kätzchen hängend, gelb, bis 6 cm lg., bei Entfaltung der B. stäubend; ♀ Kätzchen unter den ♂ Kätzchen, eirund, 10–15 mm lg., grün, später zu braunen Zapfen verholzend. ✳ 5–7. △ Schattige, feuchte Steilhänge in den höheren Lagen der Gebirge, in den Alpen etwa 1400–2400 m, in den Mittelgebirgen tiefer; zerstreut. Gebirge Mittel- und Südeuropas.

Haselgewächse / Corylaceae

5 Hainbuche, Weißbuche, *Carpinus betulus* L., Baum bis 20 m, mit glatter, grauer Rinde, oft mit gedrehten Längsstreifen; B. eiförmig, 5–8 cm lg., meist asymmetrisch, doppelt gezähnt, hellgrün; ♂ Bl.stände gleichzeitig mit der B. erscheinend; ♂ Bl. ohne Bl.b., einzeln in den Achseln der Tragb. walziger Kätzchen; ♀ Bl. mit unscheinbarer Bl.hülle und 3teiligen Vorb. in lockeren Kätzchen; Frucht eine Nuß, 5–10 mm lg., von der grünen Bl.hülle umschlossen. ✳ 4–5. △ Laubwälder, Hecken, in tieferen Lagen; verbreitet. Hauptsächlich Mittel- und Südosteuropa, nördlich bis nach Südschweden.

6 Hasel, *Corylus avellana* L., Strauch 2–6 m; B. eiförmig, spitz, 5–12 cm lg., doppelt gezähnt; ♂ Bl. in 2–8 cm lg. Kätzchen, diese zu 1–4; ♀ Bl. zu 2–6, von Knospenschuppen umgeben, zur Bl.zeit nur die roten, fadenförmigen Narben herausragend; Frucht eine hartschalige, braune Nuß, umgeben von einer unregelmäßig zerschlitzten Hülle. ✳ 2–4. △ Gebüsche, Waldränder, Laubwälder; verbreitet. Europa.

1

5

6

2

4

3

Tafel 92   Wälder, Waldränder, Gebüsche, Auen

<u>Bäume und Sträucher</u>

Buchengewächse / Fagaceae

1   Rot-Buche, *Fagus sylvatica* L., Baum bis 40 m, mit glatter, grauer Rinde; Tiefwurzler; Knospen schmal, lg. zugespitzt, braun; B.br. eiförmig, bis 10 cm lg., ganzrandig, gewimpert; ♂ Bl. in kugeligen, lg. gestielten Kätzchen; ♀ Bl. zu 2 auf lg. Stiel, gemeinsam von einem weichstacheligen Fruchtbecher (Cupula) umgeben; Frucht eine 3kantige Nuß, im Herbst aus dem Fruchtbecher fallend; Beginn der Blüte mit 40–60 Jahren. ✳ 4–5. △ Laubmischwälder; spätfrostempfindlich; verbreitet. Fast ganz Europa in Gebieten mit ozeanischem Klimacharakter (hohe Niederschläge und relativ milde Winter), nördlich bis Südskandinavien, im Süden hauptsächlich in den Gebirgen, bildet dort oft die Waldgrenze.

2   Edel-Kastanie, *Castanea sativa* Mill., Baum bis 30 m, mit rissiger Rinde; Tiefwurzler; B. länglich-lanzettlich, dornig gezähnt, lederig, bis 25 cm lg.; ♂ Bl. in bis 20 cm lg., aufrechten Kätzchen; ♀ Bl. meist zu 3 am Grund der ♂ Bl.stände; Bl.b. 6, nur an der Spitze frei, Narben 6, steif, fadenförmig; Fruchtbecher kugelig, 5–7 cm br., mit harten, stechenden Stacheln, meist 3 dunkelbraune, glatte, halbkugelige Nüsse einschließend; Beginn der Blüte mit 20–30 Jahren. ✳ 6. △ Laubwälder sommerwarmer Gebiete; kalkarme bis saure Böden. Zur Römerzeit in Mitteleuropa eingebürgert. Süddeutschland, Ober- und Niederösterreich, Südalpen, Südeuropa.

3   Stiel-Eiche, *Quercus robur* L., Baum bis 40 m, mit dunkelbrauner, rissiger Rinde und knorrigen, weit ausladenden Ästen; B. sehr kurz gestielt, mit herzförmig geöhrtem Grund, unsymmetrisch, größte Lappen an der Spitze der B.spreite; ♂ Bl. in lockeren, hängenden Ähren; ♀ Bl. zu 2–5 achselständig; Bl.hülle 6zählig; Fruchtstand 3–8 cm lg. gestielt; Frucht (Eichel) eine eiförmige, glatte Nuß, vom zapfenförmigen Fruchtbecher umschlossen; Beginn der Blüte nach 40–80 Jahren. ✳ 4–5. △ Laubmischwald; verbreitet. Fast ganz Europa. – Ähnlich ist die **Trauben-Eiche,** *Qu. petraea* (Mattuschka) Liebl., Baum bis 40 m; B. 1–3 cm lg. gestielt, mit keilförmigem Grund, größte Lappen in B.spreitenmitte; Frucht höchstens 1 cm lg. gestielt; ✳ 4–5; △ Laubmischwälder; verbreitet. – Häufig gepflanzter Forst- und Zierbaum ist die **Rot-Eiche,** *Q. rubra* L., mit 15–20 cm lg. B. mit zugespitzten, br. Lappen und schmalen Buchten; Herkunft Nordamerika.

Ulmengewächse / Ulmaceae

4   Feld-Ulme, *Ulmus minor* Mill. (*U. carpinifolia* Gled., *U. campestris* L.), Baum, 10–30 m, mit gefeldeter, graubrauner Rinde; B. glatt, 6–10 cm lg., scharf gezähnt, jederseits mit 8–12 Seitennerven, fast kahl, in der Mitte am breitesten, bis 1,5 cm lg. gestielt; Bl. zwittrig, fast sitzend, in knäuligen Bl.ständen; Frucht eiförmig bis rundlich, bis 2 cm lg.; Same dem oberen Flügelrand der Frucht genähert. ✳ 3–4. △ Auenwälder, Laubwälder, Flaumeichenwälder, wärmeliebend; verbreitet. Mittel- und Südeuropa. GefGr. 2 ! – Ähnlich ist die **Flatter-Ulme,** *U. laevis* Pall. (*U. effusa* Willd.), aber B. jederseits mit 12–29 Seitennerven, unterseits behaart, bis 1 cm lg. gestielt; Bl. lg. gestielt, hängend; Flügel der Frucht zottig bewimpert; Same in oder unterhalb der Mitte der Frucht. △ Laubwälder, Auenwälder; ziemlich selten. Hauptsächlich Mittel- und Osteuropa.

5   Berg-Ulme, *Ulmus glabra* Huds. (*U. scabra* Mill.), Baum bis 30 m, mit längsgefurchter Rinde; B. asymmetrisch, 8–15 cm lg., rauh, scharf gesägt; jederseits mit 12–20 Seitennerven, unterseits behaart, im oberen Drittel am breitesten, 3–7 mm lg. gestielt; Bl. fast sitzend; Samen in der Mitte der Frucht. ✳ 3–4. △ Laubwälder, Gebüsche, Schluchtwälder; Alpen bis 1400 m; zerstreut. Europa.

3

5

4

2

1

1

Tafel 93 Wälder, Waldränder, Gebüsche, Auen

<u>Bäume und Sträucher</u>

Kreuzdorngewächse / Rhamnaceae

1 Faulbaum, *Frangula alnus* Mill. (*Rhamnus frangula* L.), Strauch 1–4 m; Zweige dornenlos; B. wechselständig, rundlich bis eiförmig, 2–5 cm lg., jederseits mit 7–12 Seitennerven; Bl. 5zählig, zu 2–10 in den B.achseln, gelbgrün, etwa 5 mm br.; Frucht eine rote, später dunkelblaue, 5–8 mm br. Beere. ✻ 5–6. △ Erlenwälder und Birkenmoore, Weidengebüsche, lichte Laubmischwälder; häufig. Fast ganz Europa.

Ölweidengewächse / Eleagnaceae

2 Sanddorn, *Hippophae rhamnoides* L., Dorniger Strauch bis 6 m; B. lineal-lanzettlich, 5–6 cm lg., 3–7 mm br., oberseits dunkelgrün, unterseits silberweiß, am Rand umgerollt; Bl. 1geschlechtig, klein, bräunlich, ♂ in kopfartigen Bl.ständen, ♀ in wenigblütigen Trauben; Frucht eiförmig, 6–8 mm lg., orangerot. ✻ 3–5. <u>Geschützt!</u> △ Flußauen, Kiesbänke, Küstendünen, lichte Föhrenwälder; zerstreut bis selten. Gebirge Mittel- und Südeuropas, Nord- und Ostseeküste, Bodensee, Rheingebiet; Zierpfl.

Araliengewächse / Araliaceae

3 Efeu, *Hedera helix* L., Kletterstrauch 6–20 m; Äste und Zweige mit Haftwurzeln; B. wechselständig, immergrün, glänzend, an nichtblühenden Trieben 3–5eckig, gelappt, an blühenden Sprossen ei-lanzettlich bis rhombisch, 5–10 m lg.; Bl. 5zählig, in halbkugeligen Dolden, grün; Kronb. 3–4 mm lg., fleischig, außen braun, innen grün; Frucht eine dunkelblaue Beere; 8–10 mm br. ✻ 9–11. △ Auenwälder, Laubwälder mit Eiche, Buche, Mauern, Felsen; frostempfindlich. Fast ganz Europa.

Ölbaumgewächse / Oleaceae

4 Gewöhnliche Esche, *Fraxinus excelsior* L., Baum bis 40 m, jung mit glatter, später mit längsrissiger, schwärzlicher Rinde; B. gefiedert, mit 9–13 ei-lanzettlichen, fein gezähnten Fiederb.; B.knospen dick, schwarz, gegenständig; Bl.rispe aufrecht, vor den B. erscheinend; Kronb. und Kelchb. fehlend; Frucht eine geflügelte Nuß. ✻ 4–5. △ Auen- und Schluchtwälder, krautreiche Mischwälder; verbreitet. Fast ganz Europa, nördlich bis Südskandinavien, im Süden nur in den Gebirgen.

3

4

1

2

1

Tafel 94   Wälder, Waldränder, Gebüsche, Auen

Süßgräser / Gramineae oder Poaceae

1 Einblütiges Perlgras, *Melica uniflora* Retz., Pfl. 30–50 cm; B. 3–6 mm br.; Bl.scheiden kahl, mit kleinen, bis 4 mm lg. Anhängsel gegenüber dem B.grund; Rispe locker; Ährchen aufrecht, 5–6 mm lg., 1blütig. ✳ 5–6. △ Laubmischwälder, Buchenwälder; verbreitet. Südskandinavien, Mittel- und Südeuropa.

2 Nickendes Perlgras, *Melica nutans* L., Pfl. 30–60 cm; B. 3–8 mm br.; B.häutchen sehr kurz, ohne gegenständigem Anhängsel; Ährchen nickend, 6–10 mm lg., 2blütig, in lockerer 1seitswendiger, bis 10 cm lg. Traube. ✳ 5–6. △ Laubmischwälder, Auenwälder, lichte Nadelwälder; häufig. Fast ganz Europa.

3 Fieder-Zwenke, *Brachypodium pinnatum* (L.) P. B., Pfl. 50–100 cm, gelbgrün, mit lg., unterirdischen Ausläufern; St. steif, nur an den Knoten kurzhaarig; B. 4–6 mm br., am Rand borstig behaart, selten kahl; B.häutchen gestutzt, 1–2 mm lg.; Ähre steif, aufrecht; Ährchen 2–3 cm lg. und 8–20blütig; Deckspelze mit kurzer Granne. ✳ 6–7. △ Lichte, trockne Wälder, Waldränder, Magerrasen, Weiden, Halbtrockenrasen; verbreitet. Europa. – Ähnlich ist die **Wald-Zwenke,** *B. sylvaticum* (Huds.) P. B., aber Pfl. in lockeren Horsten; B. dunkelgrün, schlaff, unterseits mit hervortretendem, weißem Mittelnerv; Ähre überhängend; Granne so lg. oder länger als die dazugehörige Deckspelze. Auenwälder, Laubmischwälder; häufig. Europa.

4 Draht-, Schlängel-Schmiele, *Deschampsia flexuosa* (L.) P. B., Pfl. lockerrasig, weiche Polster bildend, 30–50 cm; B. eingerollt, fadenförmig; B.häutchen 2–3 mm lg.; Rispe locker, mit geschlängelten, feinen Rispenästen; Ährchen hellbräunlich, wie die Rispenäste violett überlaufen; Granne der Deckspelze gekniet, das Ährchen überragend. ✳ 6–8. △ Bodensaure Laub- und Nadelwälder, Magerweiden, Heiden; kalkmeidend; verbreitet. Europa.

5 Land-Reitgras, Waldschilf, *Calamagrostis epigejos* (L.) Roth, Pfl. 80–150 cm, mit lg. unterirdischen Ausläufern; B. 5–10 mm br., flach oder eingerollt, hart, beiderseits stark rauh; B.häutchen bis 9 mm lg., gestutzt; Rispe bis 30 cm lg., knäuelig gelappt; Ährchen am Grund der Deckspelzen mit einem Haarkranz; Deckspelzen am Rücken begrannt, Granne die Deckspelze weit überragend, die Spitze der Hüllspelze fast erreichend, aber nicht aus dem Öhrchen herausragend ✳ 6–8. △ Waldschläge, lichte Wälder, Ufer, Kiesgruben; häufig. Europa. Ähnlich sind noch: **Wolliges Reitgras,** *C. villosa* (Chaix) Gmelin, B. 4–5 mm br., schlaff, am B.grund mit 2 Haarbüscheln; rückenständige Granne der Deckspelze diese nicht überragend; Fichtenwälder, Fichtenmoore, bodensaure Eichenwälder und Zwergstrauchgesellschaften; Gebirge Mittel- und Südosteuropas. – **Berg-Reitgras,** *C. varia* (Schrad.) Host, B. dunkelgrün, 3–8 mm br., beiderseits rauh; Granne gekniet, im untersten Viertel der Deckspelze eingefügt, diese und die Hüllspelze überragend und aus dem Ährchen herausragend; Bergwälder, besonders mit Föhre, steinige Böden, Pionier auf Rutschhängen; Gebirge Mittel- und Südeuropas.

Tafel 95   Wälder, Waldränder, Gebüsche, Auen

Riedgrasgewächse oder Sauergräser / Cyperaceae

1   Zittergras-Segge, Seegras, *Carex brizoides* Jusl., Pfl. 30–70 cm, rasenbildend, mit Ausläufern; B. schlaff, 2–3 mm br., länger als der dünne, 3kantige, zur Fruchtzeit gebogene St.; Bl.stand 2–3 cm lg., aus 5–8 gekrümmten, gleichgestalteten Ähren, diese unten ♂, oben ♀; Fruchtschläuche 2–2,5 mm lg., schmal geflügelt, gelbgrün; Narben 2. ✳ 5–6. △ Feuchte Wälder, Laubmischwälder, Auenwälder; häufig, früher als »Seegras« zu Polstern verwendet. Mittel- und Osteuropa, südlich bis Pyrenäen, Oberitalien.

2   Große, Hängende Segge, *Carex pendula* Huds., Pfl. 50–150 cm, horstbildend; B. 7–15 mm br., glänzend; St. 3kantig, 2–4 mm br., gleichmäßig bis oben beblättert; ♂ Ähre 1, endständig; ♀ Ähren 2–5, lg. gestielt, bogig überhängend, 7–15 cm lg., dichtblütig; Tragb. laubb.artig; Fruchtschläuche 3–4 mm lg., in den kurzen Schnabel verschmälert, glänzend; Narben 3. ✳ 5–6. △ Feuchte Laubwälder, schattige Quellfluren; verbreitet. Mittel- und Südeuropa.

3   Wald-Segge, *Carex sylvatica* Huds., Pfl. dichtrasig, 30–70 cm; grundständige B.scheiden braun; St. bis oben beblättert; B. 4–8 mm br., schlaff, glänzend grün; ♂ Ähre 1, endständig; ♀ Ähren 2–5, linealisch, 3–5 cm lg., lockerfrüchtig, an 3–10 cm lg., dünnen, nickenden Stielen; Fruchtschläuche 5–6 mm lg., allmählich in den lg., 2zähnigen Schnabel verschmälert; Narben 3 ✳ 5–7. △ Laub- und Nadelmischwälder; verbreitet. Südskandinavien, Mittel- und Südeuropa.

4   Weiße Segge, *Carex alba* Scop., Pfl. 10–30 cm, rasenbildend, mit lg., unterirdischen Ausläufern; grundständige B.scheiden braun; B. 1–1,5 mm br., steif, kahl; St. stumpf 3kantig; ♂ Ähre 1, endständig, ♀ Ähren 2–4, lockerfrüchtig, 5–10 mm lg., an 0,5–3 cm lg., aufrechten Stielen, oberste ♀ Ähre oft die ♂ Ähre überragend; Fruchtschläuche kugelig, gelblich, Spelzen weißhäutig; Narben 3. ✳ 5–6. △ Wärmeliebende Laubwälder, besonders mit Buche, Kiefernwälder; zerstreut. Süddeutschland, Alpen, Pyrenäen, Karpaten, Gebirge der nördlichen Balkanhalbinsel.

5   Vogelfuß-Segge, *Carex ornithopoda* Willd., Pfl. 5–15 cm, sehr ähnlich *C. digitata,* aber alle Ähren fast von einem Punkt entspringend; ♀ Ähren 6–10 mm lg., 2–6blütig, zuletzt krallenförmig gekrümmt. ✳ 4–5. △ Wälder, Gebüsche, Halbtrockenrasen; zerstreut. Fast ganz Europa.

6   Finger-Segge, *Carex digitata* L., Pfl. 10–30 cm; grundständige B.scheiden rotbraun, faserig; B. 2–4 mm br., dunkelgrün, schlaff; ♂ Ähre 1, endständig, ♀ Ähren dünn, 15–20 mm lg., 5–10blütig, fingerartig genähert, das unterste herabgerückt, 1–2 cm lg. gestielt; Fruchtschläuche gelbgrün bis hellbraun; Narben 3. ✳ 3–5. △ Laub- und Nadelmischwälder; häufig. Fast ganz Europa.

Binsengewächse / Juncaceae

7   Haar-, Frühlings-Hainsimse, *Luzula pilosa* (L.) Willd., Pfl. 15–30 cm, horstbildend; Grundb. 5–10 mm br., St.b. schmäler; B.scheiden dunkelrot; Bl.stand doldig; Bl. einzeln, an lg. Stielen; Bl.b. 6, spitz, braun, 3–4 mm lg.; Bl.äste später zurückgeschlagen. ✳ 4–5. △ Laub- und Nadelwälder; verbreitet. Europa.

Einbeerengewächse / Trilliaceae

1   Vierblättrige Einbeere, *Paris quadrifolia* L., Pfl. 10–40 cm; St. kahl, an der Spitze mit 4, seltener 5 oder 6 quirlständigen, sitzenden, elliptischen, netznervigen, bis 10 cm lg. B. und 1 endständigen, lg. gestielten, meist 4zähligen, grünen Bl.; äußere 4 Bl.b. ei-lanzettlich, 2–3 cm lg., bis 5 mm br., innere 4 Bl.b. etwas kürzer und schmäler; Staubb. 8, seltener 10 oder 12; Frucht eine schwarze, bereifte, 1 cm br. Beere. ✳ 5–6. Stark giftig! △ Auenwälder, Eichen- und Buchenwälder, Nadelmischwälder; zerstreut. Europa.

Knabenkrautgewächse oder Orchideen / Orchidaceae

2   Großes Zweiblatt, *Listera ovata* (L.) R. Br., Pfl. 20–50 cm; St. mit 2 gegenständigen, br. eiförmigen, 5–10 cm lg. B.; Bl.traube vielblütig; Bl.b. grün, zusammenneigend, 3–4 mm lg.; Lippe gelbgrün, 2lappig, Lappen stumpf, nicht spreizend. ✳ 5–6. Geschützt! △ Laubmischwälder, Auenwälder, Gebüsche, Bergwiesen; ziemlich häufig. Fast ganz Europa.

3   Vogelnestwurz, *Neottia nidus-avis* (L.) Rich., Pfl. 20–50 cm, ohne B. grün, hellbraun; St. dick, mit scheidigen Schuppenb.; Bl.traube vielblütig; Bl.b. zusammenneigend, stumpf, 4–6 mm lg., hellbraun; Lippe tief 2teilig. ✳ 5–6. Geschützt! △ Laubmischwälder, besonders Buchenwälder; Moderpfl., auf moderndem Holz, lebt von toten, organischen Stoffen; ziemlich häufig. Fast ganz Europa, nördlich bis Mittelskandinavien.

Wolfsmilchgewächse / Euphorbiaceae

4   Wald-Bingelkraut, *Mercurialis perennis* L., Pfl. 15–30 cm, 2häusig; St. im oberen Teil beblättert, unten nur mit Schuppenb.; B. länglich-lanzettlich, 4–12 cm lg., stumpf gezähnt; B.stiele über 5 mm lg.; Bl. 1geschlechtig, klein, mit 3teiligem, grünem Kelch, in Rispen oder Knäueln. ✳ 4–5. △ Krautreiche Laubwälder und Nadelmischwälder, Gebüsche; häufig. Südskandinavien, Mittel- und Südeuropa. – Ähnlich ist das **Eiblättrige Bingelkraut,** *M. ovata* Sterb., aber B. br. eiförmig, sitzend oder höchstens 2 mm lg. gestielt; St. im unteren Teil mit kleinen Laubb.; wärmeliebende Wälder, Eichen-Kiefernwälder, sonnige Gebüsche; selten; Bayern (Donaugebiet), Südalpen, Südosteuropa. GefGr. 4!

Fichtenspargelgewächse / Monotropaceae

5   Fichtenspargel, *Monotropa hypopitys* L., Pfl. 10–20 cm, auf Wurzeln von Holzpfl. parasitierend, braun oder gelblich, ohne B.grün; B.schuppen, 1–2 cm lg., bleichgelb; Bl. 4–5zählig, glockenförmig, sitzend, zu 8–15 in dichter Traube. ✳ 6–7. △ Nadelwälder, auch Eichen- und Buchenwälder; zerstreut. Fast ganz Europa.

Gefleckter Aronstab, *Arum maculatum* L., s. S. 156

1

3

4

2

5

Kurze Charakterisierung der Lebensräume

Äcker, Schutt- und Kiesplätze, Wege

So sehr unterschiedlich die Standorte der Ruderalfluren (Schutt- und Kiesplätze, Wegränder, Dorfplätze) sowie der Segetalfluren (Äcker, Weinberge, Gärten) hinsichtlich Feuchtigkeit (trocken, feucht, staunaß) und Bodenbeschaffenheit (Kies, Sand, Feinerde, Schlamm) auch sind, so brauchen sie doch alle offenen Boden, frei von Konkurrenten der Arten aus den Wiesen- und Waldgesellschaften, und reichlich Nährstoffe, vor allem Stickstoff, der zumindest von diesen Arten gut vertragen wird. Es sind unter ihnen viele kurzlebige, einjährige Arten, die als Erstbesiedler oder Pioniere auf diesen Rohböden oder freigestellten, vegetationslosen Flächen zunächst auftreten. Auf den humusreichen und feinerdereichen Böden der Äcker, Weinberge und Gärten würden diese Arten rasch durch Wiesen- und Waldpflanzen ersetzt, wenn nicht durch regelmäßige Bodenbearbeitung die besten Voraussetzungen für die einjährigen Ackerkräuter geschaffen würden. Auf Schutt- und Müllplätzen, in Kiesgruben, auf Bahngelände und Dorfplätzen folgen auf die einjährigen Arten, wenn nicht erneut der Boden freigehalten wird, bald mehrjährige Stauden, die auch an die extremen Bedingungen wie geringe Bodenmächtigkeit oder sehr hohe Stickstoffgaben, Belastung durch Tritt und Befahren angepaßt sind.

Die Herkunft der Ackerunkräuter ist recht unterschiedlich. Ein Teil stammt aus den Steppen und Halbwüsten Südosteuropas und Vorderasiens (z. B. Sichelmöhre, Haftdolde), aus dem Mittelmeerraum (Weinbergs-Lauch, Traubenhyazinthe, Doldiger Milchstern) oder auch aus Nord- und Mittelamerika (Nachtkerze, Kanadisches Berufkraut), ein anderer Teil, so vor allem die stickstoffliebenden Arten wie Vogelmiere, Einjähriges Rispengras und Gänsefuß-Arten aus dem Spülsaumbereich der Meeresküsten und der Flußauen.

Innerhalb der Vegetation der Äcker, Weinberge und Gärten, also der Segetalfluren unterscheidet man zwischen Hackunkrautgesellschaften und Getreideunkrautgesellschaften. Im ersten Fall erfolgt häufig mechanische Bodenbearbeitung wie Hacken auch während des Sommers, wobei nur raschwüchsige Arten wie einige Knöterich-, Gänsefuß- und Wolfsmilch-Arten, die nach dem Keimen bald reife Früchte tragen, lebensfähig sind. Im zweiten Fall erfolgt nur im Spätherbst oder im zeitigen Frühjahr eine mechanische Bodenbearbeitung. Die Arten der Getreideunkrautgesellschaften wie Kornrade oder die meisten Mohn-Arten keimen auch bei niedriger Temperatur (etwa unter 10° C), während die Arten der Hackunkrautgesellschaften zur Keimung Temperaturen von mindestens 15° C, besser 20° C benötigen. In einem zur kälteren Jahreszeit umgepflügten Acker entwickeln sich also zunächst nur die Getreideunkräuter und lassen den erst später keimenden Hackfruchtunkräutern wenig Raum; diese haben allerdings größere Lebenschancen, wenn im Sommer durch Hacken ihre im Herbst oder Frühjahr keimenden Konkurrenten entfernt werden. Zudem werden die Hackfruchtunkräuter durch Stickstoffdüngung viel stärker gefördert. Durch die chemischen Bekämpfungsmethoden sind allerdings für alle wildwachsenden Arten der Äcker kaum noch Lebensmöglichkeiten gegeben, so daß viele Pflanzen wie Kornrade, Venusspiegel oder Kornblume beinahe verschwunden sind.

Innerhalb der Ruderalfluren, also der Vegetation auf Bauschutt, Müllplätzen, Kiesgruben und Wegrainen werden zahlreiche Gesellschaften unterschieden, die hier gar nicht alle genannt werden können. So kennt man die kurzlebige Gesellschaft der Malven-Brennesselfluren auf stickstoffreichen Rohböden in Dörfern oder die Gänsefuß-Pioniergesellschaft auf nährstoffärmeren Rohböden, die wiederum von anderen,

ausdauernden Arten, beispielsweise von Pflanzen der Trittrasen und anderen Gesellschaften abgelöst werden. Wegrauke, Sophienkraut und Gänse-Malve sind Vertreter kurzlebiger Ruderalgesellschaften. Viel beständiger ist die farbenprächtige Gesellschaft der Eselsdistelfluren auf trockenen, warmen Standorten, die von Waldpflanzen nicht oder nur langsam erobert werden. Wärme- und trockenheitsliebende (-ertragende) Arten wie Natternkopf, Hundszunge, Graukresse, Nickende Distel, Wilde Resede und Nachtkerze gesellen sich hinzu. Auf feuchteren Standorten oder in Gegenden mit kühlerem, feuchtem Klima haben wir die Gesellschaft aus Großer und Filziger Klette, Schöllkraut, Schierling und Taubnesseln.
Hier ist auch noch die Vegetation auf nassen, schlammigen Böden, am Rand von Teichen und Gräben in Dorfnähe und an Viehtränken zu erwähnen. Diese Gesellschaften der Ufer- und Schlammfluren bestehen fast nur aus einjährigen Arten wie Pfeffer-Knöterich, Zweizahn und einigen Ampfer-Arten, die alle nährstoffreiche, gut durchfeuchtete oder nasse, zur Keimung vegetationsfreie, entblößte Böden und reichlich Licht brauchen. Durch Viehtritt oder durch mindest alljährliche, länger andauernde Überschwemmung (Fischteiche, Wasserrückhaltebecken) wird immer wieder offener Boden und damit die Voraussetzung für diese Pflanzengesellschaften geschaffen.

Trockenrasen, Magerrasen, steinige Hänge, Mauern

Offene Trockenrasen gibt es in Mitteleuropa von Natur aus nur dort, wo der Boden für Wald- und Strauchwuchs zu ungünstig ist. Meist sind die baumfreien Inseln mit steppenartiger Vegetation durch Beweidung oder einschürige Mahd entstanden oder erweitert. Die meisten Felsheiden, Steppenrasen, oder sonstigen baum- und strauchlosen Rasengesellschaften unterhalb der alpinen Waldgrenze wie der Kalkmagerrasen auf Kalk oder der Silikatmagerrasen auf saurem, kalkfreiem Gestein sind in Mitteleuropa Sekundärstandorte, die einst von Eichen-, Buchen- oder sonstigen Trockenwäldern bestockt waren. Sie sind also in ihrer Entstehung mit den natürlichen Steppen Osteuropas nicht unmittelbar vergleichbar. In Mitteleuropa haben die Trockenrasen ihren Schwerpunkt in warmen, niederschlagsarmen Gegenden. Die Pflanzen zeichnen sich durch tiefreichendes Wurzelwerk und durch Einrichtungen, die die Verdunstung herabsetzen wie versenkte Spaltöffnungen, dichte Behaarung, geringe oberirdische Masse, also durch einen xeromorphen Bau aus.
Zunächst gibt es die kontinentalen Trockenrasen, deren Standorte sich durch große Trockenheit während der Vegetationsperiode, geringe Jahresniederschläge und große jahreszeitliche und auch tägliche Temperaturextreme auszeichnen. Als Musterbeispiel sind die inneralpinen Felsensteppen (Wallis, Aostatal, Vintschgau) mit Federgras, Felsennelke, Zottigem Spitzkiel oder die Steppenrasen westlich von Mainz oder auch noch die Trockenrasen um Würzburg zu nennen. Letztere leiten bereits zu den submediterranen-subatlantischen Trockenrasen über, die weniger extreme jahreszeitliche Temperaturschwankungen und relativ mehr Niederschläge haben. Die Pflanzen dieser Gesellschaften sind sehr wärmeliebend und häufig auch frostempfindlich und stehen oft im Kontakt mit Arten der Flaumeichenwälder. Die Halbtrockenrasen haben ähnliche Niederschlagsverhältnisse wie die Trockenrasen, nur sind sie in Gegenden mit etwas niedrigerer Temperatur und geringeren Temperaturschwankungen verbreitet. Sie sind auf tiefgründigeren Standorten mit ausgeglichenerem Wasserhaushalt von der früheren Bewirtschaftungsform noch stärker abhängig als die Trockenrasen. Auch Unterschiede in der Exposition sind entscheidend: so können auf Südhängen Trockenrasen beobachtet werden, während die benachbarten Nordhänge Halbtrockenrasen aufweisen.
Wie bereits erwähnt sind die Mager- und Halbtrockenrasen Mitteleuropas ohne Mahd oder Beweidung auf längere Sicht nicht strauch- oder baumfrei zu halten.

Wenn auch in einer geschlossenen Rasendecke Bäume nur sehr ungünstige Bedingungen zum Keimen vorfinden, so können Arten wie Schlehe, Wacholder oder Zitter-Pappel durch Wurzelbrut oder Ausläufer von einem randlichen Gehölzbestand aus relativ rasch vordringen und einen brachliegenden Rasen allmählich in Besitz nehmen.

Auf nackten Felsbändern und Felskuppen, Mauerkronen und in Mauerfugen mit geringer Humusbildung und minimalem Wasserspeichervermögen können Bäume und Sträucher nur schwerlich Fuß fassen. Dort gedeihen flechten- und moosreiche Pioniergesellschaften mit vielen sukkulenten Pflanzen wie Hauswurz- und Mauerpfeffer-Arten, die mit ihren fleischigen Blättern lange Zeit Wasser speichern können, oder andere Arten wie Felsen-Leimkraut, Hasen-Klee und Thymian, die extreme Hitze und Trockenheit gut überdauern.

Fettwiesen und -weiden

Mit den Fettwiesen und -weiden ist das intensiv genutzte Wirtschaftsgrünland gemeint. Regelmäßige Mahd und/oder Beweidung bei häufiger Düngung ließen relativ artenarme, eng umgrenzte Wiesengesellschaften entstehen, deren Arten das regelmäßige Zurückbeißen oder Abmähen ertragen und dadurch sogar gefördert werden, indem andere Lichtkonkurrenten ferngehalten werden. Je nach Niederschlagsmenge, Bodenfeuchtigkeit oder Grundwasserstand reichen diese grünen, satten Wiesen (im Gegensatz zu den meist braunen, fahlen und lückigen Mager- und Trockenrasen) von fast trockenen, frischen, bis zu feuchten und nassen Gesellschaften. Viele Flächen auf trockenen, tiefgründigen Böden, die einst eine bunte Wiesengesellschaft aus Glatthafer, Wiesen-Salbei, Margerite und Wiesen-Glockenblume trugen, sind heute in Ackerland umgewandelt. Vielfach können sich nur noch die etwas feuchteren Wiesengesellschaften in den breiteren Talflächen mit Kohldistel und Wiesen-Knöterich halten, sofern sie nicht entwässert werden, wie es vielen Feucht- und Naßwiesen mit Sumpf-Dotterblume, Wasser-Greiskraut und einigen Seggen wie Wiesen- und Schlank-Segge ergangen ist. Relativ gut erhalten sind noch die Bergfettwiesen mit Goldhafer, Perücken-Flockenblume, Großer Sterndolde und im Frühjahr mit zahlreichen Blüten des Krokus sowie in den Vogesen und südlichen Gebirgstälern oder im Schweizer Jura mit Weißer Narzisse. Die Intensivweiden, die also fast ganzjährig wie in Norddeutschland von großen Rinderherden beweidet werden, bestehen hauptsächlich aus trittfesten Arten wie Ausdauerndem Lolch, Kammgras, Weiß-Klee und Gemeiner Quecke, die sich auch rasch regenerieren können.

Gewässer, Moore, Sümpfe

Dieser Lebensraum ist, mit Ausnahme der Waldmoore und der Auenwälder entlang der Gewässer, weitgehend von Natur aus waldfrei und hat noch relativ viele naturnahe Lebensgemeinschaften. Die Wasser- und Sumpfpflanzen sind oft mit besonderen Einrichtungen ausgestattet; so haben die Wurzeln und Sprosse ein reich verzweigtes Durchlüftungssystem, wodurch sie auf ständig unter Wasser stehenden Böden wachsen können. Die Unterwasserpflanzen vermögen durch die dünne Epidermis (Oberhaut) der Blätter und Stengel aus dem Wasser gelöste Gase wie Sauerstoff und Kohlendioxid oder Nährstoffe aufnehmen.

Beginnen wir mit den Vegetationsverhältnissen der Unterwasserpflanzen und zwar denen der rasch fließenden Gewässer. Durch die starke Strömung des Wassers wird eine Pflanze reichlich mit Sauerstoff und Nährstoffen versorgt; der starken mechanischen Belastung sind aber nur wenige (rheotolerante) Arten angepaßt, die meist flutende, grasähnliche oder riemenförmige Blätter (Flutender Hahnenfuß, Flutendes

Laichkraut) besitzen, während die Arten der stehenden Gewässer runde oder breite Blattformen aufweisen. Begleitet werden die Bäche von einem Uferröhricht aus Rohr-Glanzgras, das durch rasche Wasserströmung nicht so leicht geknickt wird wie Schilf. Weit reichhaltiger ist die Vegetation stehender oder langsam fließender Gewässer. Man unterscheidet zwischen nährstoffarmen (oligotrophen) Gewässern mit großer Sichttiefe und geringer Pflanzenproduktion und nährstoffreichen (eutrophen) Gewässern mit großer Produktion an höheren Pflanzen, die zur Verlandung beitragen, und an niederen Lebewesen (Plankton), die die Trübung und geringe Sichttiefe des Wassers verursachen. Beginnend mit der Unterwasservegetation haben wir bei etwa 2–5 m Tiefe eine Zone aus Laichkräutern und Tausendblatt, der nach unten in oligotrophen, klaren Seen bis etwa 15 m Tiefe ein Rasen aus Armleuchteralgen *(Chara),* nach oben, uferwärts (im Tiefenbereich zwischen 1 und 3 m), die Schwimmblattgesellschaften mit See- und Teichrose, besonders üppig in nährstoffreichen Seen, folgen; darauf schließt ein breiter Schilfgürtel an, der allmählich in ein Seggenried mit Großseggen wie Steif-, Schlank- oder Schnabel-Segge und den mit Kleinseggen wie Wiesen- und Graue Segge übergeht. Damit sind wir mitten in der artenreichen Verlandungszone, die teilweise als Streuwiesen genutzt und dadurch erhalten wird; denn ziemlich rasch entwickelt sich dort ein Erlenbruchwald oder Weidengebüsch.

Durch die ständige Ansammlung von organischem Material, das in dem sauerstoffarmen Wasser an den Naßstandorten nicht abgebaut wird, entsteht eine Torfschicht von unterschiedlicher Mächtigkeit und unterschiedlicher Wachstumsgeschwindigkeit. Pflanzengesellschaften, unter denen eine Torfschicht entstanden ist, rechnet man zu den Mooren (im Gegensatz zu Sümpfen, womit man Naßstandorte ohne Torfbildung bezeichnet). Man unterscheidet Nieder- oder Flachmoore mit fast ebener Fläche und Hochmoore mit der typischen hochgewölbten Oberflächenform. Erstere werden vom Grund- oder Hangwasser gespeist, letztere sind vom Grundwasser nicht beeinflußt, sondern von Niederschlägen abhängig. Hochmoore gibt es daher nur in Gegenden mit großen Niederschlagsmengen.

Die Flachmoore, besonders die kalk- und nährstoffreichen Kalkflachmoore sind reich an Blütenpflanzen, besonders an Seggen, Binsen, Simsen oder Wollgräsern, während die Hochmoore, sehr sauer und nährstoffarm, nur wenige Blütenpflanzen wie Moosbeere, Rauschbeere oder Scheidiges Wollgras aufweisen. Am Aufbau und an der Bildung der Hochmoore beteiligen sich hauptsächlich die vielen Arten des Torfmooses *(Sphagnum),* die nach oben unbegrenzt weiterwachsen, während die unteren, älteren Teile absterben, aber in dem sauren, sauerstoffarmen Milieu nicht zersetzt werden und nach und nach zur Bildung des Torflagers beitragen, das eine Mächtigkeit bis zu 10 m bekommen kann. Der randliche Teil eines Hochmoores, das steil abfallende Randgehänge, trägt meist einen dichten Wald aus Kiefern oder Birken. In der Mitte befinden sich oft ein oder mehrere kleine, tiefe Teiche mit bräunlichem Wasser, die Kolke, in denen sich gelegentlich schwimmende Inseln z. B. aus Torfmoosen, Blumenbinse, Schlamm-Segge und anderen Pflanzen sogenannte Schwingrasen bilden. Die Zwischenmoore nehmen eine Mittelstellung ein. Häufig wechseln sich auf einer Hochmoorfläche aufgewölbte Bulte und wassergefüllte Schlenken ab. Die Zwischenmoore nehmen eine Mittelstellung zwischen den baumfreien Flachmoor- und den Hochmoorgesellschaften ein. Manche Schlenken, Schwingrasen und die Hochmoorrandsümpfe haben Zwischenmoorcharakter.

Wälder, Waldränder, Gebüsche, Auen

Eine ungemein hohe Zahl von Waldgesellschaften lassen sich in Mitteleuropa aufgrund der unterschiedlichen Böden (trocken, frisch oder feucht, kalkreich, kalkarm oder sauer, flach- oder tiefgründig, steinig, sandig, lehmig oder tonig), der Höhenlage (von 0 bis etwa 2400 m Meereshöhe) und des Klimas (niederschlagsarm oder -reich, wintermild oder mit großen Temperaturgegensätzen zwischen Sommer und Winter) unterscheiden, die hier nicht einmal aufgezählt werden können. Vielfach sind die Wälder durch forstliche Nutzung oder Waldweide stark verändert, so daß natürliche oder naturnahe Wälder selten zu finden oder deren natürliche Baumarten-Zusammensetzung aus den Gräsern und Kräutern am Boden, der Krautschicht, abzuleiten ist.

Innerhalb der **Laubmischwälder** mit den Edellaubhölzern Ahorn, Buche, Esche, Linde, Ulme unterscheidet man unter anderem die buchenreichen Mischwälder auf nicht zu nassen, nicht zu trockenen und nicht zu kalten Standorten, dann die hainbuchenreichen auf trockeneren Standorten und die eschen- und erlenreichen Mischwälder auf feuchteren Standorten. Besonders reichhaltig sind die Buchenwälder der Kalkgebirge. Die an Edellaubhölzern reichen Wälder zeigen vor dem Blattaustrieb eine üppig blühende Bodenvegetation aus Leberblümchen, Buschwindröschen, Waldmeister, Frühlings-Platterbse, Lungenkräutern und vielen anderen Frühjahrsblühern, deren Blätter bald vergilben, aber nicht (nur) aus Lichtmangel, sondern infolge der Erwärmung der bodennahen Schichten; denn sie verfallen auch auf Wiesen und entwaldeten Plätzen. In den höheren Lagen der Gebirge (in den Mittelgebirgen um 500–1000 m, in den Alpen bei 800–1350 m) haben wir den Tannen-Buchenwald, dem noch Fichte, durch den Menschen stark begünstigt, beigemischt ist, während der bodensaure Buchen-Eichenwald oft als die landschaftsbeherrschende Waldform der mitteleuropäischen Tieflagen bezeichnet wird.

Die Eiche (Trauben- und Stiel-Eiche) ist eine wärme-, trockenheits- und lichtliebende Baumart, die aufgelichtete Wälder mit einer artenreichen Strauch- und Krautschicht bildet. In sehr trockenen und wintermilden Klimagegenden ist die Flaum-Eiche mit vielen südlich verbreiteten Begleitpflanzen zu Hause, die wir auch in Trockenrasen auffinden. In winterkalten Gegenden mit kontinentalerem Charakter gesellt sich zu Trauben- und Stiel-Eiche die Wald-Kiefer. Auf den armen Sandböden, z. B. in Nordwestdeutschland stockt der Eichen-Birkenwald mit Heidelbeere, Heidekraut, Draht-Schmiele und Adlerfarn als Anzeiger saurer, nährstoffarmer Böden. Noch viele Edellaubhölzer gäbe es anzuführen, so der Ahorn-Eschenwald oder der Linden-Mischwald.

Wenden wir uns aber den **Nadelwäldern** zu. Die Tanne, die als hochstaudenreicher, reiner Tannenwald in den regenreichen, ozeanisch getönten Nordalpen bis 1700 m ansteigt oder als reiner Tannenwald auf Kalk oder Silikat in den Mittelgebirgen vorkommt, haben wir im Zusammenhang mit der Buche bereits erwähnt. In den kontinentaleren Inneralpen sind in den trockenen Tälern der Wald-Kiefernwald, in den höheren Lagen der Lärchen-Arvenwald verbreitet, der dort bei etwa 2400 m die Waldgrenze bildet. Die anspruchslose Wald-Kiefer tritt noch an den verschiedensten Standorten waldbildend auf, als wärmeliebender Eichen-Kiefernwald, als bodensaurer Sandkiefernwald, in Waldhochmooren und Dünenkiefernwäldern beispielsweise. Vielfach beherbergen sie bei dem lichten Wuchs Arten der Trockenrasen und Heiden, die sonst bei dichteren, schattigen Wäldern nur am Waldrand gedeihen können.

Die Fichte, durch die Forstwirtschaft stark gefördert, heute gebietsweise die überwiegende Baumart auf den unterschiedlichsten Standorten, kommt natürlich an der Baumgrenze, also in der subalpinen Stufe der Nordalpen bis 1900 m vor, in spätfrostgefährdeten, für Tanne und Laubhölzer unwirtlichen Kaltlufttälern, in Blockhalden der Gebirge, an Hochmoorrändern und Flußauen und vereinzelt in verschiedenen Laub- und Nadelwaldgesellschaften, in denen sie aber nie konkurrenzkräftig war, um vorherrschend zu werden.

Abschließend zu den **Auenwäldern.** Charakteristisch für die Pflanzengesellschaften der Flußaue sind der schwankende Grundwasserstand und die gelegentlichen Überschwemmungen. Die Pflanzen der Aue stehen mindestens zeitweise mit dem Grundwasserhorizont in Verbindung. Vielerorts blieben durch Flußregulierung die Überflu-

tungen aus, der Grundwasserstand sank ab, die Bedingungen für Auenwälder feh-
len, auf den ehemaligen Aueböden stocken Fichtenkulturen oder Wirtschaftswiesen
und Äcker reichen bis zum Fluß heran. Abschnittsweise sind noch Reste natürlicher
Auenwaldgesellschaften erhalten, die grob schematisch folgende stufenweise Zo-
nierung vom Fluß zum höheren Talrand abfolgend zeigen: Weidengebüsch (je nach
Gegend aus Silber-, Grau-, Mandel- oder Korb-Weide), Grauerlenwald, übergehend
in den erlenreichen Eschenwald, der auf höheren, grundwasserfernerem Niveau und
nur selten überschwemmt als Hartholzaue mit Ulme, Eiche, Hainbuche und Ahorn
vermischt ist.

Register

Kursiv gesetzte Zahlen weisen darauf hin, daß diese Art nicht abgebildet, jedoch beschrieben ist.

Deutsche Namen

214

216

Botanische Namen

223

BLV Pflanzenführer – für Sie ausgewählt

Thomas Schauer/Claus Caspari
Der große BLV Pflanzenführer
Über 1500 Pflanzenarten Deutschlands und der Nachbarländer, gegliedert nach Standorten; Angaben zu Merkmalen, Standort, Verbreitung, Gefährdung; Blütenfarben-Schlüssel.
5. Auflage, 463 Seiten,
199 Farbtafeln, 305 Zeichnungen

**BLV Tier- und Pflanzenführer
für unterwegs**
Bestimmungsbuch mit 550 bekannten oder häufigen Tieren und Pflanzen; kompakte Texte mit Merkmalen, Vorkommen, Lebensweise, Entwicklung, Fortpflanzung und Besonderheiten; »Erlebnis-Tagebuch« für Notizen.
6. Auflage, 398 Seiten mit 32 Seiten Beiheft »Erlebnis-Tagebuch«, 587 Farbfotos, 10 Zeichnungen

*BLV Bestimmungsbuch
mit Schnellbestimm-System*
Dankwart Seidel/Wilhelm Eisenreich
Blütenpflanzen
440 heimische Pflanzenarten – einschließlich Gräsern und Gehölzen – mit Angaben über Kennzeichen, Blütezeit, Standort, Verbreitung, Verwendung, Gefährdung und mit dem praktischen Schnellbestimm-System.
3. Auflage, 288 Seiten,
442 Farbfotos

*BLV Bestimmungsbuch
mit Schnellbestimm-System*
Ulrich Hecker
Bäume und Sträucher
Vorstellung aller wichtigen Arten, geordnet nach Blatt- und Blütenmerkmalen sowie in den Sonderteilen nach Frühblühern, Früchten, Knospen, Rinden; Kennzeichen, Standort, Verbreitung, Biologie, Gefährdung.
191 Seiten, 312 Farbfotos,
64 Zeichnungen

*BLV Intensivführer –
Spektrum der Natur*
Elfrune Wendelberger
Alpenpflanzen
Blumen, Gräser und Zwergsträucher der Alpen in ihren typischen Lebensräumen: Artenbeschreibungen, Nutzung durch den Menschen, Lebensräume.
223 Seiten, 165 Farbfotos,
185 Zeichnungen, 7 Verbreitungskarten

Michael Lohmann/Wilhelm Eisenreich
**Das farbige
BLV Hausbuch der Natur**
Heimische Pflanzen und Tiere im Jahreslauf entdecken, erkennen und erleben: Merkmale, Lebensweise sowie typische Naturerscheinungen.
192 Seiten, 506 Farbfotos

In unserem Verlagsprogramm finden Sie Bücher zu folgenden Sachgebieten:
Garten und Zimmerpflanzen · Natur · Angeln, Jagd, Waffen · Pferde und Reiten · Sport und Fitness · Reise und Abenteuer · Wandern und Alpinismus · Auto und Motorrad · Essen und Trinken · Gesundheit.
Wünschen Sie Informationen, so schreiben Sie bitte an:
BLV Verlagsgesellschaft mbH, Postfach 40 03 20, 8000 München 40.

BLV Verlagsgesellschaft München